Guías para conversar

Alemán

para el viajero

geoPlaneta

Alemán para el viajero
2ª edición en español – enero del 2010
Traducción de *German Phrasebook*, 3ª edición – marzo del 2008

Editorial Planeta, S.A.
Av. Diagonal 662-664. 08034 Barcelona (España)
Con la autorización para la edición en español de Lonely Planet
Publications Pty Ltd A.B.N. 36 005 607 983, Locked Bag 1, Footscray,
Melbourne, VIC 3011, Australia

Asesoramiento lingüístico y transliteración: Pol Capdevila
Traducción: Sigrid Guitart

Edición inglesa
Editor: Emma Koch, Francesca Coles
Publishing manager: Jim Jenkin
Translations & pronuntiation guides: Gunter Muehl
Proofreading: Adrienne Costanzo
Layout designers: Daniel New, Patrick Marris y Sally Morgan
Series designer: Yukiyoshi Kamikura
Cartographers: Paul Piaia y Wayne Murphy
Commissioning editors: Karina Coates y Karin Vidstrup Monk
Project manager: Fabrice Rocher
Managing editor: Annelies Mertens
Language product editors: Piers Kelly, Ben Handicott, Meg Worby y
Quentin Frayne
Sustainable Travel section: Gunter Muehl
Cover illustration: *Cheers!,* Mick Ruff

ISBN: 978-84-08-08970-4
Depósito legal: B. 44.717-2009

Impresión y encuadernación: Gaybán Gràfic, S. L.
Printed in Spain – Impreso en España

Cualquier persona puede hablar otro idioma, todo depende de la confianza que tenga en sí misma. No hay que preocuparse si uno no ha aprendido nunca una lengua extranjera, pues aunque solo se aprenda lo más elemental, la experiencia del viaje se verá sin duda enriquecida con ello. Nada se pierde por hacer el esfuerzo de comunicarse con los demás.

> buscar información

El libro está dividido en secciones para que resulte más fácil encontrar lo que se busca. El capítulo de **herramientas** se consultará con frecuencia, pues en él se exponen las bases gramaticales del idioma y se dan las claves para leer adecuadamente la guía de pronunciación. En la sección **en práctica** se incluyen situaciones típicas de cualquier viaje: moverse en transporte público, encontrar un sitio para dormir, etc. La sección **relacionarse** proporciona frases para mantener conversaciones sencillas, para expresar opiniones y poder conocer gente. También se incluye una sección dedicada exclusivamente a la **comida,** que además contiene un diccionario gastronómico. En **viajar seguro** se podrán encontrar frases relacionadas con la salud o la seguridad. Por último, la sección viaje sostenible está pensada para el viajero respetuoso con el medio ambiente y la cultura autóctona. Por último, la sección **viaje sostenible** está pensada para el viajero respetuoso con el medio ambiente y la cultura autóctona. Basta con recordar los colores de cada sección para poder ubicarlo todo fácilmente, aunque también se puede usar el **índice general.** Otra opción es consultar el **diccionario bilingüe** para localizar el significado de las palabras.

> hacerse entender

En el lateral derecho de cada página se incluyen frases en color que servirán como guía de pronunciación. Ni siquiera hará falta mirar el propio idioma, ya que uno se acostumbrará a la forma en que se han representado ciertos sonidos. Aunque el capítulo de pronunciación en **herramientas** aporta una explicación más detallada, cualquier persona que lea despacio estas frases de color podrá ser entendida.

> consejos

El lenguaje corporal, la forma de hacer las cosas, el sentido del humor, todo ello desempeña un papel importante en las distintas culturas. En los textos de los recuadros **de uso cotidiano** se incluyen las expresiones coloquiales más usadas, que conseguirán que las conversaciones resulten más naturales y vivaces. Por otra parte, los recuadros **se podrá oír** recogen frases que probablemente se puedan escuchar en determinadas situaciones (los recuadros comienzan con la guía fonética porque el viajero oirá la frase antes de saber qué están diciendo).

SUMARIO

5

alemán

Dinamarca
Copenhague

Berlín
ALEMANIA

Bruselas
Bélgica
Luxemburgo
Luxemburgo

Praga
República
Checa

Liechtenstein

Viena
Berna
Suiza
Vaduz
Austria
Budapest
Hungría

0 ———— 200 km

■ lengua oficial
■ ampliamente entendida

EUROPA

Para más detalles, véase la **introducción**.

Romántica, fluida, literaria... no suelen ser adjetivos que se empleen habitualmente para describir la lengua alemana, pero quizá haya llegado el momento de reconsiderar esto, sobre todo si tenemos en cuenta que esta lengua ha desempeñado un papel fundamental en la historia de Europa y continúa siendo una de las más habladas del continente. Fuera de Europa, se enseña en todo el mundo y es muy posible que muchas personas ya estén familiarizadas con algunas palabras de origen alemán como *kindergarten* o *kitsch*.

Hablan alemán unos 100 millones de personas, y es la lengua oficial de Alemania, Austria y Liechtenstein, y una de las lenguas oficiales de Bélgica, Suiza y Luxemburgo. También lo entienden en muchos países de la Europa del Este. El alemán no se extendió al resto del mundo con la misma fuerza que el inglés, el español y el francés, lo cual se debe en gran parte al hecho de que Alemania no se convirtió en una nación unificada hasta 1871 y nunca se impuso como potencia colonial.

datos básicos ...

nombre del idioma:
alemán

nombre en el idioma:
Deutsch doich

familia lingüística:
germánico occidental

número aproximado de hablantes: 100 millones

lenguas emparentadas:
afrikáans, holandés, inglés, frisón, *yidish*

aportaciones al español:
entre otros, aspirina, hámster, vals.

Sin embargo, en los últimos años, la reunificación de la Alemania Oriental y la Alemania Occidental ha propiciado que la lengua ganara peso en la política y la economía mundiales. Asimismo, el alemán ocupa un lugar destacado en la ciencia desde hace mucho tiempo y la literatura en este idioma presume de contar con algunas de las obras escritas más famosas jamás publicadas. Basta con pensar en la extraordinaria influencia de Goethe, Nietzsche, Freud y Einstein.

introducción

El alemán suele dividirse en dos formas: bajo alemán *(Platt-deutsch)* y alto alemán *(Hochdeutsch)*. El bajo alemán aglutina los dialectos hablados en el norte de Alemania, mientras que el alto alemán está considerado la lengua estándar, se entiende en todas las comunidades de habla alemana y es la forma de alemán empleada en este libro.

Tanto el alemán como el inglés pertenecen a la familia de lenguas germánico-occidentales, junto con otras lenguas que incluyen el holandés y el *yidish*. Esto significa que además de permitir reconocer algunas palabras, la gramática del alemán resultará más lógica si se tienen conocimientos de inglés. No hay que desanimarse por el hecho de que las palabras puedan tener 'diferentes terminaciones' o porque existan tres géneros. Incluso con unos conocimientos mínimos de gramática alemana, es posible hacerse comprender.

Desde los Alpes suizos hasta los elegantes cafés de Viena, este libro proporciona las palabras necesarias para desenvolverse, así como numerosas expresiones divertidas y espontáneas que enriquecerán cualquier experiencia. ¿Se necesitan todavía más estímulos? Cabe recordar que el contacto que se establece mediante el uso del alemán hará que los viajes sean inolvidables. Conocer el país, relacionarse con gente y la sensación de satisfacción están en la punta de la lengua, así que no vale quedarse mudo, ¡hay que decir algo!

> abreviaturas utilizadas en este libro

f.	femenino
inf.	informal
m.	masculino
n.	neutro
pl.	plural
for.	formal
sing.	singular

La pronunciación del alemán no es excesivamente compleja, aunque algunos de sus sonidos no se encuentran en español. De gran ayuda resultan las nociones que se puedan tener de otros idiomas como el inglés (con el que tiene más similitudes) y también el francés.

sonidos vocálicos

En alemán las vocales pueden ser cortas o largas, lo cual dará lugar a diferentes significados. Las vocales cortas equivalen más o menos a las vocales españolas en duración y son siempre abiertas, mientras que las largas no tienen correspondencia en español y siempre son cerradas (excepto ä). Sin embargo, como en español, las vocales largas se pronuncian resuelta y claramente, alargando simplemente la duración de la sílaba.

Téngase en cuenta que la h después de vocal marca una mayor duración de la misma.

símbolo	equivalente español	ejemplo alemán
a	para	*hat*
ah	(parecida a la a española pero de mayor duración)	*habe*
e	gente	*Bett/Männer/ kaufen*
eh	(parecida a la e española pero de mayor duración)	*leben*
i	pintar	*mit*
ih	(parecida a la i española pero de mayor duración)	*fliegen*
o	hola	*Koffer*
oh	(parecida a la o española pero de mayor duración)	*Boot*
u	subir	*unter*

símbolo	equivalente español	ejemplo alemán
uh	(parecida a la **u** española pero de mayor duración)	*Schuhe*
ö	(**e** pronunciada con los labios redondeados, como para pronunciar **o**)	*Hölle*
öh	(como la **ö** pero de mayor duración)	*Höhle*
ü	(**i** pronunciada con los labios redondeados, como para pronunciar **u**)	*zurück*
üh	(como la **ü** pero de mayor duración)	*fühlen*
èh	(sonido intermedio entre **e** y **a,** más abierto que una **e** normal y más cerrado que una **a**)	*bäten*
ai	**ai**re	*mein*
au	como en la palabra inglesa 'h**ou**se'	*Haus*
oi	soy	*Leute/Häuser*

sonidos consonánticos

No todos los sonidos consonánticos alemanes existen en español, como por ejemplo sh, r o s, así que habrá que dedicarles
algún tiempo.

El sonido sh es parecido al que se produce al pedir silencio
(shhhhh) y puede escribirse de diferentes maneras, como por
ejemplo 'sch' en 'schön', 'sp' en 'Spanien' o 'st' en 'Stadt'. También es parecido el sonido de la consonante ch después de e e
i, que se pronuncia en la parte anterior de la boca, casi como el
sonido sh. De todas formas, siempre es posible arreglárselas con
el sonido sh, de modo que para simplificar las cosas, en este libro
se ha usado solamente el símbolo sh para ambos sonidos.

La r posee dos sonidos: al principio de una palabra o de una sílaba
se pronuncia en el fondo de la garganta, prácticamente como el
sonido de la g, pero con una ligera fricción, como gargarizando. Al
final de sílaba, la r se pronuncia como una vocal neutra, entre a y e,
que para simplificar en este libro se ha representado como una a.

La s en alemán es un sonido sonoro que no existe en español, pero sí en inglés en 'zero' o en francés en 'onze'. El sonido sordo de la s en español equivale en alemán a las grafías 'ss' y 'ß' (ss). La s entre consonantes y en el pronombre 'es' es sorda.

símbolo	equivalente español	ejemplo alemán
b	ambiente	*Bett*
ch	chico	*Tschüss*
d	andar	*dein*
f	fiesta	*vier*
g (con 'a', 'o', 'u') gu (con 'e', 'i')	gato guiso	*gehen*
h	(aspirada como en inglés en hit)	*helfen*
k	kilo, casa	*kein*
j	jarabe	*Sprache*
l	lana	*laut*
m	mando	*Mann*
n	no	*nein*
ng	tengo	*singen*
p	piso	*Preis*
r	(parecida a la 'r' francesa)	*Reise*
s	('s' sonora, parecida al sonido de un moscardón)	*sitzen*
ss	salir ('s' sorda, como la española)	*heiß/mussen*
sh	show (sonido parecido al emitido cuando se manda callar)	*schön/ich*
t	timbre	*Tag*
ts	(como en inglés hits)	*Zeit*
v	(sonido intermedio entre 'v' y 'f'; se pronuncia con los dientes superiores sobre el labio inferior)	*wohnen*
y	ya	*ja*
zh	(como la 'll' en Argentina)	*Garage*

acentuación

La acentuación en alemán es sencilla: casi todas las palabras alemanas autóctonas se pronuncian con acento en la primera sílaba. Sólo hay que prestar atención a un par de cosas.

Algunos prefijos no se acentúan, como *ver-* en el verbo *verstehen* fea·*shteh*·en (comprender). Además, los términos tomados de otras lenguas mantienen su acento original, como *Organisation* or·ga·ni·sa·*tsion* (organización) y *Student* shtu·*dent* (estudiante) y, por tanto, pueden tener el acento en la misma posición que la palabra española.

Aunque hojear estas normas pueda resultar práctico, siempre se puede confiar en la guía de pronunciación coloreada, que señala en *cursiva* la sílaba donde recae el acento.

entonación

Normalmente, si se hace una pregunta, la voz se intensifica al final, como en español: *Bist du fertig?* bist duh *fea*·tish (¿Estás listo?) o *Tee?* teh (¿Té?). Sin embargo, cuando se empieza por un pronombre interrogativo, el tono de voz baja: *Woher kommst du?* vo·*heh*·a komst duh (¿De dónde eres?).

Repárese en que una elevación del tono puede indicar que la persona que habla todavía no ha terminado. Por ejemplo, si alguien pregunta al extranjero de dónde es, éste puede responder *Málaga ... eine Stadt ... in Spanien* ma·la·ga ... *ai*·ne shtat ... in *shpa*·ni·en (Málaga … una ciudad … de España), enfatizando las dos primeras partes, ¡y todo el mundo esperará conteniendo la respiración!

lectura y escritura

La relación entre los sonidos del alemán y los caracteres que los representan en la escritura es regular, así que cuando uno se acostumbra a ellos, debería ser capaz de pronunciar una palabra nueva sin ningún problema. Además, el alemán no tiene letras mudas: se pronuncia la *k* al principio de *Kneipe* knai·pe (*bar*) y la *e* al final de *ich verstehe* ish fea·shteh·e (*entiendo*).

Los ejemplos de las tablas de las páginas anteriores muestran la correspondencia entre los sonidos (en la primera columna) y la forma cómo se escriben normalmente (en la tercera columna). Sin embargo, hay algunas características que merece la pena destacar:

- la letra *ß* equivale a *ss* (pero las normas sobre cuándo usar *ß* o *ss* son confusas hasta para los propios nativos, ¡así que mejor ignorarlas!)
- las letras *sp* y *st* al principio de palabra se pronuncian como shp y sht (p. ej. *Sport* (*deporte*) se pronuncia shport)
- las *d*, *g*, y *b* finales son 'sordas', es decir que se pronuncian más bien como t, k y p (p. ej. *Geld* (*dinero*) *se pronuncia* guelt)

No hay que dejarse intimidar por la extensión de algunas pa-labras alemanas. A diferencia del español, que suele usar varias palabras separadas para expresar una única idea o noción, el alemán tiende a unir las palabras al escribirlas. Pasado un tiempo, se empiezan a reconocer las diferentes partes de las palabras y resulta más fácil entender palabras más largas. Por ejemplo, *Haupt-* haupt- significa 'principal', así que *Hauptpost haupt*·post significa 'oficina principal de correos', y *Hauptstadt haupt*·shtat (literalmente 'ciudad principal') significa 'capital'. Las palabras compuestas largas se pronuncian como si estuvieran separadas, es decir, pueden tener más de una sílaba tónica, que se señala en la guía de pronunciación en *cursiva*.

cómo construir frases

Este capítulo está diseñado para ayudar al lector a construir sus propias frases. Si no se encuentra la frase exacta que se necesita, hay que recordar que no hay normas estrictas, sino sólo distintas maneras de decir las cosas. Con algo de gramática, unos cuantos gestos y un par de palabras bien elegidas generalmente uno conseguirá hacerse entender.

adjetivos véase **descripciones**

un/una

¿Es un banco o un museo?
Ist das eine Bank oder   ist dass *ai*·ne bank *oh*·da
ein Museum?   ain mu·*seh*·um
(lit.: ¿es eso un banco o un museo?)

En alemán existen tres palabras para el artículo indefinido. El género del sustantivo (véase **género**) determina qué forma debe usarse.

un/una					
masculino	*ein*	ain	una guía	*ein Reiseführer*	ain *rai*·se·*füh*·ra
neutro	*ein*	ain	una habitación	*ein Zimmer*	ain *tsi*·ma
femenino	*eine*	*ai*·ne	un billete	*eine Fahrkarte*	*ai*·ne *fahr*·kar·te

artículos véase **un/una** y **el/la**

ser/estar

¡La comida está buenísima!
Das Essen ist fantastisch! dass e·ssen ist fan·*tas*·tish

Estoy cansado/a.
Ich bin müde. ish bin *müh*·de

Como todos los verbos en alemán, el verbo *sein* ('ser/estar')
cambia según quién o qué sea el sujeto de la frase:

ser/estar		sein		
yo	soy/estoy	ich	bin	ish bin
tú	eres/estás	du	bist	duh bist
él/ella	es/está	er/sie/es	ist	*eh*·a/sih/es ist
nosotros/as	somos/estamos	wir	sind	*vih*·a sind
vosotros/as	sois/estáis	ihr	seid	*ih*·a sait
ellos/ellas	son/están	sie	sind	sih sind
usted/ustedes	es/son está/están	Sie	sind	sih sind

caso véase me, mí, yo

descripciones

Mi comida está fría.
Mein Essen ist kalt. main e·ssen ist kalt

Los adjetivos no cambian su terminación cuando van detrás de
'ser/estar', como muestra el ejemplo. Sin embargo, si preceden a
un sustantivo, p. ej. *das kalte Essen*, hay que añadir terminaciones
que en líneas generales siguen el mismo patrón que el artículo
definido (véase **el/la/los/las**). No obstante, si uno usa la forma
básica que se recoge en el diccionario, también le entenderán.

futuro véase hacer planes

género

La catedral, la pinacoteca y el museo están en Möhlstrasse.

Der Dom, die Galerie *deh·a* dom dih ga·le·*rih*
und das Museum sind und dass mu·*seh*·um sind
in der Möhlstrasse. in *deh·a möhl*·strah·sse

En alemán, todos los sustantivos, palabras que denotan una persona, un lugar, una cosa o concepto, como *Claudia*, *Berlin*, *Schlüssel* ('llave') o *Hunger* ('hambre'), tienen género. (En la lengua escrita es realmente sencillo distinguir los sustantivos, ya que siempre empiezan con mayúscula). Los sustantivos se clasifican como masculinos, femeninos o neutros. Estas distinciones no tienen nada que ver con el sexo, por ejemplo, *der Schlüssel* (llave) es masculino y *das Mädchen* (niña) es neutro, a pesar, obviamente, de que la niña es de sexo femenino.

El género afecta a la terminación de las palabras que acompañan al sustantivo, como es el caso de los artículos indefinido y definido (tal como muestra el ejemplo anterior), 'algunos', 'ninguno' y los adjetivos. Si uno no está seguro del género de alguna palabra, no debe preocuparse porque aún así le entenderán.

No existen normas rápidas e infalibles para predecir el género de los sustantivos alemanes, pero a continuación se incluyen algunas generalizaciones que pueden ser de utilidad:

- los sustantivos terminados en -er suelen ser masculinos,
  p. ej. der Lehrer *deh·a leh·*ra (el profesor)
- los sustantivos terminados en -in son femeninos,
  p. ej. die Lehrerin *dih leh·*re·rin (la profesora)
- los diminutivos acabados en -chen y -lein son neutros,
  p. ej. das Brötchen das *bröt·*shen (el panecillo)

Véase también **un/una, el/la/los/las, algunos, ninguno** y **descripciones**.

el género

En este libro, las formas en masculino aparecen delante de las femeninas. Si se han añadido letras a la palabra masculina (a menudo la terminación *-in*), éstas aparecerán entre paréntesis. Cuando el cambio va más allá de añadir *-in*, se incluyen dos palabras separadas por una barra. La forma neutra se menciona en último lugar (cuando procede).

tener

Tengo una rueda pinchada.
Ich habe eine Reifenpanne.   ish *hah*·be *ai*·ne *rai*·fen·pa·ne

¿Tiene una habitación más tranquila?
Haben Sie ein   *hah*·ben sih ain
ruhigeres Zimmer?   *ruh*·i·gue·res *tsi*·ma
(lit.: ¿tiene usted una más tranquila habitación)

Como con todos los verbos en alemán, 'tener' cambia según quién o qué 'tenga' algo.

tener		haben		
yo	tengo	*ich*	*habe*	ish *hah*·be
tú	tienes	*du*	*hast*	duh hast
él/ella	tiene	*er/sie/es*	*hat*	*eh*·a/sih/es hat
nosotros/as	tenemos	*wir*	*haben*	*vih*·a *hah*·ben
vosotros/as	tenéis	*ihr*	*habt*	*ih*·a habt
ellos/ellas	tienen	*sie*	*haben*	sih *hah*·ben
usted/ustedes	tiene/tienen	*Sie*	*haben*	sih *hah*·ben

más de uno

Querría dos billetes, por favor.
Ich möchte zwei   ish *mösh*·te tsvai
Fahrkarten, bitte.   *fahr*·kar·ten *bi*·te

En alemán hay varias maneras de formar el plural. Aunque predecir las terminaciones del plural puede resultar algo complicado, las más habituales son:

- -n en las palabras terminadas en -e, o -en para algunas palabras terminadas en consonante,
  p. ej. *Fahrkarte* 'billete' se convierte en *Fahrkarten* 'billetes' y *Fink* 'pinzón' se convierte en *Finken* 'pinzones'
- -e en algunas palabras terminadas en consonante,
  p. ej. *Tag* 'día' se convierte en *Tage* 'días'
- -e + diéresis sobre la vocal de la sílaba anterior en algunas palabras terminadas en consonante,
  p. ej. *Zug* 'tren' se convierte en *Züge* 'trenes'

Si se tienen dudas, basta con poner un número delante de un sustantivo singular para facilitar la comprensión. Para saber más acerca de los números, véase **números y cantidades**.

me, mí, yo

En español se usa el sujeto, p. ej. 'yo', para recalcar quién realiza la acción de un verbo, p. ej. 'voy a cocinar yo', pero se usa el complemento directo, p. ej. 'me', para expresar sobre quién recae la acción de un verbo, p. ej. 'mírame'. En alemán es parecido y se utilizan las formas siguientes:

sujeto			complemento directo		
yo	ich	ish	me	mich	mish
tú	du	duh	te	dich	dish
él	er	eh·a	lo	ihn	ihn
ella	sie	sih	la	sie	sih
ello (para cosas)	es	es	lo	es	es
nosotros/nosotras	wir	vih·a	nos	uns	uns
vosotros/vosotras	ihr	ih·a	os	euch	oij
ellos/ellas	sie	sih	los	sie	sih
usted/ustedes	Sie	sih	los	Sie	sih

El alemán hace lo mismo con otras palabras. Por ejemplo, la palabra masculina para el artículo definido *der* deh·a, cambia a *den* dehn cuando es complemento directo de un verbo:

El guía turístico es guapo.
Der Reiseführer ist schön.　　　　deh·a rai·se·füh·ra ist shöhn

Me encanta el guía turístico.
Ich liebe den Reiseführer.　　　　ish lih·be dehn rai·se·füh·ra

Hay otras formas como ésta que escapan al ámbito de este libro, pero si uno se encuentra con una palabra corta que desconoce (como *dem* o *des*) es probable que sea una variación del artículo definido.

mi y tu (posesivos)

Tu habitación está en el segundo piso.
Dein Zimmer ist im　　　　dain tsi·ma ist im
zweiten Stock.　　　　tsvai·ten shtok

Aquí tiene mi pasaporte.
Hier ist mein Pass.　　　　hih·a ist main pass

Los pronombres posesivos como 'mi' y 'tu' siguen el mismo esquema que el artículo 'un/una', esto es, varían según el género y número de los sustantivos a los que se refieren.

	masculino		neutro		femenino	
mi	*mein*	main	*mein*	main	*meine*	mai·ne
tu	*dein*	dain	*dein*	dain	*deine*	dai·ne
su (de él)	*sein*	sain	*sein*	sein	*seine*	sai·ne
su (de ellas)	*ihr*	ih·a	*ihr*	ih·a	*ihre*	ih·re
su (de una cosa)	*sein*	sain	*sein*	sain	*seine*	sai·ne
nuestro/nuestra	*unser*	un·sa	*unser*	un·sa	*unsere*	un·se·re
vuestro/vuestra	*euer*	oi·a	*euer*	oi·a	*eure*	oi·re
su (pl.)	*ihr*	ih·a	*ihr*	ih·a	*ihre*	ih·re
su (sing./pl./for.)	*Ihr*	ih·a	*Ihr*	ih·a	*Ihre*	ih·re

negación   véase no

no

No fumo.
Ich rauche nicht.   ish *rau*·je nisht
(lit.: yo fumo no)

La negación en alemán es sencilla, basta con añadir *nicht* nisht
('no') después del verbo.

hacer planes

Mañana voy a Berlín.
Ich fahre morgen   ish *fah*·re *mor*·guen
nach Berlin.   naj beh·a·*lihn*
(lit: yo viajo mañana a Berlín)

La forma más fácil de hablar de planes o hechos futuros es
usando el término 'mañana' o una frase del tipo 'la semana que
viene' o 'a las 3 en punto', etc. Si se quiere hablar de planes
futuros sin fecha concreta, se puede usar la construcción que
se incluye a continuación. Es el equivalente de la construcción
española 'ir a (+ infinitivo)'.

Voy a ir a Berlín.
Ich werde nach   ish vehr·de naj
Berlin fahren.   beh·a·*lihn fah*·ren
(lit: yo voy a ir a Berlín viajar)

Vamos a ir a pasar el día fuera.
Wir werden einen   *vih*·a vehr·den *ai*·nen
Tagesausflug machen.   *tah*·gues·*aus*·fluhk *ma*·jen
(lit: nosotros vamos a una
excursión de un día hacer)

El verbo *werden* varía dependiendo de quién o qué vaya a reali-
zar la acción. Si se usa *werden* para todos los casos, los nativos
también lo entienden. No obstante, en la siguiente página se
incluyen las formas correctas por si se quiere intentar:

ir a		werden		
yo	voy a	*ich*	*werde*	ish *vehr*·de
tú	vas a	*du*	*wirst*	duh vihrst
él/ella/ello	va a	*er/sie/es*	*wird*	eh·a/sih/es vihrt
nosotros/ nosotras	vamos a	*wir*	*werden*	vih·a *vehr*·den
vosotros/ vosotras	vais a	*ihr*	*werdet*	ih·a *vehr*·det
ellos/ellas	van a	*sie*	*werden*	sih *vehr*·den
usted/ ustedes	va/van a	*Sie*	*werden*	sih *vehr*·den

plural véase **más de uno**

señalar objetos

Ésa es mi bolsa y ésas son sus maletas.
> *Das ist meine Tasche und*   dass ist *mai*·ne *ta*·she unt
> *das sind ihre Koffer.*   dass sind *ih*·re *ko*·fa

En alemán resulta muy sencillo señalar un objeto. Se usa *das ist* (ése/ésa es) y *das sind* (ésos/ésas son) independientemente del género. Lo único que hay que tener en cuenta es si el objeto señalado es singular o plural.

posesión véase **tener** y **mi y tu (posesivos)**

pronombres interrogativos

Una forma sencilla de construir preguntas es usando alguno de los pronombres interrogativos y demás fórmulas interrogativas que se presentan a continuación:

pronombres interrogativos		
¿Quién?	Wer?	*veh*·a
¿Quién es ése/ésa?	Wer ist das? (lit: quién es ése)	*veh*·a ist dass
¿Qué?	Was?	vass
¿Qué es eso?	Was ist das?	vass ist dass
¿Cuál/Qué?	Welcher?	*vel*·sha
¿Qué estación es ésta?	Welcher Bahnhof ist das?	*vel*·sha *bahn*·howf ist dass
¿Cuándo?	Wann?	van
¿Cuándo abre?	Wann öffnet es?	van öf·net es
¿Dónde?	Wo?	voh
¿Dónde está la estación?	Wo ist der Bahnhof?	voh ist *deh*·a *bahn*·hohf
¿Cómo?	Wie?	vih
¿Cómo se dice esto en alemán?	Wie sagt man das auf Deutsch?	vih sagt man dass auf doich
¿Cuánto?	Wieviel?	vih·*fihl*
¿Cuántos/Cuántas?	Wie viele?	vih·*fih*·le
¿Cuánto cuesta esto?	Wieviel kostet es?	vih·*fihl kos*·tet es
¿Por qué?	Warum?	vah·*rum*
¿Por qué está cerrado?	Warum ist es geschlossen?	vah·*rum* ist es gue·*shlo*·ssen

un poco

Querría un poco de jamón, por favor.

Ich möchte etwas	ish *mösh*·te *et*·vass
Schinken bitte.	*shin*·ken *bi*·te

Pedir 'un poco' es muy fácil, basta con usar *etwas* ('un poco') igual que se haría en español.

el/la/los/las

La catedral, la pinacoteca y el museo están en la Möhlstrasse.

Der Dom, die Galerie   *deh*·a dom dih ga·le·*rih*
und das Museum sind   unt dass mu·*seh*·um sind
in der Möhlstrasse.   in *deh*·a *möhl*·shtra·sse

Igual que en español, en alemán el artículo determinado puede tomar varias formas. La forma utilizada dependerá de la palabra a la que se refiere y de cómo se coloca esa palabra respecto al resto de la frase. Puede resultar algo complicado, pero para hacerse comprender, basta con utilizar las formas más simples del artículo, tal y como se muestra a continuación.

el/la/los/las					
masculino	*der*	*deh*·a	la guía	*der Reiseführer*	*deh*·a *rai*·se·füh·ra
neutro	*das*	das	la habitación	*das Zimmer*	dass *tsi*·ma
femenino	*die*	die	el billete	*die Fahrkarte*	dih *fahr*·kar·te
plural	*die*	dih	los trenes	*die Züge*	dih *tsüh*·gue

Véase también **un/una** y **género**.

este/esta/estos

¡Este plato es fantástico!

Dieses Gericht ist   *dih*·ses gue·*risht* ist
fantastisch!   fan·*tas*·tish

La palabra *dieser* (este/esta/estos/estas) sigue el mismo esquema que el artículo determinado:

este/esta/estos					
masculino	dieser	*dih*·sa	esta guía	dieser Führer	*dee*·za *fü*·ra
neutro	dieses	*dih*·ses	esta habitación	dieses Zimmer	*dee*·zes *tsi*·mer
femenino	diese	*dih*·se	este billete	diese Fahrkarte	*dee*·ze *fahr*·kar·te
plural	diese	*dih*·se	estos trenes	diese Züge	*dih*·se *tsüh*·gue

preguntas de sí/no

¿El hotel está en la Potsdamer Platz?

Das Hotel ist am Potsdamerplatz?

dass *ho*·tel ist am *pots*·dah·ma·plats

Las preguntas que se pueden responder con sí o no se pueden formar esencialmente de tres maneras. La que requiere menos esfuerzo consiste en construir una afirmación y formularla como una pregunta, subiendo el tono de voz hacia el final de la frase, tal como se ilustra en el ejemplo anterior.

¿El hotel está en la Potsdamer Platz, verdad?

Das Hotel ist am Potsdamerplatz, nicht wahr? (lit: el hotel está en Potsdamerplatz, ¿no verdadero?)

dass *ho*·tel ist am *pots*·dah·ma·plats nisht vahr

El segundo ejemplo muestra que, casi igual que en español, también se puede añadir *nicht wahr* (¿no es verdad?) al final de la frase.

¿Está el hotel en la Potsdamer Platz?
Ist das Hotel am   ist dass *ho*·tel am
Potsdamerplatz?   *pots*·dah·ma·plats

Por último, el tercer ejemplo muestra cómo se puede convertir una afirmación en pregunta invirtiendo el orden del sujeto y del verbo.

Véase también **orden de las palabras.**

orden de las palabras

Voy a Berlín.
Ich fahre nach Berlin.   ish *fah*·re naj beh·a·*lihn*

Mañana voy a Berlín.
Morgen fahre ich   *mor*·guen *fah*·re ish
nach Berlin.   naj beh·a·*lihn*

En una afirmación sencilla en alemán, el verbo es el segundo elemento (cabe señalar que esto no significa necesariamente que sea la segunda palabra, ya que el primer elemento puede constar de más de una palabra).

El verbo suele seguir al sujeto, es decir, al concepto o cosa del cual se habla, pero si se empieza la frase con una palabra como 'mañana', es necesario invertir el orden del sujeto y del verbo para mantener el verbo en la segunda posición, tal como se ilustra en el ejemplo anterior. Para convertir una afirmación en pregunta, se puede invertir el orden del sujeto y del verbo: el verbo se coloca en primer lugar. Véase el ejemplo en la parte superior de esta página.

dificultades de comprensión

Existen dos formas para el pronombre de segunda persona del singular, igual que en español y su uso depende del grado de familiaridad que se tenga con la persona con la que se habla. Con alguien a quien no se conoce demasiado, se utilizará la forma de cortesía *Sie* y sólo debe utilizarse el modo informal *du* con las personas muy conocidas. En todas las frases de este capítulo se usa *Sie*. La intuición indicará cuándo utilizar el tratamiento formal y cuándo el informal.

¿Habla inglés/español?
Sprechen Sie   *shpre*·jen sih
Englisch/Spanisch?   *en*·glish/*shpa*·nish

¿Hay alguien que hable inglés/español?
Spricht hier jemand   shprijt *hih*·a *yeh*·mant
Englisch/Spanisch?   *en*·glish/*shpa*·nish

¿Me entiende?
Verstehen Sie (mich)?   fea·*shteh*·en sie (mish)

Sí, le entiendo.
Ja, ich verstehe (Sie).   yah ish fea·*shteh*·e (sih)

No, no le entiendo.
Nein, ich verstehe   nain ish fea·*shteh*·e
(Sie) nicht.   (sih) nisht

(No) entiendo.
Ich verstehe (nicht).   ish fea·*shteh*·e (nisht)

Hablo un poco de alemán.
Ich spreche ein   ish *shpre*·je ain
bisschen Deutsch.   *bis*·shen doich

¿Cómo se ...?	*Wie ...?*	vih ...
pronuncia esto	*spricht man*	shprijt man
	dieses Wort aus	*dih*·ses vort auss
dice 'billete'	*sagt man* 'ticket'	sagt man *ti*·ket
en alemán	*auf Deutsch*	auf doich
escribe 'Schweiz'	*schreibt man*	shraipt man
	'Schweiz'	shvaits

¿Qué significa 'Kugel'?
Was bedeutet 'Kugel'?   vass be·*doi*·tet *kuh*·guel

¿Podría ...,   *Könnten Sie ...?*   *kön*·ten sih ...
por favor?

   repetirlo   *das bitte*   dass *bi*·te
   wiederholen   vih·da·*hoh*·len

   hablar más   *bitte langsamer*   *bi*·te *lang*·sa·ma
   despacio   *sprechen*   *shpre*·jen
   escribirlo   *das bitte*   dass *bi*·te
   aufschreiben   *auf*·shrai·ben

---

falsos amigos

Muchas palabras alemanas guardan un gran parecido con palabras españolas, pero tienen un significado completamente distinto, así que hay que tener cuidado. A continuación se incluyen algunos ejemplos:

blank   blank   reluciente
no 'blanco', que es *weiß*, vaiss

Chef   shef   jefe
no 'chef', que es *Koch*, koj

komisch   *koh*·mish   extraño
no 'cómico', que es *lustig*, *lus*·tish

Bonbon   bon·bon   caramelo
no 'bombón', que es *Praline*, pra·*li*·ne

Ferien   *feh*·rih·en   vacaciones
no 'ferias', que es *Messen*, me·ssen

Gymnasium   *güm*·*nah*·si·um   instituto de
                               enseñanza
                               secundaria
no 'gimnasio', que es *Turnhalle*, tu·an·ha·le

números cardinales

1	*eins*	ains
2	*zwei*	tsvai
3	*drei*	drai
4	*vier*	*fih*·a
5	*fünf*	fünf
6	*sechs*	seks
7	*sieben*	*sih*·ben
8	*acht*	ajt
9	*neun*	noin
10	*zehn*	tsehn
11	*elf*	elf
12	*zwölf*	tsvölf
13	*dreizehn*	*drai*·tsehn
14	*vierzehn*	*fih*·a·tsehn
15	*fünfzehn*	*fünf*·tsehn
16	*sechzehn*	*seks*·tsehn
17	*siebzehn*	*sihb*·tsehn
18	*achtzehn*	*ajt*·tsehn
19	*neunzehn*	*noin*·tsehn
20	*zwanzig*	*tsvan*·tsij
21	*einundzwanzig*	*ain*·unt·tsvan·tsij
22	*zweiundzwanzig*	*tsvai*·unt·tsvan·tsij
30	*dreißig*	*drai*·ssish
40	*vierzig*	*fih*·a·tsij
50	*fünfzig*	*fünf*·tsij
60	*sechzig*	*seks*·tsij
70	*siebzig*	*sihb*·tsij
80	*achtzig*	*ajt*·tsij
90	*neunzig*	*noin*·tsij
100	*hundert*	*hun*·dert
1.000	*tausend*	*tau*·sent
1.000.000	*eine Million*	*ai*·ne mi·lion

números ordinales

1°	erste	ehrs·te
2°	zweite	tsvai·te
3°	dritte	dri·te
4°	vierte	fih·a·te
5°	fünfte	fünf·te

fracciones

bruchzahlen

un cuarto	ein Viertel	ain fih·a·tel
un tercio	ein Drittel	ain dri·tel
una mitad	eine Hälfte	ai·ne helf·te
tres cuartos	drei Viertel	drai fih·a·tel
todo	alles	a·les
nada	nichts	nishts

cantidades

mengen

¿Cuánto/a?	Wieviel?	vih·fihl
¿Cuántos/as?	Wie viele?	vih fih·le
(100) gramos	(100) Gramm	(hun·dert) gram
media docena	ein halbes Dutzend	ain hal·bes du·tsent
un kilo	ein Kilo	ain kih·lo
un paquete	eine Packung	ai·ne pa·kung
un trozo	eine Scheibe	ai·ne shai·be
una lata	eine Dose	ai·ne doh·se
menos	weniger	veh·ni·ga
(sólo) un poco	(nur) ein bisschen	(nuh·a) ain bis·shen
mucho/mucha	viel	fihl
muchos/muchas	viele	fih·le
más	mehr	meh·a
algunos/as	einige	ai·ni·gue

HERRAMIENTAS

30

la hora

die uhrzeit

¿Qué hora es?	*Wie spät ist es?*	*vih shpèht ist es*
Son las (diez) en punto.	*Es ist (zehn) Uhr.*	*es ist (tsehn) uh·a*
La una y cuarto.	*Viertel nach eins.*	*fih·a·tel naj ains*
La una y veinte.	*Zwanzig nach eins.*	*tsvan·tsij naj ains*
La una y media.	*Halb zwei.* (lit.: media dos)	*halp tsvai*
La una menos veinte.	*Zwanzig vor eins.*	*tsvan·tsij foh·a ains*
La una menos cuarto.	*Viertel vor eins.*	*fih·a·tel foh·a ains*
Son las 14.12.	*Es ist 14:12.*	*es ist fih·a·tsehn uh·a tsvölf*
de la mañana	*vormittags*	*foh·a·mi·taks*
de la tarde	*nachmittags/ abends*	*naj·mi·taks/ ah·bents*

la hora exacta

Hay que utilizar *nachmittags* entre mediodía y las seis de la tarde y *abends* entre las seis y medianoche.

los días de la semana

die Wochentage

lunes	*Montag*	*mohn·tahk*
martes	*Dienstag*	*dihns·tahk*
miércoles	*Mittwoch*	*mit·voj*
jueves	*Donnerstag*	*do·ners·tahk*
viernes	*Freitag*	*frai·tahk*
sábado	*Samstag*	*sams·tahk*
domingo	*Sonntag*	*son·tahk*

los meses

enero	*Januar*	*ya·nu·a*
febrero	*Februar*	*feh·bru·a*
marzo	*März*	merts
abril	*April*	*a·pril*
mayo	*Mai*	mai
junio	*Juni*	*yuh·ni*
julio	*Juli*	*yuh·li*
agosto	*August*	*au·gust*
septiembre	*September*	sep·*tem*·ba
octubre	*Oktober*	ok·*toh*·ba
noviembre	*November*	no·*vem*·ba
diciembre	*Dezember*	de·*tsem*·ba

las estaciones

die Jahreszeiten

verano	*Sommer*	*so·ma*
otoño	*Herbst*	herpst
invierno	*Winter*	*vin·ta*
primavera	*Frühling*	*früh·ling*

fechas

das Datum

¿En qué fecha?
Welches Datum? *vel·*shes *dah·*tum

¿A qué día estamos?
Der Wievielte ist heute? *deh·a vih·fihl·te ist hoi·te*

A 18 de octubre.
Heute ist der 18. *hoi·te ist deh·a aj·tsehn·te*
Oktober. ok·*toh·ba*

presente

| ahora | *jetzt* | yetst |
| ahora mismo | *jetzt gerade* | yetst gue·*rah*·de |

este/esta ...		
tarde	*heute*	*hoi*·te
	Nachmittag	*naj*·mi·tahk
mes	*diesen Monat*	*dih*·sen *moh*·nat
mañana	*heute Morgen*	*hoi*·te mor·guen
semana	*diese Woche*	*dih*·se vo·je
año	*dieses Jahr*	*dih*·ses yahr
hoy	*heute*	*hoi*·te
esta noche	*heute Abend*	*hoi*·te ah·bent

pasado

anteayer	*vorgestern*	*foh*·a·*gues*·tern
el mes pasado	*letzten Monat*	*lets*·ten *moh*·nat
ayer por la noche	*vergangene Nacht*	fea·*gan*·gue·ne najt
la semana pasada	*letzte Woche*	*lets*·te vo·je
el año pasado	*letztes Jahr*	*lets*·tes yahr
desde (mayo)	*seit (Mai)*	sait (mai)
hace un momento	*vor einer Weile*	*foh*·a *ai*·na *vai*·le
hace (tres) días	*vor (drei) Tagen*	*foh*·a (drai) *tah*·guen
hace (media) hora	*vor (einer halben) Stunde*	*foh*·a (*ai*·na hal·ben) *shtun*·de
hace (cinco) años	*vor (fünf) Jahren*	*foh*·a (fünf) *yah*·ren

ayer ...	*gestern ...*	*gues*·tern ...
por la tarde	*Nachmittag*	*naj*·mi·tahk
por la noche	*Abend*	*ah*·bent
por la mañana	*Morgen*	*mor*·guen

futuro

pasado mañana	*übermorgen*	*üh·ba·mor·guen*
dentro de (seis) días	*in (sechs) Tagen*	in (seks) *tah·*guen
dentro de (cinco) minutos	*in (fünf) Minuten*	in (fünf) mi·*nuh·*ten
el mes que viene	*nächsten Monat*	*nèhjs·*ten *moh·*nat
la próxima semana	*nächste Woche*	*nèhjs·*te vo·je
el año que viene	*nächstes Jahr*	*nèhjs·*tes yahr
mañana ...	*morgen ...*	*mor·*guen ...
por la tarde	*Nachmittag*	*naj·*mi·tahk
por la noche	*Abend*	*ah·*bent
por la mañana	*früh*	früh
hasta (junio)	*bis (Juni)*	bis (*yuh·*ni)
dentro de un mes	*in einem Monat*	in *ai·*nem *moh·*nat
dentro de una hora	*in einer Stunde*	in *ai·*na shtun·de

durante el día

Es temprano.	*Es ist früh.*	es ist früh
Es tarde.	*Es ist spät.*	es ist shpèht
tarde (parte del día)	*Nachmittag* (m.)	*naj·*mi·tahk
amanecer	*Dämmerung* (f.)	*de·*me·rung
día	*Tag* (m.)	tahk
atardecer	*Abend* (m.)	*ah·*bent
mediodía	*Mittag* (m.)	*mi·*tahk
medianoche	*Mitternacht* (f.)	*mi·*ta·najt
mañana (parte del día)	*Morgen* (m.)	*mor·*guen
noche	*Nacht* (f.)	najt
mediodía	*Mittag* (m.)	*mi·*tahk
amanecer	*Sonnenaufgang* (m.)	*so·*nen·auf·gang
atardecer	*Sonnenuntergang* (m.)	*so·*nen·un·ta·gang

¿Cuánto cuesta esto?
Wie viel kostet es?   vih fihl *kos*·tet es

¿Puede escribir el precio?
Können Sie den Preis   *kö*·nen sih dehn praiss
aufschreiben?   *auf*·shrai·ben

¿Se aceptan …?	*Nehmen Sie …?*	*neh*·men sih …
tarjetas de crédito	*Kreditkarten*	kreh·*dit*·kar·ten
tarjetas de débito	*Debitkarten*	*deh*·bit·kar·ten
cheques de viaje	*Reiseschecks*	*rai*·se·cheks
Quisiera …	*Ich möchte …*	ish *mösh*·te …
cobrar un cheque	*einen Scheck*	*ai*·nen chek
	einlösen	*ain*·löh·sen
cambiar dinero	*Geld umtauschen*	guelt *um*·tau·shen
cambiar algunos	*Reiseschecks*	*rai*·se·cheks
cheques de viaje	*einlösen*	*ain*·löh·sen
un anticipo	*eine*	*ai*·ne
en efectivo	*Barauszahlung*	*bahr*·aus·tsah·lung
sacar dinero	*Geld abheben*	guelt *ap*·heh·ben
¿Dónde está …	*Wo ist der/die*	voh ist *deh*·a/dih
más cercano/a?	*nächste …?* (m./f.)	*nèhjs*·te …
el cajero	*Geldautomat* (m.)	*guelt*·au·to·maht
automático		
la casa de	*Geldwechsel-*	*guelt*·vek·ssel·
cambio	*stube* (f.)	*shtuh*·be

¿Qué ...?	Wie ...?	vih ...
cobran por esto	*hoch sind die Gebühren dafür*	hoj sind dih gue·*büh*·ren da·*füh*·a
comisión aplican	*hoch ist die Kommission*	hoj ist dih ko·mi·*ssiohn*
tipo de cambio aplican	*ist der Wechselkurs*	ist *deh*·a vek·sel·kurs

Es gratis.
Das ist umsonst.   dass ist um·*sonst*

Cuesta (30) euros.
Das kostet (30) Euro.   dass *kos*·tet (*drai*·ssisch) *oi*·ro

hablar de dinero

Hablar de los precios en alemán es muy sencillo porque no es necesario añadir la terminación de plural a las monedas. Veinte euros es simplemente *zwanzig Euro*. A continuación se incluye la traducción al alemán de algunas monedas a modo introductorio:

céntimo	Cent	sent
dólar	*Dollar*	do·*lahr*
euro	*Euro*	*oi*·ro
franco	*Franc*	frank
penique	*Pence*	pens
libra	*Pfund*	pfunt
rublo	*Rubel*	*ruh*·bel
yen	*Yen*	yen

desplazarse

herumreisen

¿A qué hora sale el ... ?	*Wann fährt ... ab?*	van fèhrt ... ab
barco	*das Boot*	dass boht
autobús	*der Bus*	*deh*·a buss
tren	*der Zug*	*deh*·a tsuhk

¿A qué hora sale el avión?
Wann fliegt das Flugzeug ab? van flihkt das *fluhk*·tsoik ab

¿A qué hora es el ... autobús?	*Wann fährt der ... Bus?*	van fèhrt *deh*·a ... buss
primer	*erste*	*ehrs*·te
último	*letzte*	*lets*·te
siguiente	*nächste*	*nèhjs*·te

Querría un asiento de ...	*Ich hätte gern einen ...*	ish *he*·te guèhrn *ai*·nen ...
pasillo	*Platz am Gang*	plats am gang
no fumador	*Nichtraucher-platz*	*nisht*·rau·ja·plats
fumador	*Raucherplatz*	*rau*·ja·plats
ventanilla	*Fensterplatz*	*fens*·ta·plats

¿Cuánto retraso tiene?
Wie viel Verspätung wird es haben? vih fihl fea·*shpèh*·tung vihrt es *hah*·ben

se podrá oír ...

... ist gue·*shtri*·shen ... *ist gestrichen.*	El/La ... se ha cancelado.
... hat fea·*shpèh*·tung ... *hat Verspätung.*	El/La ... tiene retraso.

¿Está libre este asiento?
Ist dieser Platz frei?   ist *dih*·sa plats frai

Éste es mi asiento.
Dieses ist mein Platz.   *dih*·ses ist main plats

¿Puede decirme cuándo llegamos a (Kiel)?
Könnten Sie mir bitte   *kön*·ten sih *mih*·a *bi*·te
sagen, wann wir in   *sah*·guen van *vih*·a in
(Kiel) ankommen?   (kihl) *an*·ko·men

Quiero bajarme aquí.
Ich möchte hier   ish *mösh*·te *hih*·a
aussteigen.   *aus*·shtai·guen

billetes

¿Dónde puedo comprar un billete?
Wo kann ich eine   voh kan ish *ai*·ne
Fahrkarte kaufen?   *fahr*·kar·te *kau*·fen

¿Es necesario reservar?
Muss ich einen Platz   muss ish *ai*·nen plats
reservieren lassen?   re·sa·*vih*·ren *la*·ssen

Un billete de … a (Berlín).	*Eine … nach (Berlin).*	*ai*·ne … naj (beh·a·*lin*)
1ª clase	*Fahrkarte erster Klasse*	*fahr*·kar·te *ehrs*·ta *kla*·sse
2ª clase	*Fahrkarte zweiter Klasse*	*fahr*·kar·te *tsvai*·ta *kla*·sse
niño	*Kinderfahrkarte*	*kin*·da·fahr·kar·te
ida	*einfache Fahrkarte*	*ain*·fa·je *fahr*·kar·te
ida y vuelta	*Rückfahrkarte*	*rük*·fahr·kar·te
estudiante	*Studenten-fahrkarte*	shtu·*den*·ten·fahr·kar·te

Dos (billetes de ida y vuelta), por favor.
Zwei (Rückfahrkarten) bitte.   tsvai (rük·fahr·kar·ten) *bi*·te

¿Cuánto cuesta?
Was kostet das?   vass *kos*·tet dass

Está completo.
Es ist ausgebucht.   es ist *aus*·gue·bujt

¿Cuánto dura el viaje?
Wie lange dauert die Fahrt?   vih *lan*·gue *dau*·ert dih fahrt

¿Es un recorrido directo?
Ist es eine direkte   ist es *ai*·ne di·*rek*·te
Verbindung?   fea·*bin*·dung

¿Puedo comprar un billete stand-by?
Kann ich ein Standby-Ticket   kan ish ain stand·*bai*·ti·ket
bekommen?   be·*ko*·men

Querría ... mi	*Ich möchte meine*	ikh *mösh*·te *mai*·ne
billete, por favor.	*Fahrkarte bitte ...*	*fahr*·kar·te *bi*·te ...
cancelar	*zurückgeben*	tsu·*rük*·geh·ben
cambiar	*ändern lassen*	*en*·dan *la*·ssen
confirmar	*bestätigen*	be·*shtèh*·ti·guen
	lassen	*la*·ssen

---

cómo llegar

En alemán se distinguen dos tipos de viaje, dependiendo del medio de transporte:

| *Fahrt* (f.) | fahrt | **viaje en coche o tren** |
| *Flug* (m.) | fluhk | **viaje en avión** |

Esta diferencia se refleja también en el nombre de los billetes empleados para estos viajes:

| *Fahrkarte* (f.) | *fahr*·kar·te | **billete de tren/autobús/ metro** |
| *Flugticket* (n.) | *fluhk*·ti·ket | **billete de avión** |

En este capítulo se utiliza mayoritariamente *Fahrkarte*, excepto en la sección dedicada al avión, así que hay que asegurarse de utilizar la palabra correcta al comprar un billete.

equipaje

Me han ...	*Mein Gepäck ist ...*	main gue·*pek* ist ...
el equipaje.		
dañado	*beschädigt*	be·*shèh*·dikt
perdido	*verloren*	fea·*loh*·ren
	gegangen	gue·*gan*·guen
robado	*gestohlen*	ge·*shtoh*·len
	worden	*vor*·den

Mi equipaje no ha llegado.
Mein Gepäck ist   main gue·*pek* ist
nicht angekommen.   nisht *an*·gue·ko·men

Querría una consigna.
Ich hätte gern ein   ish *he*·te guèhrn ain
Gepäckschließfach.   gue·*pek*·shlihss·faj

¿Podría darme algunas monedas/fichas?
Können Sie mir   *kö*·nen sih *mih*·a
ein paar Münzen/   ain pah *mün*·tsen/
Wertmarken geben?   *vert*·mahr·ken *gueh*·ben

avión

¿Cuándo sale el próximo vuelo a ...?
Wann ist der nächste   van ist *deh*·a *nèhjs*·te
Flug nach ...?   fluhk naj ...

¿A qué hora es la facturación de equipajes?
Wann muss ich   van muss ish
einchecken?   *ain*·che·ken

Para frases acerca de cómo pasar la aduana, véase **cruce de fronteras,** en p. 50.

autobús

¿Qué autobús es el que va ...?	*Welcher Bus fährt ...?*	*vel*·sha buss fêhrt ...
a Colonia	*nach Köln*	naj köln
a la estación	*zum Bahnhof*	tsum *bahn*·hohf
al albergue	*zur Jugend-herberge*	*tsuh*·a *yu*·guent·*heh*·a·bea·gue
al centro de la ciudad	*zum Stadt-zentrum*	tsum *shtat*·tsen·trum
Éste.	*Dieser hier.*	*dih*·sa *hih*·a
Aquél.	*Der da.*	*deh*·a dah
El autobús nº ...	*Bus Nummer ...*	buss *nu*·ma ...

Véase **números y cantidades** en p. 29.

¿adónde?

En alemán se usan dos palabras diferentes para la preposición española 'a'. Con los topónimos se usa *nach*:

a Alemania	*nach Deutschland*	naj *doich*·lant
a Salzburgo	*nach Salzburg*	naj *salts*·burg

Para todos los demás destinos, se usa *zum/zur/zum* (m./f./n.):

a la estación	*zum Bahnhof* (m.)	tsum *bahn*·hohf
al albergue	*zur Jugend-herberge* (f.)	*tsuh*·a *yu*·guent·*heh*·a·bea·gue
al centro de la ciudad	*zum Stadt-zentrum* (n.)	tsum *shtat*·tsen·trum

tren

¿Qué estación es ésta?
Welcher Bahnhof ist das?   *vel·sha bahn·hohf ist dass*

¿Cuál es la próxima estación?
Welches ist der   *vel·shes ist deh·a*
nächste Halt?   *nèhjs·te halt*

¿Este tren para en (Friburgo)?
Hält dieser Zug in   *helt dih·sa tsuhk in*
(Freiburg)?   *(frai·burg)*

¿Tengo que hacer transbordo?
Muss ich umsteigen?   *muss ish um·shtai·guen*

¿Cuál es el	*Welcher*	*vel·sha*
vagón (de) …?	*Wagen …?*	*vah·guen …*
restaurante	*ist der*	*ist deh·a*
	Speisewagen	*shpai·se·vah·guen*
Múnich	*geht nach*	*geht naj*
	München	*mün·shen*
1ª clase	*ist erste Klasse*	*ist ehrs·te kla·sse*

barco

¿Dispone de chalecos salvavidas?
Gibt es Schwimmwesten? guibt es *shvim*·ves·ten

¿Cómo está hoy el mar?
Wie ist das Meer heute? vih ist dass *meh*·a *hoi*·te

Estoy mareado/a.
Ich bin seekrank. ish bin *seh*·krank

taxi

Querría un taxi	*Ich hätte gern*	ish *he*·te guehrn
para ...	*ein Taxi für ...*	ain *tak*·si *füh*·a ...
ahora	*sofort*	soh·*fort*
mañana	*morgen*	*mor*·guen
las (9.00)	*(9 Uhr)*	(noin *uh*·a)

¿Está libre?
Sind Sie frei? sind sih frai

Por favor, ponga el taxímetro.
Schalten Sie bitte den *shal*·ten sih *bi*·te dehn
Taxameter ein. tak·sah·*may*·ta ain

¿Cuánto cuesta la carrera hasta ...?
Was kostet es bis ...? vass *kos*·tet es biss ...

Por favor, lléveme a (esta dirección).
Bitte bringen Sie mich zu *bi*·te *brin*·guen sih mish tsuh
(dieser Adresse). (*dih* sa a·*dre*·sse)

Llego muy tarde.
Ich bin wirklich spät dran. ish bin *vir*·klish shpèht dran

Por favor, vaya más despacio.
Fahren Sie bitte langsamer. *fah*·ren sih *bi*·te *lang*·sah·ma

Por favor, espere aquí.
Bitte warten Sie hier. *bi*·te *var*·ten sih *hih*·a

Pare ...	*Halten Sie ...*	*hal*·ten sih ...
en la esquina	*an der Ecke*	an *deh*·a *e*·ke
aquí	*hier*	*hih*·a

automóvil y motocicleta

> alquiler de automóviles y motocicletas

¿Dónde puedo	*Wo kann ich ...*	voh kan ish ...
alquilar un/una ...?	*mieten?*	*mih*·ten
Querría	*Ich möchte ...*	ish *mösh*·te ...
alquilar un/una ...	*mieten.*	*mih*·ten
coche	*ein Fahrzeug*	ain *fahr*·tsoik
automático	*mit Automatik*	mit au·to·*mah*·tik
coche	*ein Auto*	ain *au*·to
todoterreno	*ein Allradfahr-*	ain *al*·raht·fahr·
	zeug	tsoik
coche manual	*ein Fahrzeug*	ain *fahr*·tsoik
	mit Schaltung	mit *shal*·tung
motocicleta	*ein Motorrad*	ain *moh*·toh·a·rat

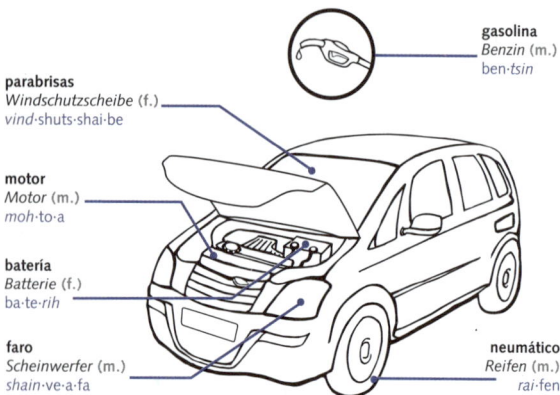

gasolina
Benzin (m.)
ben·*tsin*

parabrisas
Windschutzscheibe (f.)
vind·shuts·shai·be

motor
Motor (m.)
moh·to·a

batería
Batterie (f.)
ba·te·*rih*

faro
Scheinwerfer (m.)
shain·ve·a·fa

neumático
Reifen (m.)
rai·fen

¿Cuánto cuesta	Wie viel kostet	vih fihl *kos*·tet
por …?	es pro …?	es proh …
día	Tag	tahk
hora	Stunde	*shtun*·de
semana	Woche	*vo*·je

> en la carretera

¿Esta carretera va a …?
Führt diese Straße	führt *dih*·se *shtrah*·sse
nach …?	naj …

¿Cuál es el límite	Was ist die Höchst-	vass ist dih *höjst*·
de velocidad … ?	geschwindigkeit …?	gue·shvin·dish·kait …
en ciudad	in der Stadt	in *deh*·a shtat
en carretera	auf dem Land	auf dehm lant
en autopista	auf der	auf *deh*·a
	Autobahn	*ou*·to·bahn

señales de tráfico

Ausfahrt	*aus*·fahrt	**Salida**
Ausfahrt	*aus*·fahrt	**No obstruir**
Freihalten	*frai*·hal·ten	**el paso**
Baustelle	*bau*·shte·le	**Obras**
Einbahnstraße	*ain*·bahn·shtrah·sse	**Sentido único**
Einfahrt	*ain*·fahrt	**Entrada**
Einfahrt	*ain*·fahrt	**No pasar**
Verboten	fea·*boh*·ten	
Gefahr	gue·*fahr*	**Peligro**
Halteverbot	*hal*·te·fea·boht	**Prohibido parar**
Mautstelle	*mout*·shte·le	**Peaje**
Parkverbot	*park*·fea·boht	**Prohibido aparcar**
Radweg	*raht*·vehk	**Carril bici**
Sackgasse	*sak*·ga·sse	**Calle sin salida**
Stopp	shtop	**Stop**
Überholverbot	üh·ba·*hohl*·fea·boht	**Prohibido**
		adelantar
Umleitung	*um*·lai·tung	**Desvío**

¿(Durante cuánto tiempo) Puedo estacionar aquí?
(Wie lange) Kann ich   (vih *lan*·gue) kan ish
hier parken?   *hih*·a *par*·ken

¿Dónde debo pagar?
Wo muss ich bezahlen?   voh muss ish be·*tsah*·len

¿Dónde hay una gasolinera?
Wo ist eine Tankstelle?   voh ist *ai*·ne *tank*·shte·le

diésel	*Diesel* (m.)	*dih*·sel
con plomo	*verbleites Benzin* (n.)	fea·*blai*·tes ben·*tsin*
LPG	*Autogas* (n.)	*au*·to·gahss
gasolina	*Benzin* (n.)	ben·*tsin*
normal	*Normalbenzin* (n.)	nor·*mahl*·ben·tsin
sin plomo	*bleifreies Benzin* (n.)	*blai*·frai·es ben·*tsin*

> problemas

Necesito un mecánico.
Ich brauche einen   ish *brau*·je *ai*·nen
Mechaniker.   me·*jah*·ni·ka

Se ha averiado el coche/la motocicleta (en ...).
Ich habe (in ...) eine   ish *hah*·be (in ...) *ai*·ne
Panne mit meinem   *pa*·ne mit *mai*·nem
Auto/Motorrad.   *au*·to/*moh*·to·a·rat

He tenido un accidente.
Ich hatte einen Unfall.   ish *ha*·te *ai*·nen *un*·fal

El coche/La motocicleta no arranca.
Das Auto/Motorrad   das *au*·to/*moh*·to·a·rat
springt nicht an.   shpringt nisht an

Se me ha pinchado una rueda.
Ich habe eine Reifenpanne.   ish *hah*·be *ai*·ne *rai*·fen·pa·ne

se podrá oír ...

vel·shes fa·bri·*kaht*/mo·*del* ist es
Welches Fabrikat/   **¿Qué marca/**
Modell ist es?   **modelo es?**

He perdido las llaves del coche.
Ich habe meine ish *hah·*be *mai·*ne
Autoschlüssel verloren. *au·*to-shlü·ssel fea·*loh·*ren

Me he dejado las llaves dentro del coche.
Ich habe meine Schlüssel ish *hah·*be *mai·*ne *shlü·*ssel
im Wagen eingeschlossen. im *vah·*guen *ain·*gue-shlo·ssen

Me he quedado sin gasolina.
Ich habe kein Benzin mehr. ish *hah·*be kain ben·*tsin me·*a

¿Puede arreglarlo (hoy)?
Können Sie es (heute) *kö·*nen sih es (*hoi·*te)
reparieren? re-pa·*rih·*ren

¿Cuándo está listo?
Wann ist es fertig? van ist es *fer·*tish

bicicleta

¿Dónde puedo ...?	Wo kann ich ...?	voh kan ish ...
comprar una		
bicicleta de	*ein gebrauchtes*	ain ge·*brauj·*tes
segunda mano	*Fahrrad kaufen*	*fahr·*raht *kau·*fen
alquilar una	*ein Fahrrad*	ain *fahr·*raht
bicicleta	*mieten*	*mih·*ten
¿Cuánto cuesta	*Wie viel kostet*	vih fihl *kos·*tet
por ...?	*es für ...?*	es *füh·*a ...
una tarde	*einen*	*ai·*nen
	Nachmittag	*naj·*mi·tahk
un día	*einen Tag*	*ai·*nen tahk
una hora	*eine Stunde*	*ai·*ne *shtun·*de
una mañana	*einen Vormittag*	*ai·*nen *foh·*a·mi·tahk

Tengo una rueda pinchada.
Ich habe einen Platten. ish *hah·*be *ai·*nen *pla·*ten

transporte local

¿Dónde está la estación de metro más cercana?

Wo ist der nächste U-Bahnhof?

voh ist *deh*·a *nèhjs*·te u·bahn·hohf

¿Qué línea va a (Potsdamer Platz)?

Welche Linie geht zum (Potsdamer Platz)?

vel·she lih·ni·e gueht tsum (pots·*dah*·ma plats)

billete de un día	*Tageskarte* (f.)	*tah*·gues·kar·te
billete multiviajes	*Mehrfach-fahrkarte* (f.)	*meh*·a·faj·fahr·kar·te
tranvía	*Straßenbahn* (f.)	*shtrah*·ssen·bahn
parada de tranvía	*Straßenbahn-haltestelle* (f.)	*shtrah*·ssen·bahn·hal·te·shte·le
metro	*U-Bahn* (f.)	u·bahn
estación de metro	*U-Bahnhof* (m.)	u·bahn·hohf
tren urbano	*S-Bahn* (f.)	ess·bahn
billete semanal	*Wochenkarte* (f.)	vo·jen·kar·te

máquinas expendedoras

En Alemania, Austria y Suiza es muy habitual comprar los billetes en las máquinas expendedoras. Algunos términos comunes que deben conocerse son:

Automat Gibt Rückgeld	**Da cambio**
Bitte Wählen	**Elija una opción**
Kennzahl Eingeben	**Introduzca el código**
Korrektur	**Corregir**
Taste Drücken	**Pulse el botón**
Zahlbar mit ...	**Pague con ...**

Si no se consigue entender cómo funciona la máquina, siempre se puede preguntar a alguien:

Wie funktioniert das?
vih funk·tsio·*nih*·ert dass   **¿Cómo funciona?**

control de pasaportes

passkontrolle

Estoy aquí ...	*Ich bin hier ...*	ish bin *hih*·a ...
de paso	*auf der Durchreise*	auf *deh*·a *dursh*·rai·se
por negocios	*auf Geschäftsreise*	auf gue·*shefts*·rai·se
de vacaciones	*im Urlaub*	im *ur*·laub
Estaré aquí ...	*Ich bin hier für ...*	ish bin *hih*·a *füh*·a ...
(cuatro) días	*(vier) Tage*	(*fih*·a) *tah*·gue
(tres) semanas	*(drei) Wochen*	(dra·i) *vo*·jen
(dos) meses	*(zwei) Monate*	(tsvai) *moh*·na·te

se podrá oír ...

... *bi*·te	*..., bitte.*	Su ..., por favor.
ih·ren	*Ihren*	pasaporte
rai·se·pas	*Reisepass*	
ih·a *vih*·sum	*Ihr Visum*	visado
rai·sen sih ...	*Reisen Sie ...?*	¿Viaja ...?
a·*lain*	*allein*	solo
in *ai*·na *gru*·pe	*in einer Gruppe*	con un grupo
mit *ih*·ra	*mit Ihrer*	con su
fa·*mih*·li·e	*Familie*	familia

en la aduana

No tengo nada que declarar.
*Ich habe nichts
zu verzollen.*

ish *hah*·be nishts
tsuh fea·*tsoh*·len

Tengo algo que declarar.
*Ich habe etwas
zu verzollen.*

ish *hah*·be *et*·vass
tsuh fea·*tsoh*·len

No sabía que tenía que declararlo.
*Ich wusste nicht, dass ich
das verzollen muss.*

ish *vuss*·te nisht dass ish
dass fea·*tsoh*·len muss

---

burocrabulario

Aunque Alemania tiene fama de ser un país bien orga-
nizado, la espontaneidad del viajero puede verse obstacu-
lizada por interminables trámites burocráticos. Aprender
algunas de estas palabras puede ser de gran ayuda:

Abschrift	*ab*·shrift	**copia/extracto**
Abstammungs-	*ab*·*shtah*·mungs·	**partida de**
urkunde	uh·a·kun·de	**nacimiento**
Bekenntnis	be·*kent*·niss	**religión**
Familienname	fa·*mih*·li·en·nah·me	**apellido**
Familienstand	fa·*mih*·li·en·shtant	**estado civil**
geborene	gue·*boh*·re·ne	**apellido de**
		soltera
geboren am	gue·*boh*·ren am	**nacido/a en**
Geburtsdatum	gue·*burts*·da·tum	**fecha de**
		nacimiento
Heirats-	*hai*·rats·	**certificado de**
urkunde	uh·a·kun·de	**matrimonio**
Staatsange-	shtahts·an·gue·	**ciudadanía/**
hörigkeit	*hör*·rish·kait	**nacionalidad**
Urkunde	uh·a·kun·de	**documento**
Vorname	*foh*·a·nah·me	**nombre**
Wohnort	*vohn*·ort	**lugar de**
		residencia

buscar alojamiento

eine unterkunft finden

¿Dónde hay un/una …?	Wo ist …?	voh ist …
camping	ein Campingplatz	ain *kam*·ping·plats
pensión	eine Pension	*ai*·ne pan·*sion*
hotel	ein Hotel	ain ho·*tel*
hostal	ein Gasthof	ain *gast*·hohf
habitación en una casa privada	ein Privatzimmer	ain pri·*vaht*·tsi·ma
albergue de juventud	eine Jugendherberge	*ai*·ne yu·guent·heh·a·ber·gue

¿Me puede recomendar algún lugar …?	Können Sie etwas … empfehlen?	*kö*·nen sih *et*·vass … emp·*feh*·len
barato	Billiges	*bi*·li·gues
agradable	Gutes	*guh*·tes
lujoso	Luxuriöses	luk·su·riöh·ses
cercano	in der Nähe	in *deh*·a *nèh*·e
romántico	Romantisches	ro·*man*·ti·shes

¿Cuál es la dirección?
Wie ist die Adresse?　　vih ist dih a·*dre*·sse

Para las respuestas, véase **direcciones,** en p. 61.

> reservas y registros

Querría reservar una habitación, por favor.
Ich möchte bitte ein　　ish *mösh*·te *bi*·te ain
Zimmer reservieren.　　*tsi*·ma re·sa·*vih*·ren

Tengo una reserva.
Ich habe eine　　ish *hah*·be *ai*·ne
Reservierung.　　re·sa·*vih*·rung

Mi nombre es ...
Mein Name ist ...   main *nah*·me ist ...

Para (tres) noches/semanas.
Für (drei) Nächte/Wochen.   *füh*·a (drai) *nesh*·te/*vo*·jen

Del (2 de julio) al (6 de julio).
Vom (2. Juli) bis   fom (*tsvai*·ten *yuh*·li) biss
zum (6. Juli).   tsum (*seks*·ten *yuh*·li)

¿Cuánto cuesta por ...?	*Wie viel kostet es pro ...?*	vih fihl *kos*·tet es proh ...
noche	*Nacht*	najt
persona	*Person*	per·*sohn*
semana	*Woche*	*vo*·je

¿Tiene una habitación ...?	*Haben Sie ein ...?*	*hah*·ben sih ain ...
doble	*Doppelzimmer*	*do*·pel·tsi·ma
	mit einem	mit *ai*·nem
	Doppelbett	*do*·pel·bet
individual	*Einzelzimmer*	*ain*·tsel·tsi·ma
con dos camas	*Doppelzimmer*	*do*·pel·tsi·ma
	mit zwei	mit tsvai
	Einzelbetten	*ain*·tsel·be·ten

---

se podrá oír ...

deh·a *shlü*·ssel ist an *deh*·a re·tsep·*tsion*
Der Schlüssel ist an der Rezeption.   **La llave está en recepción.**

ih·ren pass *bi*·te
Ihren Pass, bitte.   **Su pasaporte, por favor.**

es tuht *mih*·a lait *vih*·a *hah*·ben *kai*·ne *tsi*·ma frai
Es tut mir Leid, wir haben keine Zimmer frei.   **Lo siento, no nos quedan habitaciones libres.**

füh·a vih *fih*·le *nesh*·te
Für wie viele Nächte?   **¿Para cuántas noches?**

¿Puedo verlo/a?
Kann ich es sehen?   kan ish es *seh*·en

¿Hay agua caliente durante todo el día?
Gibt es den ganzen   guibt es dehn *gan*·tsen
Tag warmes Wasser?   tahk *var*·mes *va*·sser

Está bien. Me lo/la quedo.
Es ist gut, ich nehme es.   es ist guht ish *neh*·me es

¿Tengo que pagar por adelantado?
Muss ich im Voraus   muss ish im *foh*·a·auss
bezahlen?   be·*tsah*·len

¿Puedo pagar		
con ...?	*Nehmen Sie ...?*	*neh*·men sih ...
tarjeta de crédito	*Kreditkarten*	kreh·*diht*·kar·ten
cheques de viaje	*Reiseschecks*	*rai*·se·cheks

Para otras formas de pago, véase **de compras,** en p. 63.

> peticiones y preguntas

¿A qué hora/Dónde se sirve el desayuno?
Wann/Wo gibt es Frühstück? van/voh guibt es *früh*·shtük

Por favor, despiérteme a las (siete).
Bitte wecken Sie mich   *bi*·te *ve*·ken sih mish
um (sieben) Uhr.   um (*sih*·ben) *uh*·a

¿Puedo usar	*Kann ich ...*	kan ish ...
el/la ...?	*benutzen?*	be·*nu*·tsen
cocina	*die Küche*	dih *kü*·she
lavadora	*eine*	*ai*·ne
	Waschmaschine	*vash*·ma·shih·ne
teléfono	*das Telefon*	dass te·le·*fohn*

¿Tienen ...?	*Haben Sie ...?*	*hah*·ben sih ...
ascensor	*einen Aufzug*	*ai*·nen *auf*·tsuhk
servicio de	*einen*	*ai*·nen
lavandería	*Wäscheservice*	*vèh*·she·ser·viss
tablón de	*ein Nachrichten-*	ain *naj*·rish·ten·
anuncios	*brett*	bret
caja fuerte	*einen Safe*	*ai*·nen sseif
piscina	*ein Schwimmbad*	ain *shvim*·baht

¿Organizan excursiones aquí?
Arrangieren Sie   ah·rang·*zhih*·ren sih
hier Touren?   *hih*·a tuh·ren

¿Cambian dinero aquí?
Wechseln Sie hier Geld?   vej·sseln sih *hih*·a guelt

¿Puedo dejar un mensaje para alguien?
Kann ich eine Nachricht   kan ish *ai*·ne *naj*·risht
für jemanden   *füh*·a yeh·man·den
hinterlassen?   hin·ta·*la*·ssen

¿Hay algún mensaje para mí?
Haben Sie eine   *hah*·ben sih *ai*·ne
Nachricht für mich?   *naj*·risht *füh*·a mish

Me he quedado sin llave fuera de la habitación.
Ich habe mich aus   ish *hah*·be mish aus
meinem Zimmer ausgesperrt.   *mai*·nem *tsi*·ma *aus*·gue·shpert

señales

Aufzug	*auf*·tsuhk	**Ascensor**
Fahrstuhl	*fahr*·shtuhl	**Ascensor**
Fernsehzimmer	*fern*·seh·tsi·ma	**Sala de televisión**
Frühstücksraum	*früh*·shtüks·raum	**Sala de desayuno**
Notausgang	*noht*·aus·gang	**Salida de emergencia**

¿Podría darme	*Könnte ich bitte*	*kön*·te ish *bi*·te
..., por favor?	*... haben?*	*... hah*·ben
mi llave	*meinen Schlüssel*	*mai*·nen *shlü*·ssel
una factura	*eine Quittung*	*ai*·ne *kvi*·tung

Es demasiado ...	*Es ist zu ...*	es ist tsuh ...
frío/a	*kalt*	kalt
oscuro/a	*dunkel*	*dung*·kel
caro/a	*teuer*	*to*·i·a
luminoso/a	*hell*	hel
ruidoso/a	*laut*	laut
pequeño/a	*klein*	klain

El ... no funciona.	... funktioniert nicht.	... funk·tsio·nih·ert nisht
aire acondicionado	Die Klimaanlage	dee klih·ma· an·lah·gue
ventilador	Der Ventilator	deh·a ven·ti·lah·tor
retrete	Die Toilette	dih tua·le·te

La puerta (del baño) está cerrada con llave.

Die (Badezimmer) Tür   dih (bah·de·tsi·ma·) tüh·a
ist abgeschlossen.   ist ab·guesh·lo·ssen

aire acondicionado
Klimaanlage (f.)
klih·ma·an·lah·gue

llave
Schlüssel (m.)
shlü·ssel

cama
Bett (n.)
bet

retrete
Toilette (f.)
tua·le·te

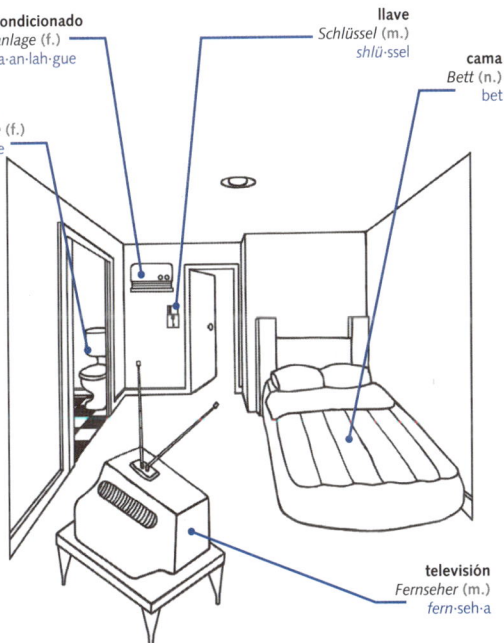

televisión
Fernseher (m.)
fern·seh·a

alojamiento

No se puede abrir/cerrar la ventana.

Das Fenster lässt sich	*dass fens·ta lest sish*	
nicht öffnen/schließen.	*nisht öf·nen/shlih·ssen*	

¿Podría darme	*Kann ich noch*	*kan ish noj*
otro/a …?	*einen/eine/ein …*	*ai·nen/ai·ne/ain …*
	bekommen? (m./f./n.)	*be·ko·men*
manta	*Decke* (f.)	*de·ke*
funda de edredón	*Bettbezug* (m.)	*bet·be·tsuhk*
almohada	*Kopfkissen* (n.)	*kopf·ki·ssen*
funda de	*Kopfkissen-*	*kopf·ki·ssen·*
almohada	*bezug* (m.)	*be·tsuhk*
sábana	*Bettlaken* (n.)	*bet·lah·ken*
toalla	*Handtuch* (n.)	*hant·tuhj*

llaman a la puerta

¿Quién es?	*Wer ist da?*	*veh·a ist dah*
Un momento,	*Einen*	*ai·nen*
por favor.	*Augenblick, bitte!*	*au·guen·blik bi·te*
Adelante.	*Herein!*	*heh·a·rain*
Vuelva	*Kommen Sie*	*ko·men sih*
más tarde,	*bitte später*	*bi·te shpeh·ta*
por favor.	*noch einmal.*	*noj ain·mahl*

> salida del hotel

¿A qué hora hay que dejar el hotel?

Wann muss ich	van muss ish
auschecken?	*aus·che·ken*

¿Qué suplemento hay que pagar para quedarse hasta las (6)?

Was kostet es extra, wenn	vass *kos·*tet es *eks·*tra ven
ich bis (6 Uhr) bleiben	ish bis (seks *uh·*a) *blai·*ben
möchte?	*mösh·*te

Me voy ahora.

Ich reise jetzt ab.	ish *rai·*se yetst ab

¿Puede llamarme un taxi (para las 11)?

Können Sie mir (für 11 Uhr)	*kö·*nen sih *mih·*a (*füh·*a elf *uh·*a)
ein Taxi rufen?	ain *tak·*si *ruh·*fen

¿Puedo dejar mi equipaje aquí hasta …?	Kann ich meine Taschen bis … hier lassen?	kan ish *mai*·ne *ta*·shen bis … *hih*·a *la*·ssen
la próxima semana	nächste Woche	*nèhjs*·te vo·je
esta noche	heute Abend	*hoi*·te ah·bent
el miércoles	Mittwoch	*mit*·voj

¿Podría devolverme … por favor?	Könnte ich bitte … haben?	*kön*·te ish *bi*·te … *hah*·ben
mi depósito	meine Anzahlung	*mai*·ne an·tsah·lung
mi pasaporte	meinen Pass	*mai*·nen *pass*
mis objetos de valor	meine Wertsachen	*mai*·ne *vert*·sa·jen

Hay un error en la cuenta.
Da ist ein Fehler   dah ist ain *feh*·la
in der Rechnung.   in *deh*·a *rej*·nung

La estancia ha sido muy agradable, gracias.
Es hat mir hier   es hat *mih*·a *hih*·a
sehr gut gefallen.   *seh*·a guht gue·*fa*·len

Recomendaré este lugar a mis amigos.
Ich werde Sie   ish *vehr*·de sih
weiterempfehlen.   *vai*·ter·emp·*feh*·len

camping

¿Dónde está … más cercano?	Wo ist der nächste …?	voh ist *deh*·a *nèhjs*·te …
el camping	Zeltplatz	*tselt*·plats
la tienda	Laden	*lah*·den
la ducha	Duschraum	*dush*·raum
el servicio	Toilettenblock	tua·*le*·ten·blok

¿Hay …?	Haben Sie …?	*hah*·ben sih …
electricidad	Strom	shtrohm
duchas	Duschen	*du*·shen
una zona de acampada	einen Stellplatz	*ai*·nen *shtel*·plats
tiendas de alquiler	Zelte zu vermieten	*tsel*·te tsuh fea·*mih*·ten

¿Funciona con monedas?
Braucht man dafür Münzen?
braujt man dah·*füh*·a *mün*·tsen

¿El agua es potable?
Kann man das Wasser trinken?
kan man dass *va*·sser *tring*·ken

¿A quién debo pedir permiso para acampar aquí?
Wen muss ich fragen, wenn ich hier zelten möchte?
vehn muss ish *frah*·guen ven ish *hih*·a *tsel*·ten *mösh*·te

¿Cuánto cobran por ...?	Wie viel berechnen Sie ...?	vih fihl be·*rej*·nen sih ...
coche	für ein Auto	*füh*·a ain *au*·to
caravana	für einen Wohnwagen	*füh*·a *ai*·nen *vohn*·vah·guen
tienda	für ein Zelt	*füh*·a ain tselt
persona	pro Person	proh per·*sohn*
¿Puedo ...?	Kann ich ...?	kan ish ...
acampar aquí	hier zelten	*hih*·a *tsel*·ten
aparcar al lado de mi tienda	neben meinem Zelt parken	*neh*·ben *mai*·nem tselt *par*·ken
bombona de gas	Gasflasche (f.)	*gahs*·fla·she
mazo	Holzhammer (m.)	*holss*·ha·ma
estaquilla	Hering (m.)	*heh*·ring
cuerda	Seil (n.)	seil
ficha de ducha	Duschmünze (f.)	*dush*·mün·tse
saco de dormir	Schlafsack (m.)	*shlahf*·sak
pala	Spaten (m.)	*shpah*·ten
tienda	Zelt (n.)	tselt
linterna	Taschenlampe (f.)	*ta*·shen·lam·pe

alquilar

Estoy aquí por el/la ... en alquiler.	Ich komme wegen des/der/des zu vermietenden ... (m./f./n.)	ish *ko*·me *veh*·guen des/*deh*·a/des tsuh fea·*mih*·ten·den ...
piso	Appartement (n.)	a·*part*·ment
cabaña	Hütte (f.)	*hü*·te
apartamento	Ferienwohnung (f.)	*feh*·ri·en·voh·nung
casa	Haus (n.)	hauss
habitación	Zimmer (n.)	*tsi*·ma
villa	Villa (f.)	*vi*·la

amueblado/a	möbliert	mö·*blih*·ert
semi amueblado/a	teilmöbliert	tail·mö·*blih*·ert
sin muebles	unmöbliert	un·mö·*blih*·ert

¿Tienen un/una ... en alquiler?
Haben Sie ... *hah*·ben sih ...
zu vermieten? tsuh fea·*mih*·ten

¿Cuántas habitaciones tiene?
Wie viele vih *fih*·le
Zimmer hat es? tsi·ma hat es

Querría algo cerca ...	Ich möchte etwas in der Nähe ...	ish *mösh*·te et·vass ın *deh*·a neh·e ...
de la playa	des Strandes	des *shtran*·des
del centro	des Stadt- zentrums	des *shtat*· tsen·trums
de las tiendas	der Geschäfte	*deh*·a gue·*shef*·te

¿Cuánto cuesta por ...?	Was kostet es für ...?	vass *kos*·tet es *füh*·a ...
(una) semana	(eine) Woche	(*ai*·ne) *vo*·je
(dos) meses	(zwei) Monate	(tsvai) *moh*·na·te

¿Quién es mi ...?	Wer ist ...?	*veh*·a ist ...
agente	mein Makler	main *mak*·la
persona de contacto	meine Kontaktperson	*mai*·ne kon·*takt*·per·sohn

Quiero alquilarlo del (2 de julio) al (6 de julio).
Ich möchte es vom   ish *mösh*·te es fom
(2. Juli) bis zum   (tsvai·ten *yu*·li) bis tsum
(6. Juli) mieten.   (zeks·ten *yu*·li) mih·ten

¿Hay que pagar fianza?
Gibt es eine Kaution?   guibt es *ai*·ne kau·*tsion*

¿Hay gastos adicionales?
Kommen noch   *ko*·men noj
Nebenkosten dazu?   *neh*·ben·kos·ten da·*tsuh*

alojamiento en casas particulares

bei einheimischen übernachten

¿Me puedo quedar en su/tu casa?
Kann ich bei Ihnen/dir   kan ish bai *ih*·nen/*dih*·a
übernachten? (for./inf.)   üh·ba·*naj*·ten

¿Puedo hacer algo para ayudar?
Kann ich Ihnen/dir   kan ish *ih*·nen/*dih*·a
irgendwie helfen? (for./inf.)   *ir*·guent·vih *hel*·fen

Tengo mi propio ...	*Ich habe ...*	ish *hah*·be ...
colchón	*meine eigene*	*mai*·ne *ai*·gue·ne
	Matratze	ma·*tra*·tse
saco de dormir	*meinen eigenen*	*mai*·nen *ai*·gue·nen
	Schlafsack	*shlahf*·sak

¿Puedo ...?	*Kann ich ...?*	kan ish ...
traer algo	*etwas für das*	et·vass *füh*·a dass
para la comida	*Essen mitbringen*	e·ssen *mit*·brin·guen
lavar los platos	*abwaschen*	*ab*·va·shen
poner/recoger	*den Tisch decken/*	dehn tish *de*·ken/
la mesa	*abräumen*	*ab*·roi·men
sacar la	*den Müll*	dehn mül
basura	*rausbringen*	*raus*·brin·guen

Gracias por su/tu hospitalidad.
Vielen Dank für Ihre/deine   *fih*·len dank *füh*·a *ih*·re/*dai*·ne
Gastfreundschaft. (for./inf.)   *gast*·froint·shaft

Véanse también otras expresiones en **comida,** en pp. 145 y 157.

¿Dónde hay (un banco)?
Wo ist (eine Bank)?   voh ist (*ai*·ne bank)

Estoy buscando (la catedral).
Ich suche (den Dom).   ish *su*·je (dehn dom)

¿En qué dirección hay (un servicio público)?
In welcher Richtung ist   in *vel*·sha *rish*·tung ist
(eine öffentliche Toilette)?   (*ai*·ne ö·fent·li·she tua·*le*·te)

se podrá oír ...

es ist ...	*Es ist ...*	**Está ...**
an *deh*·a e·ke	*an der Ecke*	**en la esquina**
dort	*dort*	**allí**
foh·a ...	*vor ...*	**delante de ...**
gue·guen·*üh*·ba ...	*gegenüber ...*	**frente a ...**
gue·rah·de·*aus*	*geradeaus*	**yendo todo recto**
hih·a	*hier*	**aquí**
hin·ta ...	*hinter ...*	**detrás de ...**
links	*links*	**a la izquierda**
nah·e	*nahe*	**cerca**
neh·ben ...	*neben ...*	**junto a ...**
rejts	*rechts*	**a la derecha**
vait vek	*weit weg*	**lejos**
bih·gen sih ... ab	*Biegen Sie ... ab.*	**Gire ...**
an *deh*·a e·ke	*an der Ecke*	**en la esquina**
bai *deh*·a am·pel	*bei der Ampel*	**en el semáforo**
links/rejts	*links/rechts*	**a la izquierda/ a la derecha**
es ist ... ent·*fernt*	*Es ist ... entfernt.*	**Está a ...**
(*hun*·dert) *meh*·ter	*(100) Meter*	**(100) metros**
(fünf) mi·*nuh*·ten	*(5) Minuten*	**(cinco) minutos**
nor·den	*Norden* (m.)	**norte**
suh·den	*Süden* (m.)	**sur**
os·ten	*Osten* (m.)	**este**
vess·ten	*Westen* (m.)	**oeste**

¿Cómo puedo llegar hasta allí?
Wie kann ich da hinkommen?   vih kan ish dah *hin*·ko·men

¿Me lo puede mostrar (en el mapa)?
Können Sie es mir   *kö*·nen sih es *mih*·a
(auf der Karte) zeigen?   (auf *deh*·a kar·te) *tsai*·guen

¿Cuál es la dirección?
Wie ist die Adresse?   vih ist dih a·*dre*·sse

¿A qué distancia está?
Wie weit ist es?   vih *vait* ist es

en ...	*mit ...*	mit ...
autobús	*dem Bus*	dehm *buss*
taxi	*dem Taxi*	dehm *tak*·si
tren	*dem Zug*	dehm tsuhk
a pie	*zu Fuß*	tsuh *fuss*
avenida	*Allee* (f.)	a·*leh*
callejón	*Gasse* (f.)	*ga*·sse
plaza	*Platz* (m.)	*plats*
calle	*Straße/Weg* (f./m.)	*shtrah*·sse/vek

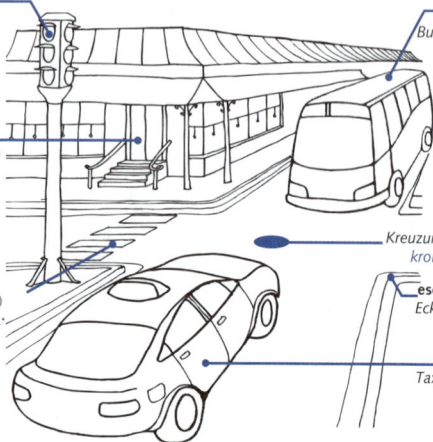

semáforo
Ampel (f.)
am·pel

bus
Bus (m.)
bus

tienda
Geschäft (n.)
gue·*sheft*

cruce
Kreuzung (f.)
kroi·zung

paso de peatones
Fußgänger-überweg (m.)
fuhs·guen·ga·*üh*·ba·vehk

esquina
Ecke (f.)
e·ke

taxi
Taxi (n.)
tak·si

dónde ...

¿Dónde hay (un supermercado)?
Wo ist (ein/der   voh ist (ain/*deh*·a
Supermarkt)?   *su*·pa·markt)

¿Dónde puedo comprar ...?
Wo kann ich ... kaufen?   voh kan ish ... *kau*·fen

Para frases sobre direcciones, véase **direcciones,** en p. 61, y para otras tiendas y servicios, véase el **diccionario.**

hacer una compra

Quisiera comprar ...
Ich möchte ... kaufen.   ish *mösh*·te ... *kau*·fen

Sólo estoy mirando.
Ich schaue mich nur um.   ish *shau*·e mish *nuh*·a um

¿Cuánto cuesta esto?
Wie viel kostet das?   vih fihl *kos*·tet dass

¿Puede escribirme el precio?
Können Sie den Preis   *kö*·nen sih dehn praiss
aufschreiben?   *auf*·shrai·ben

¿Tiene otros?
Haben Sie noch andere?   *hah*·ben sih noj *an*·de·re

¿Puedo echarle un vistazo?
Können Sie es   *kö*·nen sih es
mir zeigen?   *mih*·a *tsai*·guen

¿Aceptan ...?	*Nehmen Sie ...?*	*neh*·men sih ...
tarjetas de crédito	*Kreditkarten*	kre·*dit*·kar·ten
tarjetas de débito	*Debitkarten*	*de*·bit·kar·ten
cheques de viaje	*Reiseschecks*	*rai*·se·cheks

¿Podría (darme) ...,	Könnte ich ...	kön·te ish ...
por favor?	bekommen?	be·ko·men
una bolsa	eine Tüte	ai·ne tü·te
un recibo	eine Quittung	ai·ne kvi·tung
embalarlo	es eingepackt	es ain·gue·pakt

¿Tiene garantía?
Gibt es darauf Garantie?   guibt es da·rauf ga·ran·tih

¿Puede enviarlo al extranjero?
Kann ich es ins Ausland   kan ish es ins auss·lant
verschicken lassen?   fea·shi·ken la·ssen

¿Puede encargarlo para mí?
Können Sie es für   kö·nen sih es füh·a
mich bestellen?   mish be·shte·len

¿Puedo recogerlo más tarde?
Kann ich es später abholen?   kan ish es shpèh·ta ab·ho·len

Está defectuoso/roto.
Es ist fehlerhaft/kaputt.   es ist feh·la·haft/ka·put

Quisiera ...,	Ich möchte	ish mösh·te
por favor.	bitte ...	bi·te ...
el cambio	mein Wechselgeld	main vej·ssel·guelt
que me devolviera	mein Geld	main guelt
el dinero	zurückhaben	tsuh·rük·hah·ben
devolver esto	dieses	dih·ses
	zurückgeben	tsu·rük·gueh·ben

regatear

Es demasiado caro.
Das ist zu teuer.   dass ist tsuh *to·i·*a

¿Puede bajar el precio?
Können Sie mit dem   *kö·*nen sih mit dehm
Preis heruntergehen?   praiss heh·a·*run·*ta·gueh·en

¿Tiene algo más barato?
Haben Sie etwas   *hah·*ben sih *et·*vass
Billigeres?   *bi·*li·gue·res

Le daré ...
Ich gebe Ihnen ...   ish *gueh·*be *ih·*nen ...

ropa

kleidung

¿Me lo puedo probar?
Kann ich es anprobieren?   kan ish es *an·*pro·bih·ren

Uso la talla ...
Ich habe Größe ...   ish *hah·*be *grö·*sse ...

No me queda bien.
Es passt nicht.   es past nisht

reparaciones

reparaturen

¿Pueden reparar aquí mi ...?
Kann ich hier mein ...   kan ish *hih·*a main ...
reparieren lassen?   re·pa·*rih·*ren *la·*ssen

¿Cuándo estarán listos mis zapatos?
Wann sind meine   van sind *mai·*ne
Schuhe fertig?   *shuh·*e *fer·*tish

¿Cuándo estará/n lista/as ...?	Wann ist mein/ meine/mein	van ist main/ mai·ne/main
	... fertig? (m./f./n.)	... fea·tish
mi mochila	Rucksack (m.)	ruk·sak
mi cámara	Kamera (f.)	ka·me·ra
mis gafas de sol	(Sonnen)Brille (f.)	(so·nen·)bri·le

costurero

botones	Knöpfe (m. pl.)	knöp·fe
aguja	Nadel (f.)	nah·del
tijera	Schere (f.)	sheh·re
hilo	Faden (m.)	fah·den

peluquería

beim friseur

Quisiera ...	Ich möchte ...	ish mösh·te ...
un secado a mano	eine Fönwelle	ai·ne fön·ve·le
un tinte	mir die Haare färben lassen	mih·a dih hah·re fèhr·ben la·ssen
mechas	Folien	foh·li·en
cortarme el pelo	mir die Haare schneiden lassen	mih·a dih hah·re shnai·den la·ssen
recortarme la barba	mir den Bart stutzen lassen	mih·a dehn bart shtu·tsen la·ssen
un afeitado	mich rasieren lassen	mish ra·sih·ren la·ssen
reflejos	Strähnchen	shtrèhn·shen
cortarme las puntas	mir die Haare nachschneiden lassen	mih·a dih hah·re naj·shnai·den la·ssen

Por favor, use una cuchilla nueva.
Benutzen Sie bitte eine neue Klinge.
be·nu·tsen sih bi·te ai·ne noi·e klin·gue

No lo corte demasiado.
Schneiden Sie es nicht zu kurz.
shnai·den sih es nisht tsuh kurts

¡Aféitelo todo!
Rasieren Sie alles ab!   ra·*sih*·ren sih *a*·les ab

¡No debí dejar que se acercara a mi pelo!
Ich hätte Sie nie an mein   ish *he*·te sih nih an main
Haar lassen dürfen!   hahr *la*·ssen *dür*·fen

Para los colores, véase el **diccionario**.

libros

¿Hay alguna ...
especializada
(en español)?   *Gibt es ...?*   guibt es ...
  librería   *einen Buchladen*   *ai*·nen *buj*·lah·den
    (für spanische   (*füh*·a *shpah*·ni·she
    Bücher)   *bü*·sha)
  sección   *eine Abteilung*   *ai*·ne ab·*tai*·lung
    (für spanische   (*füh*·a *shpah*·ni·she
    Bücher)   *bü*·sha)

¿Tienen guías de viaje de Lonely Planet?
Haben Sie Lonely-Planet-   *hah*·ben sih *lon*·li·*pla*·net·
Reiseführer?   *rai*·se·füh·ra

¿Tiene alguna guía de conversación mejor que ésta?
Haben Sie einen besseren   *hah*·ben sih *ai*·nen be·sse·ren
Sprachführer als diesen?   *shpraj*·füh·ra als *dih*·sen

se podrá oír ...

nain (*hah*·ben *vih*·a) *lai*·da nisht
Nein, (haben wir)
leider nicht.   **No, no tenemos.**

de compras

67

música

Querría ...	*Ich hätte gern ...*	ish *he*·te guèhrn ...
un CD	*eine CD*	ai·ne tseh·*deh*
una cinta virgen	*eine leere Kassette*	ai·ne *lehr*·re ka·*se*·te
unos auriculares	*Kopfhörer*	kopf·hö·ra

He oído un grupo llamado ...
Ich habe eine Band mit
dem Namen ... gehört.
ish *hah*·be ai·ne bant mit
dehm *nah*·men ... gue·*hört*

He oído un cantante llamado ...
Ich habe einen Sänger mit
dem Namen ... gehört.
ish *hah*·be ai·nen *sen*·ga mit
dehm *nah*·men ... gue·*hört*

¿Cuál es su mejor CD?
Was ist seine/ihre
beste CD?
vass ist *sai*·ne/*ih*·re
bes·te tseh·*deh*

¿Puedo escucharlo?
Kann ich mir das anhören?
kan ish *mih*·a dass *an*·hö·ren

¿Es una copia pirata?
Ist das eine Raubkopie?
ist dass ai·ne *raub*·koh·pih

fotografía

Necesito una	*Ich brauche einen*	ish *brau*·je ai·nen
película ...	*... für diese*	... *füh*·a *dih*·se
para la cámara.	*Kamera.*	ka·me·ra
APS	*APS-Film*	ah·peh·es·film
en blanco y negro	*Schwarzweißfilm*	shvarts·*vaiss*·film
en color	*Farbfilm*	farb·film
de diapositivas	*Diafilm*	*dih*·a·film
de (200) ASA	*(200)-ASA-Film*	(*tsvai*·hun·dert)· *ah*·sa·film

¿Puede …?	Können Sie …?	kö·nen sih …
revelar este carrete	diesen Film entwickeln	dih·sen film ent·vi·keln
ponerme el carrete	mir den Film einlegen	mih·a dehn film ain·leh·guen

¿Cuánto cuesta revelar este carrete?
Was kostet es, diesen Film	vass kos·tet es dih·sen film
entwickeln zu lassen?	ent·vi·keln tsuh la·ssen

¿Cuándo estará listo?
Wann ist er fertig?	van ist eh·a fer·tish

Necesito una foto para el pasaporte.
Ich möchte ein Passfoto	ish mösh·te ain pass·foh·to
machen lassen.	ma·jen la·ssen

Estas fotos no han quedado bien.
Mit diesen Fotos bin	mit dih·sen foh·tos bin
ich nicht zufrieden.	ish nisht tsu·frih·den

No quiero pagar el importe íntegro.
Ich möchte nicht den	ish mösh·te nisht dehn
vollen Preis bezahlen.	fo·len praiss be·tsah·len

---

bagatelas y recuerdos

A continuación se incluye una lista de algunos de los recuerdos más típicos de Alemania, Austria y Suiza:

Aquisgrán: *Aachener Printen* (galletas de jengibre)

En toda Alemania: jarras de cerveza

Austria: bombones tipo *Mozartkugeln* (bombones rellenos de mazapán, avellanas y turrón) y brandy de frutas

Bosques bávaros: objetos de cristal

Montañas del Harz: títeres y marionetas, especialmente de brujas; también objetos de cristal

Lübeck: mazapán

Meissen: porcelana moderna y antigua

bagatelas y recuerdos

Nuremberg: juguetes, especialmente de madera y de hojalata; también *Lebkuchen* (galletas de jengibre)

Ríos Rin y Mosella: famosos por sus vinos blancos

Rothenburg ob der Tauber: juguetes de madera y adornos navideños

Suiza: entre los recuerdos típicos se encuentran los relojes de cuco, el cocholate y los cencerros; también conocida por todo tipo de relojes

Selva Negra: relojes de cuco, muñecas y brandy de frutas

Turingia: figuritas de madera y adornos navideños

jarra de cerveza	*Bierkrug* (m.)	*bih*·a·kruk
chocolate	*Schokolade* (n.)	shoh·koh·*lah*·de
bombones	*Pralinen* (n. pl.)	pra·*lih*·nen
adornos	*Weihnachts-*	*vai*·najts·
navideños	*schmuck* (m.)	shmuk
reloj	*Uhr* (f.)	*uh*·a
cencerro	*Kuhglocke* (f.)	*kuh*·gloh·ke
artesanía de vidrio	*Kristallglas* (n.)	kris·*tal*·glass
reloj de cuco	*Kuckucksuhr* (f.)	*kuh*·kuks·uh·a
muñecas	*Puppe* (f.)	*pu*·pe
brandy de frutas	*Obstler* (m.)	*ohbst*·la
cristalería	*Glaswaren* (pl.)	*glass*·vah·ren
galletas de		
jengibre	*Lebkuchen* (m.)	*lehp*·ku·jen
marionetas	*Marionette* (f.)	ma·ri·o·*ne*·te
mazapán	*Marzipan* (n.)	*mar*·tsi·pahn
porcelana	*Porzellan* (n.)	por·tse·*lan*
títeres	*Puppe* (f.)	*pu*·pe
juguetes		
de hojalata	*Blechspielzeug* (n.)	*blej*·shpihl·tsoik
vino blanco	*Weißwein* (m.)	*vaiss*·vain
brujas	*Hexe* (f.)	*hek*·se
figuras de madera	*Holzfigur* (f.)	*holss*·fi·guh·a
muñecos		
de madera	*Holzspielzeug* (n.)	*holss*·shpihl·tsoik

comunicaciones

correos

post

Quiero mandar un/una ...	*Ich möchte ... senden.*	ish *mösh*·te ... *sen*·den
fax	*ein Fax*	ain faks
paquete	*ein Paket*	ain pa·*keht*
postal	*eine Postkarte*	*ai*·ne *post*·kar·te
Quiero comprar un/una ...	*Ich möchte ... kaufen.*	ish *mösh*·te ... *kau*·fen
aerograma	*ein Aerogramm*	ain ae·ro·*gram*
sobre	*einen Umschlag*	*ai*·nen *um*·shlahk
sello	*eine Briefmarke*	*ai*·ne *brihf*·mar·ke

correo aéreo	*Luftpost* (f.)	*luft*·post
declaración de aduana	*Zollerklärung* (f.)	*tsol*·eh·a·klehr·rung
nacional	*Inlands-*	*in*·lants·
correo urgente	*Expresspost* (f.)	eks·*press*·post
frágil	*zerbrechlich*	tsea·*brej*·lish
internacional	*international*	in·ter·na·tsio·*nahl*
buzón	*Briefkasten* (m.)	*brihf*·kass·ten
código postal	*Postleitzahl* (f.)	*post*·lait·tsahl
correo certificado	*Einschreiben* (n.)	*ain*·shrai·ben
correo de superficie	*Landbeförderung* (f.)	*lant*·be·för·de·rung

Por favor, envíelo por correo aéreo/de superficie a …

Bitte schicken Sie das per   *bi*·te *shi*·ken sih dass *pe*·a
Luftpost/Landbeförderung   *luft*·post/*lant*·be·fö·de·rung
nach …   naj …

Contiene …

Es enthält …   es ent·*helt* …

¿Dónde está el mostrador de la lista de correos?

Wo ist der Schalter für   vo ist *deh*·a *shal*·ta *füh*·a
postlagernde Briefe?   *post*·lag·gern·de *brih*·fe

¿Hay correo para mí?

Ist Post für mich da?   ist post *füh*·a misch da

---

teléfono

telefon

Quiero hacer
una llamada …   *Ich möchte …*   ish *mösh*·te …
  (a España).   *(nach Spanien)*   (naj *shpah*·ni·en)
     telefonieren   te·le·fo·*nih*·ren

  (a España)   *ein R-Gespräch*   ain *eh*·a·guesh·prej
   a cobro revertido   *(nach Spanièn)*   (naj *shpah*·ni·en)
     führen   *füh*·ren

¿Cuál es su/tu teléfono?
Wie ist Ihre/deine Telefonnummer? (pol./inf.)　vih ist *ih*·re/*dai*·ne te·le·*fohn*·nu·ma

¿Dónde está el teléfono público más cercano?
Wo ist das nächste öffentliche Telefon?　voh ist dass *nèhjs*·te *ö*·fent·li·she te·le·*fohn*

Quiero comprar una tarjeta telefónica.
Ich möchte eine Telefonkarte kaufen.　ish *mösh*·te *ai*·ne te·le·*fohn*·kar·te *kau*·fen

El número es ...
Die Nummer ist ...　dih *nu*·ma ist ...

¿Cuál es el prefijo de ...?
Was ist die Vorwahl für ...?　vass ist dih *fo*·a·vahl *füh*·a ...

Está ocupado.
Es ist besetzt.　es ist be·*setst*

Se ha cortado la comunicación.
Ich bin unterbrochen worden.　ish bin un·ta·*bro*·jen *vor*·den

La conexión es mala.
Die Verbindung ist schlecht.　dih fea·*bin*·dung ist shlesht

Hola.
Hallo!　ha·lo

¿Podría hablar con ...?
Kann ich mit ... sprechen?　kan ish mit ... *shpre*·jen

Soy ...
Hier ist ...　*hih*·a ist ...

¿Podría dejar un mensaje?
Kann ich eine Nachricht hinterlassen?　kan ish *ai*·ne *naj*·risht hin·ta·*la*·ssen

números de teléfono

Para evitar confusiones con *drei* (tres), los alemanes utilizan *zwo* en lugar de *zwei* (dos).

Por favor, dígale que he llamado.

Bitte sagen Sie   *bi·*te *sah·*guen sih
ihm/ihr, dass ich   ihm/*ih·*a dass ish
angerufen habe.   an·gue·ruh·fen *hah·*be

Volveré a llamar más tarde.

Ich rufe später   ish *ruh·*fe *shpèh·*ta
nochmal an.   *noj·*mahl an

¿A qué hora puedo llamar?

Wann kann ich am   van kan ish am
besten anrufen?   *bes·*ten an·ruh·fen

Mi número es …

Meine Nummer ist …   *mai·*ne *nu·*ma ist …

No tengo ningún número de contacto.

Ich habe keine Nummer,   ish *hah·*be *kai·*ne *nu·*ma
unter der Sie mich   *un·*ta *deh·*a sih mish
erreichen können.   eh·a·*rai·*jen *kö·*nen

---

se podrá oír …

*ai·*nen au·guen·*blik bi·*te
Einen Augenblick, bitte.   **Un momento, por favor.**

es tuht *mih·*a lait (*eh·*a/sih) ist nisht *hih·*a
Es tut mir Leid, (er/sie)   **Lo siento,**
ist nicht hier.   **no está aquí.**

mit vehm *mösh·*ten sih *shpre·*jen
Mit wem möchten   **¿Con quién**
Sie sprechen?   **quiere hablar?**

tuht *mih·*a lait sih *hah·*ben dih *fal·*she *nu·*ma
Tut mir Leid, Sie haben   **Lo siento, se ha**
die falsche Nummer.   **equivocado de número.**

*veh·*a ist am a·pa·*raht*
Wer ist am Apparat?   **¿Quién llama?**

yah (*eh·*a/sih) ist *hih·*a
Ja, (er/sie) ist hier.   **Sí, está aquí.**

> teléfono móvil

¿Dónde puedo	*Wo kann ich ...*	voh kan ish ...
encontrar un/una ...?	*finden?*	*fin*·den
Querría un/una ...	*Ich hätte gern ...*	ish *he*·te guèhrn ...
adaptador	*einen Adapter*	*ai*·nen a·*dap*·ta
para el enchufe	*für die*	*füh*·a dih
	Steckdose	*shtek*·doh·se
cargador para	*ein Ladegerät*	ain *lah*·de·gue·rèht
el móvil	*für mein Handy*	*füh*·a main *hen*·di
un móvil de	*ein Miethandy*	ain *miht*·hen·di
alquiler		
un móvil de	*ein Handy mit*	ain *hen*·di mit
prepago	*Prepaidkarte*	*preh*·peid·kar·te
una tarjeta SIM	*eine SIM-Karte*	*ai*·ne *sihm*·kar·te
para su red	*für Ihr Netz*	*füh*·a *ih*·a nets

¿Cuáles son las tarifas?		
Wie hoch sind		vih hoj sind
die Gebühren?		dih gue·*büh*·ren
(30c) por (30) segundos.		
(30 Cent) für		(*drai*·ssish ssent) *füh*·a
(30) Sekunden.		(*drai*·ssish) se·*kun*·den

internet

das internet

¿Dónde hay un cibercafé?
Wo ist hier ein   voh ist *hih*·a ain
Internet-Café?   *in*·ter·net·ka·feh

Querría …	Ich möchte …	ikh *mösh*·te …
consultar mi correo	meine E-Mails checken	*mai*·ne *ih*·meils *che*·ken
conectarme a Internet	Internetzugang haben	*in*·ter·net·tsu·gang *hah*·ben
usar una impresora	einen Drucker benutzen	*ai*·nen *dru*·ka be·*nu*·tsen
usar un escáner	einen Scanner benutzen	*ai*·nen *ska*·na be·*nu*·tsen

¿Cuánto cuesta por …?	Was kostet es …?	vas *kos*·tet es …
(cinco) minutos	für (fünf) Minuten	*füh*·a (fünf) mi·*nuh*·ten
hora	pro Stunde	proh *shtun*·de
página	pro Seite	proh *sai*·te

¿Tienen …?	Haben Sie …?	*hah*·ben sih …
PC	PCs	peh·*tses*
Macs	Macs	mèhks
unidad de zip	ein Zip-Laufwerk	ain *tsip*·lauf·verk

Asisto a un/una ...	*Ich nehme an ... teil.*	ish *neh*·me an ... tail
conferencia	*einer Konferenz*	*ai*·ner kon·fe·*rents*
curso	*einem Kurs*	*ai*·nem kurs
encuentro	*einem Meeting*	*ai*·nem *mih*·ting

Estoy visitando una feria comercial.
Ich besuche eine Messe. ish be·*suh*·je *ai*·ne *me*·sse

Estoy con ...	*Ich bin ...*	ish bin ...
(la empresa ...)	*bei (Firma ...)*	bai (*fir*·ma ...)
mi colega	*mit meinem*	mit *mai*·nem
	Kollegen hier (m.)	ko·*leh*·guen *hih*·a
	mit meiner	mit *mai*·na
	Kollegin hier (f.)	ko·*leh*·guin *hih*·a
mis colegas	*mit meinen*	mit *mai*·nen
	Kollegen hier (m. pl.)	ko·*leh*·guen *hih*·a
	mit meinen	mit *mai*·nen
	Kolleginnen	ko·*leh*·gui·nen
	hier (f. pl.)	*hih*·a
(dos) personas	*mit (zwei)*	mit (tsvai)
más	*anderen hier*	*an*·de·ren *hih*·a

Estoy solo.
Ich bin allein. ish bin a·*lain*

Me alojo en ..., habitación ...
Ich wohne im ..., Zimmer ... ish *voh*·ne im ... *tsi*·ma ...

Estaré aquí durante (tres) días/semanas.
Ich bin für (drei) ish bin *füh*·a (drai)
Tage/Wochen hier. *tah*·gue/*vo*·jen *hih*·a

Aquí tiene mi tarjeta de presentación.
Hier ist meine Karte. *hih*·a ist *mai*·ne *kar*·te

¿Dónde está/es...?	Wo ist ...?	voh ist ...
el centro	*das Tagungs-*	dass *tah*·gungs·
de reuniones	*zentrum*	tsen·trum
la conferencia	*die Konferenz*	dih kon·fe·*rents*
el encuentro	*das Meeting*	dass *mih*·ting

Tengo una cita con ...
Ich habe einen   ish *hah*·be *ai*·nen
Termin bei ...   ter·*mihn* bai ...

Ha ido muy bien.
Das war sehr gut.   dass vahr *seh*·a guht

¿Vamos a beber/comer algo?
Sollen wir noch etwas   *so*·len *vih*·a noj *et*·vass
trinken/essen gehen?   *tring*·ken/e·ssen *gueh*·en

Invito yo.
Ich lade Sie ein.   ish *lah*·de sih ain

lenguaje corporal

En Alemania, Austria y Suiza es habitual que tanto hombres como mujeres se estrechen la mano. El apretón de manos debe ser fuerte y hay que mirar a la gente a los ojos. Nunca debe dejarse la otra mano en el bolsillo, pues se consideraría de mala educación.

operaciones bancarias

¿Dónde puedo ...?	*Wo kann ich ...?*	voh kan ish ...
Querría ...	*Ich möchte ...*	ish *mösh*·te ...
cobrar un cheque	*einen Scheck*	*ai*·nen shehk
	einlösen	*ain*·lö·sen
cambiar dinero	*Geld*	guelt
	umtauschen	*um*·tau·shen
cambiar algunos	*Reiseschecks*	*rai*·se·sheks
cheques de	*einlösen*	*ain*·lö·sen
viaje		
recibir un	*eine*	*ai*·ne
anticipo	*Barauszahlung*	*bahr*·aus·tsah·lung
retirar dinero	*Geld abheben*	guelt *ab*·heh·ben
¿Dónde está el/la	*Wo ist der/die*	voh ist *deh*·a/dih
... más cercano?	*nächste ...?* (m./f.)	*nèhjs*·te ...
cajero	*Geldautomat* (m.)	*guelt*·au·to·maht
automático		
oficina de	*Geldwechsel-*	*guelt*·vej·ssel·
cambio	*stube* (f.)	shtuh·be

¿A qué hora abre el banco?
Wann macht die Bank auf?   van majt dih bank auf

El cajero automático se ha tragado mi tarjeta.
Der Geldautomat hat   *deh*·a guelt·au·to·maht hat
meine Karte einbehalten.   *mai*·ne *kar*·te *ain*·be·hal·ten

He olvidado mi número secreto.
Ich habe meine   ish *hah*·be *mai*·ne
Geheimnummer vergessen.   gue·*haim*·nu·ma fea·*gue*·ssen

¿Puedo usar mi tarjeta de crédito para retirar dinero?
Kann ich mit meiner   kan ish mit *mai*·na
Kreditkarte Geld abheben?   kre·*diht*·kar·te guelt *ab*·heh·ben

¿Cuál es el/la ...?	Wie ...?	vih ...
cargo por esto	hoch sind die	hoj sind dih
	Gebühren dafür	gue·*büh*·ren da·*füh*·a
comisión	hoch ist	hoj ist
	die Kommission	dih ko·mi·*ssiohn*
tipo de cambio	ist der	ist *deh*·a
	Wechselkurs	*vej*·ssel·kurs

¿Todavía no ha llegado mi dinero?

Ist mein Geld schon　　　ist main guelt shohn
angekommen?　　　　　*an*·gue·ko·men

¿Cuánto tardará en llegar?

Wie lange dauert es,　　vih *lan*·gue *dau*·ert es
bis es da ist?　　　　　bis es dah ist

---

se podrá oír ...

bi·te *shrai*·ben sih es auf
Bitte schreiben Sie es auf. **Por favor, apúntelo.**

bi·te un·ta·*shrai*·ben sih *hih*·a
Bitte unterschreiben Sie hier. **Por favor, firme aquí.**

dass *kö*·nen *vih*·a nisht *ma*·jen
Das können wir **No podemos**
nicht machen. **hacer eso.**

es guibt dah ain pro·*blehm* mit *ih*·rem *kon*·to
Es gibt da ein Problem **Hay un problema**
mit Ihrem Konto. **con su cuenta.**

ih·a *kon*·to ist üh·ba·*tsoh*·guen
Ihr Konto ist überzogen. **Tiene un descubierto.**

in *ai*·na *vo*·je
In einer Woche. **Dentro de una semana.**

in (fih·a) *ahr*·baits·tah·guen
In (vier) Arbeitstagen. **Dentro de (cuatro)**
días hábiles.

kan ish *bi*·te *ai*·nen *aus*·vais *seh*·en
Kann ich bitte einen **¿Me permite alguna**
Ausweis sehen? **identificación, por favor?**

Querría un/una ...	Ich hätte gern ...	ish *he*·te guèhrn ...
audioguía	einen Audioführer	*ai*·nen *au*·di·o·füh·ra
catálogo	einen Katalog	*ai*·nen ka·ta·*lohg*
guía de viaje	einen Reiseführer	*ai*·nen *rai*·se·füh·ra
guía de viaje en español	einen Reiseführer auf Spanisch	*ai*·nen *rai*·se·füh·ra auf *shpa*·nish
mapa de la zona	eine Karte (von hier)	*ai*·ne *kar*·te (fon *hih*·a)
¿Tiene	Haben Sie	*hah*·ben sih
información	Informationen	in·for·ma·*tsio*·nen
sobre lugares	über ... Sehens-	*üh*·ba ... *seh*·ens-
de interés ... ?	würdigkeiten?	vür·dish·*kai*·ten
cultural	kulturelle	kul·*tu*·re·le
local	örtliche	*ört*·li·she
religioso	religiöse	re·li·*giö*·se
excepcional	einzigartige	*ain*·tsij·ar·tih·gue

Sólo disponemos de (un día).
Wir haben nur (einen Tag).
vih·a *hah*·ben *nuh*·a (*ai*·nen tahk)

Me gustaría ver ...
Ich möchte ... sehen.
ish *mösh*·te ... *seh*·en

¿Qué es eso?
Was ist das?
vass ist dass

¿Quién lo ha hecho?
Wer hat das gemacht?   veh·a hat dass gue·*majt*

¿Cuánto tiempo tiene?
Wie alt ist es?   vih alt ist es

¿Podría hacerme una fotografía?
Könnten Sie ein Foto   *kön·*ten sih ain *foh·*to
von mir machen?   fon *mih·*a ma·jen

¿Puedo tomarle una fotografía?
Kann ich (Sie) fotografieren?   kan ish (sih) foh·to·gra·*fih·*ren

Le enviaré la fotografía.
Ich schicke Ihnen das Foto.   ish *shi·*ke *ih·*nen dass *foh·*to

accesos

¿A qué hora abre/cierra?
Wann macht es auf/zu?   van majt es auf/tsuh

¿Cuánto cuesta la entrada?
Was kostet der Eintritt?   vass *kos·*tet *deh·*a ain·trit

Cuesta ...
Er kostet ...   *eh·*a *kos·*tet ...

¿Hay descuentos para ...?	*Gibt es eine Ermäßigung für ...?*	guibt es *ai·*ne eh·a·*mèh·*ssi·gung *füh·*a ...
niños	*Kinder*	*kin·*da
familias	*Familien*	fa·*mih·*li·en
grupos	*Gruppen*	*gru·*pen
jubilados	*Rentner*	*rent·*na
estudiantes	*Studenten*	shtu·*den·*ten

circuitos

¿Cuándo es el/la siguiente ...?	*Wann ist der/die nächste ...?* (m./f.)	van ist *deh*·a/dih *nèhjs*·te ...
excursión en barco	*Bootsrundfahrt* (f.)	*bohts*·runt·fahrt
excursión de un día	*Tagesausflug* (m.)	*tah*·gues·auss·fluhk
excursión	*Ausflug* (m.)	*aus*·fluhk
circuito	*Tour* (f.)	tuhr

¿Incluye el/la ... ?	*Ist ... inbegriffen?*	ist ... *in*·be·gri·fen
alojamiento	*die Unterkunft*	dih *un*·ta·kunft
equipo	*die Ausrüstung*	dih *auss*·rüs·tung
comida	*das Essen*	das *e*·ssen
transporte	*die Beförderung*	dih be·*fö*·de·rung

¿Puede recomendar un/una ...?
Können Sie ein ...   *kö*·nen sih ain ...
empfehlen?   emp·*feh*·len

¿Debo llevar ...?
Muss ich ... mitnehmen?   mus ish ... *mit*·neh·men

El guía pagará.
Der Reiseleiter bezahlt. deh·a rai·se·lai·ta be·*tsahlt*

El guía ha pagado.
Der Reiseleiter hat bezahlt. deh·a rai·se·lai·ta hat be·*tsahlt*

¿Cuánto dura el circuito?
Wie lange dauert vih *lan*·gue dau·ert
die Führung? dih *füh*·rung

¿A qué hora debemos estar de vuelta?
Wann sollen wir van *so*·len vih·a
zurück sein? tsu·*rük* sain

Estén aquí de vuelta a las (diez).
Seien Sie um (zehn) Uhr zurück. *sai*·en sih um (tsehn) *uh*·a tsu·*rük*

Voy con ellos.
Ich gehöre zu ihnen. ish ge·*hö*·re tsuh *ih*·nen

He perdido a mi grupo.
Ich habe meine ish *hah*·be *mai*·ne
Gruppe verloren. gru·pe fea·*loh*·ren

¿Ha visto a un grupo de (españoles)?
Haben Sie eine Gruppe *hah*·ben sih *ai*·ne gru·pe
(Spanier) gesehen? (Shpah·nia) gue·*seh*·en

señales

Eingang	*ain*·gang	**Entrada**
Ausgang	*aus*·gang	**Salida**
Offen	*o*·fen	**Abierto**
Geschlossen	guesh·*lo*·ssen	**Cerrado**
Heiß	hais	**Caliente**
Kalt	kalt	**Frío**
Kein Zutritt	kain *tsu*·trit	**Prohibido el paso**
Rauchen	*rau*·jen	**Prohibido fumar**
Verboten	fea·*boh*·ten	
Verboten	fea·*boh*·ten	**Prohibido**
Toiletten (WC)	tu·a·*le*·ten (veh·*tseh*)	**Servicios**
Herren	*heh*·rren	**Hombres**
Damen	*dah*·men	**Mujeres**

Soy discapacitado.
Ich bin behindert.   ish bin be·*hin*·dert

Necesito ayuda.
Ich brauche Hilfe.   ish *brau*·je hil·fe

¿De qué servicios dispone para las personas discapacitadas?
Was für Leistungen gibt   vass *füh*·a *lais*·tun·guen guibt
es für behinderte Reisende?   es *füh*·a be·*hin*·der·te *rai*·sen·de

¿Hay servicios para discapacitados?
Gibt es Toiletten für   guibt es tu·a·*le*·ten *füh*·a
Behinderte?   be·*hin*·der·te

¿Hay algún acceso para sillas de ruedas?
Gibt es eine Rollstuhlrampe?   guibt es *ai*·ne *rol*·shtuhl·ram·pe

¿Cuál es el ancho de las puertas?
Wie breit sind die Türen?   vih brait sind dih *tü*·ren

¿Cuántos escalones hay?
Wieviele Stufen sind es?   vih·*fih*·le *shtuh*·fen sind es

¿Hay un ascensor?
Gibt es einen Aufzug?   guibt es *ai*·nen auf·*tsuhk*

¿Hay un bucle de inducción para las personas con problemas de oído?
Gibt es eine Induktions-   guibt es *ai*·ne in·duk·*tsions*·
schleife für Schwerhörige?   shlai·fe *füh*·a shver·a·*hö*·ri·gue

Llevo audífono. Hable más alto, por favor.
Ich habe ein Hörgerät.   ish *hah*·be ain *hö*·a·gue·reht
Sprechen Sie bitte lauter.   shpre·jen sih *bi*·te *lau*·ta

Soy sordo.
Ich bin taub. ish bin taup

¿Se permite la entrada a perros lazarillo?
Sind Blindenhunde erlaubt? sind *blin*·den·hun·de eh·a·*laubt*

¿Puede ayudarme a cruzar esta calle?
Könnten Sie mich sicher *kön*·ten sih mish *si*·ja
über diese Straße bringen? *üh*·ba *dih*·se *shtrah*·sse *brin*·guen

biblioteca Braille	*Blindenbibliothek* (f.)	*blin*·den·bi·blio·tehk
hombre discapacitado	*Behinderter* (m.)	be·*hin*·der·ta
mujer discapacitada	*Behinderte* (f.)	be·*hin*·der·te
perro lazarillo	*Blindenhund* (m.)	*blin*·den·hunt
silla de ruedas	*Rollstuhl* (m.)	*rol*·shtuhl
rampa para silla de ruedas	*Rollstuhlrampe* (f.)	*rol*·shtuhl·ram·pe
espacio reservado para sillas de ruedas	*Rollstuhlplatz* (m.)	*rol*·shtuhl·plats

¿Hay algún/alguna...?	*Gibt es ...?*	guibt es ...
cambiador	*einen*	*ai*·nen
	Wickelraum	*vi*·kel·raum
servicio de	*einen Babysitter-*	*ai*·nen *bay*·bi·ssi·ta·
guardería	*Service*	*ser*·viss
menú infantil	*eine Kinderkarte*	*ai*·ne *kin*·da·kar·te
canguro	*einen (spanisch-*	*ai*·nen (*shpah*·nish
(que hable	*sprachigen)*	shprah·ji·guen)
español)	*Babysitter*	*bay*·bi·ssi·ta
descuento para	*eine Familien-*	*ai*·ne fa·*mih*·li·en·
familias	*ermäßigung*	er·meh·ssi·gung
trona	*einen*	*ai*·nen
	Kinderstuhl	*kin*·da·shtuhl
parque	*einen Park*	*ai*·nen park
parque infantil	*einen Spielplatz*	*ai*·nen *shpihl*·plats
cercano	*in der Nähe*	in *deh*·a *neh*·e
parque temático	*einen*	*ai*·nen
	Freizeitpark	*frai*·tsait·park

Necesito un/una ...	*Ich brauche ...*	ish *brau*·je ...
silla de bebé		
(para el coche)	*einen Babysitz*	*ai*·nen *bai*·bi·sits
silla infantil		
(para el coche)	*einen Kindersitz*	*ai*·nen *kin*·da·sits
orinal	*ein Kinder-*	ain *kin*·da·
	töpfchen	töpf·jen
cochecito	*einen*	*ai*·nen
	Kinderwagen	*kin*·da·vah·guen

¿Le importa que dé pecho aquí?
Kann ich meinem Kind kan ish *mai*·nem kint
hier die Brust geben? *hih*·a dih brust *gueh*·ben

¿Pueden entrar niños?
Sind Kinder erlaubt? sint *kin*·da er·*laubt*

¿Es apropiado para un niño de (tres) años?
Ist das für (drei) Jahre ist dass *füh*·a (drai) *yah*·re
alte Kinder geeignet? *al*·te *kin*·da gue·*aig*·net

Para las enfermedades infantiles, véase **síntomas,** en p. 182, y el **diccionario.**

---

señales

Cuando se viaja con niños, hay que fijarse siempre en las siguientes señales:

Junioren bis 5 Jahre frei	**Niños hasta 5 años, gratis**
Junioren bis 15 Jahre halber Preis	**Niños hasta 15 años, mitad de precio**
Wickeltisch	**Cambiador**
Spielplatz	**Parque infantil**

lo básico

Sí.	*Ja.*	yah
No.	*Nein.*	nain
Por favor.	*Bitte.*	*bi*·te
Gracias.	*Danke.*	*dan*·ke
Muchas gracias.	*Vielen Dank.*	*fih*·len dank
De nada.	*Bitte (sehr).*	*bi*·te (*seh*·a)
Disculpe.	*Entschuldigung.*	ent·*shul*·di·gung
Lo siento.	*Entschuldigung.*	ent·*shul*·di·gung
No importa.	*Macht nichts.*	majt nishts

saludos

Hola.		
(en toda Alemania)	*Guten Tag.*	*guh*·ten tahk
(en el sur de Alemania)	*Grüß Gott.*	grüss got
(en Suiza)	*Grüezi.*	*grüh*·e·tsi
(en Austria)	*Servus.*	*ser*·vus
Hola. (inf.)	*Hallo.*	*ha*·loh
Buen/os/as …	*Guten …*	*guh*·ten …
tardes	*Tag*	tahk
día	*Tag*	tahk
noches	*Abend*	*ah*·bent
días	*Morgen*	*mor*·guen
Hasta luego.	*Bis später.*	bis *shpèh*·ta
Adiós.	*Auf Wiedersehen.*	auf *vih*·da·seh·en
Adiós. (inf.)	*Tschüss/Tschau.*	chüss/chau

¿Cómo está/s?
Wie geht es   vih gueht es
Ihnen/dir? (for./inf.)   *ih*·nen/*dih*·a

Bien. ¿Y tú?
Danke, gut.   *dan*·ke guht
Und Ihnen/dir? (for./inf.)   unt *ih*·nen/*dih*·a

¿Cómo se/te llama/s?
Wie ist Ihr Name? (for.)   vih ist *ih*·a *nah*·me
Wie heißt du? (inf.)   vih haist duh

Me llamo …
Mein Name ist … (for.)   main *nah*·me ist …
Ich heiße … (inf.)   ish *hai*·sse …

Me gustaría presentarle/te …
Darf ich Ihnen/dir   darf ish *ih*·nen/dih·a
… vorstellen? (for./inf.)   … *foh*·a·shte·len

Encantado.
Angenehm.   *an*·gue·nehm

tratamiento

Antes solía usarse *Fräulein* para dirigirse a todas las mujeres solteras independientemente de su edad, pero hoy en día este término sólo se emplea para dirigirse a las niñas (y a veces a las camareras de sexo femenino). Para dirigirse a todas las demás mujeres debería usarse *Frau*. Los equivalentes de Señor y Señora, *Mein Herr* y *Meine Dame*, están muy pasados de moda.

Si al dirigirse a alguien se quieren incluir títulos académicos, éstos deben combinarse con *Herr* y *Frau*, por ejemplo, *Frau Professor* o *Herr Doktor*.

Sr.	Herr	herr
Sra.	Frau	frau
Srta.	Frau/Fräulein	frau/*froi*·lain

entablar conversación

¿Vive/s aquí?
Wohnen Sie hier? (for.)   *voh*·nen sih *hih*·a
Wohnst du hier? (inf.)   vohnst duh *hih*·a

¿Adónde va/s?
Wohin fahren Sie? (for.)   *voh*·hin *fah*·ren sih
Wohin fährst du? (inf.)   *voh*·hin fèhrst duh

¿Qué hace/s?
Was machen Sie? (for.)   vass *ma*·jen sih
Was machst du? (inf.)   vass majst duh

¿Está/s esperando (el autobús)?
Warten Sie   *var*·ten sih
(auf einen Bus)? (for.)   (auf *ai*·nen bus)
Wartest du   *var*·test duh
(auf einen Bus)? (inf.)   (auf *ai*·nen bus)

¿También viaja/s (en este tren)?
Fahren Sie auch   *fah*·ren sih auj
(mit diesem Zug)? (for.)   (mit *dih*·sem tsuhk)
Fährst du auch   fèhrst duh auj
(mit diesem Zug)? (inf.)   (mit *dih*·sem tsuhk)

¿Me puede/s dar fuego?
Haben Sie Feuer? (for.)   *hah*·ben sih *foi*·a
Hast du Feuer? (inf.)   hast duh *foi*·a

Un día precioso, ¿verdad?
Schönes Wetter heute!   *shöh*·nes *ve*·ta *hoi*·te

¡Vaya tiempo más malo!
Furchtbares Wetter heute!   *fursht*·bah·res *ve*·ta *hoi*·te

¡Estaba bromeando!
Das war nur ein Scherz!   das vahr nuh·a ain sherts

Éste/Ésta es mi ...	Das ist mein/meine/mein ... (m./f./n.)	dass ist main/*mai*·ne/main ...
hijo/a	Kind (n.)	kint
colega	Kollege/Kollegin (m./f.)	ko·*leh*·gue/ko·*leh*·guin
amigo/a	Freund(in) (m./f.)	froint/*froin*·din
marido	Mann (m.)	man
pareja	Partner(in) (m./f.)	*part*·na/*part*·ne·rin
mujer	meine Frau (f.)	frau

¿Le/Te gusta esto?
Gefällt es Ihnen/dir hier? (for./inf.)
gue·*felt* es *ih*·nen/*dih*·a *hih*·a

Me gusta muchísimo este sitio.
Mir gefällt es hier sehr gut.
mih·a gue·*felt* es *hih*·a *seh*·a guht

¿Qué piensa/s (sobre ...)?
Was denken Sie (über ...)? (for.) vas *den*·ken sih (*üh*·ba ...)
Was denkst du (über ...)? (inf.) vas denkst duh (*üh*·ba ...)

¿Cómo se llama esto?
Wie heißt das?
vih haist dass

¡Qué bebé más guapo!
Was füh·a ein schönes Baby!
vass füh·a ain *shöh*·nes *bay*·bi

¿Puedo hacerle/te una foto?
Kann ich ein Foto (von Ihnen/dir) machen? (for./inf.)
kan ish ain *foh*·to (fon *ih*·nen/*dih*·a) *ma*·jen

Es bonito, ¿verdad?
Ist das nicht (schön)?
ist dass nisht (shöhn)

¿Está/s de vacaciones?
Sind Sie hier im Urlaub? (for.) sind sih *hih*·a im *uh*·a·laub
Bist du hier im Urlaub? (inf.) bist duh *hih*·a im *uh*·a·laub

Estoy aquí ...	Ich bin hier ...	ish bin hih·a ...
de vacaciones	im Urlaub	im uh·a·laub
por negocios	auf Geschäfts-	auf gue·shefts·
	reise	rai·se
por estudio	zum Studieren	tsum shtu·dih·ren
con mi familia	mit meiner	mit mai·na
	Familie	fa·mih·li·e
con mi pareja	mit meinem	mit mai·nem
	Partner (m.)	part·na
	mit meiner	mit mai·na
	Partnerin (f.)	part·ne·rin

¿Cuánto tiempo se/te queda/s?

Für wie lange sind		füh·a vih lan·gue sind
Sie hier? (for.)		sih hih·a
Für wie lange bist		füh·a vih lan·gue bist
du hier? (inf.)		duh hih·a

Me quedo (cuatro) días/semanas.

Ich bin für (vier)		ish bin füh·a (fih·a)
Tage/Wochen hier.		tah·gue/vo·jen hih·a

---

de uso cotidiano

¡Hola!	Hi/Hey!	hai/hei
¡Estupendo!	Toll/Geil!/	tol/gail/
	Super!/Spitze!	su·pa/shpi·tse
No hay problema.	Kein Problem.	kain pro·blehm
¡Claro!	Klar!	klah
Quizá.	Vielleicht.	fi·laisht
¡Ni hablar!	Auf keinen Fall!	auf kai·nen fal
Está bien.	Das ist OK.	dass ist o·kei
Todo claro.	Alles klar.	a·les klah
¡Mira!	Guck mal!	kuk mahl
¡Oye!	Hör mal!	her mahl
¡Escucha esto!	Hör dir das an!	höh·a dih·a das an
Estoy listo/a.	Ich bin so weit.	ish bin soh vait
¿Estás listo/a?	Bist du so weit?	bist duh soh vait
Un momento.	Einen Augenblick.	ai·nen au·guen·blik

conocer gente

93

nacionalidades

¿De dónde es/eres?
Woher kommen Sie? (for.)   *voh*·heh·a *ko*·men sih
Woher kommst du? (inf.)   *voh*·heh·a komst duh

Soy de ...	*Ich komme aus ...*	ish *ko*·me auss ...
España	*Spanien*	*shpah*·nien
Estados Unidos	*den USA*	den u·es·*ei*
América Latina	*Lateinamerika*	lah·*tain*·ah·*meh*·ri·ka

Para más información sobre otros países, véase el **diccionario**.

edad

¿Cuántos años ...?	*Wie alt ...?*	vih alt ...
tiene/s	*sind Sie* (for.)	sind sih
	bist du (inf.)	bist duh
tiene su/tu hija	*ist Ihre/deine*	ist *ih*·re/*dai*·ne
	Tochter (for./inf.)	*toj*·ter
tiene su/tu hijo	*ist Ihr/dein*	ist *ih*·a/dain
	Sohn (for./inf.)	sohn

Tengo ... años.
Ich bin ... Jahre alt.   ish bin ... *yah*·re alt

Él/Ella tiene ... años.
Er/Sie ist ... Jahre alt.   *eh*·a/sih ist ... *yah*·re alt

¡Demasiado mayor!
Zu alt!   tsuh alt

Soy más joven de lo que parezco.
Ich bin jünger als   ish bin *yün*·ga als
ich aussehe.   ish *aus*·seh·e

Para la edad, véase **números y cantidades,** en p. 29.

trabajos y estudios

¿A qué se/te dedica/s?

Als was arbeiten Sie? (for.)	als vass *ahr*·bai·ten sih	
Als was arbeitest du? (inf.)	als vass *ahr*·bai·test duh	

Soy ...	*Ich bin ein/ eine ...* (m./f.)	ish bin ain/ ain·e ...
agricultor/a	*Bauer/ Bäuerin* (m./f.)	*bau*·a/ *boi*·e·rin
escritor/a	*Schriftsteller/ Schriftstellerin* (m./f.)	*shrift*·shte·la/ *shrift*·shte·le·rin

Trabajo en ...	*Ich arbeite ...*	ish *ahr*·bai·te ...
la administración	*in der Verwaltung*	in *deh*·a fea·*val*·tung
en el sector de tecnología de la información	*in der IT-Branche*	in *deh*·a ai·*tih*·bran·she
ventas y marketing	*im Verkauf und Marketing*	im fea·*kauf* unt *mahr*·ke·ting

Estoy/Soy ...	*Ich bin ...*	ish bin ...
jubilado/a	*Rentner/ Rentnerin* (m./f.)	*rent*·na/ *rent*·ne·rin
autónomo/a	*selbstständig*	*selbst*·shten·dish
en paro	*arbeitslos*	*ahr*·baits·loss

¿Qué estudia/s?

Was studieren Sie? (for.)	vass shtu·*dih*·ren sih	
Was studierst du? (inf.)	vas shtu·*dih*·erst duh	

Estudio ...	*Ich studiere ...*	ish shtu·*dih*·re ...
Ingeniería	*Ingenieurwesen*	in·zhe·*niör*·veh·sen
Alemán	*Deutsch*	doich
Medicina	*Medizin*	me·di·*tsihn*

Para otros trabajos y disciplinas de estudio, véase el **diccionario**.

familia

¿Tiene/s ...?
Haben Sie einen/eine ...? (m./f. for.) *hah*·ben sih *ai*·nen/*ai*·ne ...
Hast du einen/eine ...? (m./f. inf.) hast duh *ai*·nen/*ai*·ne ...

(No) Tengo ...
Ich habe (k)einen/ ish *hah*·be (k)*ai*·nen/
(k)eine ... (m./f.) (k)*ai*·ne ...

¿Vive/s con (sus/tus padres)?
Leben Sie bei *leh*·ben sih bai
(Ihren Eltern)? (for.) (*ih*·ren *el*·tern)
Lebst du bei lepst duh bai
(deinen Eltern)? (inf.) (*dai*·nen *el*·tern)

Vivo con mi ...
Ich lebe bei meinem/ ish *leh*·be bai *mai*·nem/
meiner/meinen ... (m./f./pl.) *mai*·na/*mai*·nen ...

Éste/Ésta es mi ...
Das ist mein/meine ... (m./f.) dass ist main/*mai*·ne ...

¿Está/s casado/a?
Sind Sie verheiratet? (for.) sint sih fea·*hai*·ra·tet
Bist du verheiratet? (inf.) bist duh fea·*hai*·ra·tet

Vivo con alguien.
Ich lebe mit jemandem ish *leh*·be mit *yeh*·man·dem
zusammen. tsu·*sa*·men

Estoy ...	*Ich bin ...*	ish bin ...
casado/a	*verheiratet*	fea·*hai*·ra·tet
separado/a	*getrennt*	gue·*trent*
soltero/a	*ledig*	*leh*·dish

niños

¿Cuándo es tu cumpleaños?
Wann hast du Geburtstag?   van hast duh gue·*burts*·tahk

¿Vas a la escuela o a la guardería?
Gehst du in die Schule   guehst duh in dih *shuh*·le
oder in den Kindergarten?   oh·da in dehn *kin*·da·gar·ten

¿En qué curso estás?
In welcher Klasse bist du?   in *vel*·sha *kla*·sse bist duh

¿Qué haces después de la escuela?
Was machst du   vass majst duh
nach der Schule?   naj deh·a *shuh*·le

¿Aprendes inglés/español?
Lernst du Englisch/Spanisch?   lernst duh *en*·glish/*shpah*·nish

Vengo de muy lejos.
Ich komme von sehr weit her.   ish *ko*·me fon *seh*·a vait *heh*·a

¿Te has perdido?
Hast du dich verlaufen?   hast duh dish fea·*lau*·fen

despedidas

abschied

Mañana es mi último día aquí.
Morgen ist mein   *mor*·guen ist main
letzter Tag hier.   *lets*·ta tahk *hih*·a

Aquí está mi ...	*Hier ist meine ...*	*hih*·a ist *mai*·ne ...
¿Cuál es su/tu...?	*Wie ist Ihre/*	vih ist *ih*·re/
	deine ...? (for./inf.)	*dai*·ne ...
dirección	*Adresse*	a·*dre*·sse
correo electrónico	*E-mail-Adresse*	*ih*·mail·a·dre·sse
número de fax	*Faxnummer*	*faks*·nu·ma
número de móvil	*Handynummer*	*hen*·di·nu·ma
número de busca	*Pagernummer*	*peid*·zhah·nu·ma
número del trabajo	*Nummer bei*	*nu*·ma bai
	der Arbeit	*deh*·a *ahr*·bait

Véase también **direcciones,** en p. 61.

97

Si alguna vez va/s a (España), venga/ven a visitarnos.

Wenn Sie jemals nach   ven sih *yeh*·mahls naj
(Spanien) kommen,   *(shpah*·nien) *ko*·men
besuchen Sie uns   be·*suh*·jen sih uns
doch mal. (for.)   doj mahl
Wenn du jemals nach   ven duh *yeh*·mahls naj
(Spanien) kommst,   *(shpah*·nien) komst
besuche uns doch mal. (inf.) be·*suh*·je uns doj mahl

¡Nos mantenemos en contacto!

Melden Sie sich   *mel*·den sih sish
doch mal! (for.)   doj mahl
Melde dich mal! (inf.) *mel*·de dish mahl

Me alegro mucho de haberle/te conocido.

Es war schön, Sie/dich es vahr shön sih/dish
kennen zu lernen. (for./inf.) *ke*·nen tsuh *ler*·nen

de uso cotidiano		
¡Jesús!	*Gesundheit!*	gue·*sunt*·hait
¡Buen viaje!	*Gute Reise!*	*guh*·te *rai*·se
¡Salud!	*Prost!*	prohst
¡Buena suerte!	*Viel Glück!*	fihl glük
¡Feliz cumpleaños!	*Herzlichen*	*herts*·li·shen
	Glückwunsch	*glük*·vunsh
	zum Geburtstag!	tsum gue·*burts*·tahk
¡Qué pena!	*Schade!*	*shah*·de

intereses

intereses comunes

¿Qué hace/s en su/tu tiempo libre?
Was machen Sie in Ihrer Freizeit? (for.) — vass *ma*·jen sih in *ih*·ra *frai*·tsait
Was machst du in deiner Freizeit? (inf.) — vass majst duh in *dai*·na *frai*·tsait

¿Le/Te gusta ...? *Mögen Sie ...?* (for.) — *möh*·guen sih ...
Magst du ...? (inf.) — makst duh ...

(No) Me gusta ... *Ich mag (keine/keinen) ...* (m./f.) — ish mak (*kai*·ne/*kai*·nen) ...
  la música *Musik* (f.) — mu·*sihk*
  el deporte *Sport* (m.) — shport

(No) Me gusta ... *Ich ... (nicht) gern.* — ish ... (nisht) guèhrn
  bailar *tanze* — *tan*·tse
  dibujar *zeichne* — *tsaij*·ne
  el senderismo *wandere* — *van*·de·re
  pintar *male* — *mah*·le
  la fotografía *fotografiere* — fo·to·gra·*fih*·re
  leer *lese* — *leh*·se
  viajar *reise* — *rai*·se

(No) Me gusta ... *Ich ... (nicht) gern ...* — ish ... (nisht) guèhrn ...
  el cine *sehe ... Filme* — *seh*·e ... *fil*·me
  la jardinería *arbeite ... im Garten* — *ahr*·bai·te ... im *gar*·ten
  ir de compras *kaufe ... ein* — *kau*·fe ... ain
  salir *gehe ... aus* — *geh*·e ... aus

¿Y a usted/ti? *Und Sie/du?* (for./inf.) — unt sih/duh

Para los distintos deportes, véase **deportes,** en p. 125 y el diccionario.

música

¿Le/Te gusta …?

escuchar música	*Hören Sie gern Musik?* (for.)	*hö·ren sih guèhrn mu·sihk*
	Hörst du gern Musik? (inf.)	hörst duh guèhrn mu·sihk
bailar	*Tanzen Sie gern?* (for.)	*tan·tsen sih guèhrn*
	Tanzt du gern? (inf.)	tantst duh guèhrn
ir a conciertos	*Gehen Sie gern in Konzerte?* (for.)	*geh·en sih guèhrn in kon·tser·te*
	Gehst du gern in Konzerte? (inf.)	gehst duh guèhrn in kon·tser·te
cantar	*Singen Sie gern?* (for.)	*sin·guen sih guèhrn*
	Singst du gern? (inf.)	sinkst duh guèhrn

¿Toca/s algún instrumento?

Spielen Sie ein Instrument? (for.)	*shpih·len sih ain in·stru·ment*
Spielst du ein Instrument? (inf.)	shpihlst duh ain in·stru·ment

¿Qué …	*Welche …*	*vel·she …*
le/te gusta/n?	*mögen Sie?* (for.)	*möh·guen sih*
	Welche …	*vel·she …*
	magst du? (inf.)	makst duh
grupos	*Bands*	*bands*
música	*Art von Musik*	art fon mu·sihk

la música clásica	klassische Musik (f.)	kla·ssi·she mu·*sihk*
la música electrónica	elektronische Musik (f.)	e·lek·*troh*·ni·she mu·*sihk*
el jazz	Jazz (m.)	jass
el heavy metal	Metal (m.)	*me*·tal
el pop	Popmusik (f.)	*pop*·miu·sihk
el punk	Punk (m.)	pangk
el rock	Rockmusik (f.)	*rok*·miu·sihk
el rhythm'n'blues	Rhythm'n'Blues (m.)	*rithm*·n·*bluhss*
la música tradicional	traditionelle Musik (f.)	tra·di·tsio·*ne*·le mu·*sihk*
las músicas del mundo	Weltmusik (f.)	*velt*·mu·sihk

¿Planeando ir a un concierto? Véase **ocio,** en p. 109.

cine y teatro

kino und theater

Me apetece ir al ...	*Ich hätte Lust, ... zu gehen.*	ish *he*·te lust ... tsuh *gueh*·en
cine	ins Kino	ins *kih*·no
teatro	ins Theater	ins te·*ah*·ta

¿Le/Te ha gustado?
Hat es Ihnen/dir gefallen? (for./inf.) — hat es *ih*·nen/*dih*·a gue·*fa*·len

¿Qué hay hoy en el cine/teatro?
Was gibt es heute im Kino/Theater? — vass guibt es *hoi*·te im *kih*·no/te·*ah*·ta

¿Es es inglés/español?
Ist es auf Englisch/Spanish? — ist es auf *eng*·lish/*shpa*·nish

¿Está subtitulado?
Hat es Untertitel? — hat es *un*·ta·tih·tel

¿Están ocupados estos asientos?
Sind diese Plätze besetzt? — sind *dih*·se *ple*·tse be·*setst*

¿Ha/s visto ...?
Haben Sie ... gesehen? (for.) — *hah*·ben sih ... gue·*seh*·en
Hast du ... gesehen? (inf.) — hast duh ... gue·*seh*·en

¿Quién actúa?
Wer spielt da mit?   veh·a shpihlt dah mit

Aparece/n …
Es ist mit …   es ist mit …

Me pareció …	*Ich fand es …*	ish fant es …
genial	*ausgezeichnet*	auss·gue·*tsaij*·net
largo/a	*lang*	lang
correcto/a	*okay*	o·*kei*

(No) Me gusta/n …	Ich mag …	ish mahk …
las películas de acción	(keine) Actionfilme	(*kai*·ne) *ak*·tsion·fil·me
los dibujos animados	(keine) Zeichentrickfilme	(*kai*·ne) *tsai*·jen·trik·fil·me
el teatro clásico	(kein) klassisches Theater	(kain) *kla*·ssi·shes te·*ah*·ta
la comedia	(keine) Komödien	(*kai*·ne) ko·*mö*·di·en
los documentales	(keine) Dokumentarfilme	(*kai*·ne) do·ku·men·*tahr*·fil·me
los dramas	(keine) Schauspiele	(*kai*·ne) *shau*·shpih·le
el cine alemán	(keine) deutsche(n) Filme	(*kai*·ne) *doi*·che(n) *fil*·me
las películas de terror	(keine) Horrorfilme	(*kai*·ne) o·roh·a·fil·me
las películas históricas	(keine) Historienfilme	(*kai*·ne) his·*toh*·ri·en·fil·me
el realismo	(keinen) Realismus	(*kai*·nen) re·a·*lis*·mus
las películas de ciencia ficción	(keinen) Sciencefiction	(*kai*·nen) sai·ens·*fik*·shön
los cortos	(keine) Kurzfilme	(*kai*·ne) *kurts*·fil·me
las películas bélicas	(keine) Kriegsfilme	(*kai*·ne) *krihks*·fil·me

sentimientos

gefühle

(No) Estoy ...	Ich bin (nicht) ...	ish bin (nisht) ...
¿Está/s ...?	Sind Sie ...? (for.)	sind sih ...
	Bist du ...? (inf.)	bist duh ...
enfadado/a	verärgert	fea·*ehr*·guert
decepcionado/a	enttäuscht	en·*toisht*
apurado/a	in Eile	in *ai*·le
triste	traurig	*trau*·rish
cansado/a	müde	*müh*·de

(No) Tengo ...	Ich habe (kein) ...	ish *hah*·be (kain) ...
¿Tiene/s ...?	Haben Sie ...? (for.)	*hah*·ben sih ...
	Hast du ...? (inf.)	hast duh ...
hambre	Hunger	*hun*·ga
sed	Durst	durst

(No) Tengo ...	Mir ist (nicht)	*mih*·a ist (nisht) ...
¿Tienes ...?	Ist Ihnen/	ist *ih*·nen/
	dir ...? (for./inf.)	*dih*·a ...
frío	kalt	kalt
calor	heiß	haiss

(No) Estoy ...		
avergonzado/a	Das ist mir (nicht) peinlich.	dass ist *mih*·a (nisht) *pain*·lish
preocupado/a	Ich mache mir (keine) Sorgen.	ish ma·je *mih*·a (*kai*·ne) *sor*·guen

¿Está/s ...?

avergonzado/a	*Ist Ihnen/dir*	ist *ih*·nen/*dih*·a
	das peinlich? (for./inf.)	dass *pain*·lish
preocupado/a	*Machen Sie*	*ma*·jen sih
	sich Sorgen? (for.)	sish *sor*·guen
	Machst du dir	majst duh *dih*·a
	Sorgen? (inf.)	*sor*·guen

intensificar los sentimientos

un poco	*ein bisschen*	ain *bis*·shen
Estoy un poco.	*Ich bin ein*	ish bin ain
triste	*bisschen traurig.*	*bis*·shen *trau*·rish
terriblemente	*furchtbar*	*fursht*·bahr
Lo siento	*Es tut mir*	es tuht *mih*·a
terriblemente.	*furchtbar Leid.*	*fursht*·bahr lait
muy	*sehr*	*seh*·a
Me siento muy	*Ich schätze mich*	ish *she*·tse mish
afortunado.	*sehr glücklich.*	zair *glük*·lish
completamente	*völlig*	*fö*·lish
en absoluto	*überhaupt nicht*	üh·ba·*haupt* nisht
profundamente	*abgrundtief*	*ap*·grun·tihf
bastante	*ziemlich*	*tsihm*·lish
totalmente	*total*	to·*tahl*

opiniones

¿Le/Te ha gustado?
Hat es Ihnen/dir   hat es *ih*·nen/*dih*·a
gefallen? (for./inf.)   gue·*fa*·len

¿Qué le/te ha parecido?
Wie hat es Ihnen/dir   vih hat es *ih*·nen/*dih*·a
gefallen? (for./inf.)   gue·*fa*·len

Es/Ha sido …	Es ist/war …	es ist/vahr …
horrible	schrecklich	*shrek*·lish
precioso	schön	shöhn
aburrido	langweilig	*lang*·vai·lish
genial	toll	tol
interesante	interessant	in·te·re·*ssant*
correcto	okay	o·*kei*
demasiado caro	zu teuer	tsuh *toi*·a

política y aspectos sociales

politische und soziale fragen

Simpatizo con el partido …	Ich unterstütze die … Partei.	ish un·ta·*shtü*·tse dih … par·*tai*
comunista	kommunistische	ko·mu·*nis*·ti·she
conservador	konservative	*kon*·ser·va·tih·ve
democrático	demokratische	de·mo·*krah*·ti·she
de los verdes	grüne	*grühn*·e
liberal	liberale	li·be·*rah*·le
socialdemócrata	sozial-demokratische	so·*tsiahl*· de·mo·*krah*·ti·she
socialista	sozialistische	so·tsia·*lis*·ti·she

Apoyo al partido laborista.
Ich unterstütze die Arbeiterpartei. — ish un·ta·*shtü*·tse dih *ahr*·bai·ta·par·tai

¿A quién vota/s?
Wen wählen Sie? (for.) — vehn *veh*·len sih
Wen wählst du? (inf.) — vehn velst duh

¿Ha/s oído hablar de…?
Haben Sie von … gehört? (for.) — *hah*·ben sih fon … gue·*hört*
Hast du von … gehört? (inf.) — hast duh fon … gue·*hört*

¿Está/s de acuerdo con?
Sind Sie damit einverstanden? (for.) — sind sih dah·*mit* *ain*·fea·shtan·den
Bist du damit einverstanden? (inf.) — bist duh dah·*mit* *ain*·fea·shtan·den

(No) Estoy de acuerdo.
Ich bin damit (nicht)   ish bin dah·*mit* (nisht)
einverstanden.   *ain*·fea·shtan·den

¿Está/s en contra de ... ?
Sind Sie gegen ...? (for.)   sint sih *gueh*·guen ...
Bist du gegen ...? (inf.)   bist duh *gueh*·guen ...

¿Está/s a favor de ...?
Sind Sie für ...? (for.)   sint sih *füh*·a ...
Bist du für ...? (inf.)   bist duh *füh*·a ...

¿Qué opina la gente de ...?
Was denken die   vass *den*·ken dih
Leute über ...?   *loi*·te *üh*·ba ...

el aborto	*Abtreibung* (f.)	*ab*·trai·bung
la protección de los animales	*Tierschutz* (m.)	*tih*·a·shuts
la discriminación	*Diskriminierung* (f.)	dis·kri·mi·*nih*·rung
las drogas	*Drogen* (f. pl.)	*droh*·guen
la economía	*die Wirtschaft* (f.)	dih *virt*·shaft
la educación	*Bildung* (f.)	*bil*·dung
el medio ambiente	*die Umwelt* (f.)	dih *um*·velt
la igualdad de oportunidades	*Gleichberechtigung* (f.)	*glaish*·be·resh·ti·gung
la eutanasia	*Euthanasie* (f.)	oi·tah·na·*sih*
la globalización	*Globalisierung* (f.)	glo·ba·li·*sih*·rung
los derechos humanos	*Menschenrechte* (n. pl.)	*men*·shen·rej·te
la inmigración	*Einwanderung* (f.)	*ain*·van·de·rung
el racismo	*Rassismus* (m.)	ra·*ssis*·mus
el sexismo	*Sexismus* (m.)	seks·*sis*·mus
el estado del bienestar	*Wohlfahrtsstaat* (m.)	*vohl*·fahrts·shtaht
el desempleo	*Arbeitslosigkeit* (f.)	*ahr*·baits·loh·sish·kait

medio ambiente

¿Hay aquí algún problema con …?
Gibt es hier ein   guibt es *hih*·a ain
Problem mit …?   pro·*blehm* mit …

¿Qué debería hacerse con respecto a …?
Was sollte man   vass *sol*·te man
gegen … tun?   *gueh*·guen … tuhn

biodegradable	*biologisch*	bi·o·*loh*·guish
	abbaubar	*ap*·bau·bahr
conservación	*Schutz* (m.)	shuts
deforestación	*Abholzung* (f.)	*ab*·hol·tsung
sequía	*Trockenheit* (f.)	*tro*·ken·hait
ecosistema	*Ökosystem* (n.)	ö·ko·süs·tehm
especies en peligro	*gefährdete*	gue·*fèhr*·de·te
de extinción	*Arten* (f. pl.)	*ar*·ten
inundaciones	*Überschwem-*	üh·ba·*shve*-
	mungen (f. pl.)	mun·guen
alimentos	*genmani-*	*guehn*·ma·ni·-
genéticamente	*puliertes*	pu·lih·a·tes
modificados	*Essen* (n.)	e·sen
caza	*Jagd* (f.)	yakt
hidroelectricidad	*Strom* (m.)	shtrohm
	aus Wasserkraft	auss va·ssah·kraft
energía nuclear	*Atomenergie* (f.)	a·*tohm*·e·ner·guih
pruebas nucleares	*Atomtests* (m. pl.)	a·*tohm*·tests
residuos nucleares	*Atommüll* (m.)	a·*tohm*·mühl
capa de ozono	*Ozonschicht* (f.)	o·*tsohn*·shisht
pesticidas	*Pestizide* (n. pl.)	pes·ti·*tsih*·de
polución	*Umweltver-*	*um*·velt·fea-
	schmutzung (f.)	shmu·tsung
programa de	*Recycling-*	ri·*sai*·kling·
reciclaje	*programm* (n.)	pro·gram
residuos tóxicos	*Giftmüll* (m.)	*gift*·mühl
suministro de agua	*Wasserver-*	va·ssa·fea·
	sorgung (f.)	sor·gung

¿Es un/una ... protegido/a?	Ist das ...?	ist das ...
bosque	ein geschützter Wald	ain ge·*shüts*·ter valt
especie	eine geschützte Art	*ai*·ne ge·*shüts*·te art

la última palabra

Si se quiere destacar una opinión con un lenguaje vistoso e impresionar así a los nuevos conocidos de habla alemana, se puede intentar echar mano de estas frases hechas:

Huelga decir que...
Es versteht sich von selbst, dass ...
das fea·*shteht* sish fon selbst dass

Eso me deja indiferente.
Damit können Sie bei mir nicht landen.
da·mit *kö*·nen sih bai *mih*·a nisht *lan*·den

A nadie le importa un rábano.
Danach kräht kein Hahn.
da·*naj* krèht kain han

Esa es la cuestión.
Da liegt der Hund begraben.
da lihkt *deh*·a hunt be·*grah*·ben

¡Cíñase a los hechos!
Bleiben Sie sachlich!
blai·ben sih *saj*·lish

Eso no lleva a ninguna parte.
Das führt zu nichts.
dass führt tsu nishts

¡No me venga con cuentos!
Das können Sie uns nicht erzählen!
dass *kö*·nen sih uns nisht eh·a·*tseh*·len

Decir la última palabra.
das letze Wort haben
dass *lets*·te vort *hah*·ben

adónde ir

wohin ausgehen?

¿Qué se puede hacer aquí por la noche?
Was kann man abends   vass kan man *ah*·bents
unternehmen?   un·ta·*neh*·men

¿Qué se puede hacer …?   *Was ist … los?*   vass ist … loss

por la zona	*hier*	*hih*·a
este fin de semana	*dieses Wochenende*	*dih*·ses *vo*·jen·en·de
hoy	*heute*	*hoi*·te
esta noche	*heute Abend*	*hoi*·te *ah*·bent

¿Dónde están los/las …?   *Wo sind die …?*   voh sint dih …

discotecas	*Klubs*	klups
locales de ambiente	*Schwulen- und Lesbenkneipen*	*shvuh*·len unt *les*·ben·knai·pen
restaurantes	*Restaurants*	res·to·*rahnts*
bares	*Kneipen*	*knai*·pen

¿Hay alguna guía del ocio?
Gibt es einen   guibt es *ai*·nen
Veranstaltungskalender?   fea·*an*·shtal·tunks·ka·len·da

¿Existe una guía del ocio para homosexuales?
Gibt es einen Führer für die   guibt es *ai*·nen *füh*·ra *füh*·a dih
Schwulen- und Lesbenszene?   *shvuh*·len unt *les*·bens·tseh·ne

Me apetece	Ich hätte Lust,	ish *hèh*·te lust
ir ...	... zu gehen.	... tsuh *gueh*·en
a un ballet	zum Ballett	tsum ba·*let*
a un bar/pub	in eine Kneipe	in *ai*·ne *knai*·pe
a un café	in ein Café	in ain ka·*feh*
a un concierto	in ein Konzert	in ain kon·*tsert*
al cine	ins Kino	ins *kih*·no
a una discoteca	in einen Nachtklub	in *ai*·nen *najt*·klup
a la ópera	in die Oper	in dih *oh*·pa
a un restaurante	in ein Restaurant	in ain res·to·*rahnt*
al teatro	ins Theater	ins te·*ah*·ta

Tengo ganas de salir.
Ich hätte Lust, auszugehen.   ish *hèh*·te lust aus·tsu·gueh·en

invitaciones

¿Qué haces (...)?	Was machst du (...)?	vass majst duh (...)
ahora	jetzt gerade	jetst gue·*rah*·de
esta noche	heute Abend	*hoi*·te ah·bent
este fin de semana	am Wochenende	am *vo*·jen·en·de

¿Te gustaría ir a ...?	Möchtest du ... gehen?	*mösh*·test duh ... *gueh*·en
tomar un café	einen Kaffee trinken	*ai*·nen *kah*·fe *tring*·ken
a bailar	tanzen	*tan*·tsen
a beber algo	etwas trinken	et·vass *tring*·ken
a comer algo	essen	e·ssen

¿Te apetece venir conmigo al concierto de ...?
Möchtest du mit mir   *mösh*·test duh mit *mih*·a
zum ...-konzert gehen?   tsum ...·kon·*tsert* gueh·en

Celebramos una fiesta.
Wir machen eine Party.   *vih*·a ma·jen *ai*·ne *par*·ti

¿Te apetece venir?
Hättest du Lust zu kommen?   *hèh*·test duh lust tsuh *ko*·men

responder a invitaciones

auf einladungen reagieren

¡Por supuesto!	*Klar!*	klah
Sí, me encantaría.	*Ja, gerne.*	yah *guèhr*·ne
Muy amable de tu/vuestra parte.	*Das ist sehr nett von dir/euch.* (sing./pl.)	dass ist *seh*·a net fon *dih*·a/oij
¿Adónde vamos?	*Wo sollen wir hingehen?*	voh *so*·len *vih*·a *hin*·gueh·en
No, me temo que no puedo.	*Nein, es tut mir Leid, aber ich kann nicht.*	nain es tuht *mih*·a lait *ah*·ber ish kan nisht
¿Qué te parece mañana?	*Wie wäre es mit morgen?*	vih *vèhr*·re es mit *mor*·guen

de uso cotidiano

Aquí no hay nada de ambiente.
Da ist nichts los. — dah ist nishts loss

Esto es un aburrimiento.
Da ist tote Hose. — dah ist *toh*·te *hoh*·se
(lit.: hay pantalones muertos)

La movida está allí.
Da ist die Sau los. — da ist dih sau loss
(lit.: allí está la cerda suelta)
Da boxt der Papst. — dah bokst *deh*·a pahpst
(lit.: allí boxea el papa)

organizar encuentros

einen treffpunkt verabreden

¿Dónde/A qué hora quedamos?	*Wo/Wann sollen wir uns treffen?*	voh/van *so*·len *vih*·a uns *tre*·fen
Quedamos ... a las (ocho) en (la entrada)	*Wir treffen uns ... um (acht) Uhr am (Eingang)*	*vih*·a *tre*·fen uns ... um (ajt) *uh*·a am (*ain*·gang)

¡OK!
   Okay!   o·*kei*

¡Nos vemos después!
   Bis dann!   bis dan

Te recojo.
   Ich hole dich ab.   ish *hoh*·le dish ab

Iré más tarde. ¿Dónde estarás?
   Ich komme später.   ish *ko*·me *shpèh*·ta
   Wo wirst du sein?   vo *vihrst* duh sain

Si no estoy allí a (las nueve), no me esperes.
   Wenn ich bis (neun)   ven ish bis (noin)
   Uhr nicht da bin,   *uh*·a nisht dah bin
   warte nicht auf mich.   *var*·te nisht auf mish

Hasta luego/mañana.
   Bis später/morgen.   bis *shpèh*·ta/*mor*·guen

Lo estoy deseando.
   Ich freue mich darauf.   ish *froi*·e mish da·*rauf*

Siento llegar tarde.
   Es tut mir Leid, dass   es tuht *mih*·a lait dass
   ich zu spät komme.   ish tsuh shpèht *ko*·me

No importa.
   Macht nichts.   majt nishts

drogas

drogen

No consumo drogas.
   Ich nehme keine Drogen.   ish *neh*·me *kai*·ne *droh*·guen

Alguna vez tomo …
   Ich nehme ab und zu …   ish *neh*·me ab unt tsuh …

¿Te apetece fumar un canuto?
   Wollen wir einen   *vo*·len *vih*·a *ai*·nen
   Joint rauchen?   dzhoint *rau*·jen

Estoy colocado.
   Ich bin high.   ish bin hai

salir con alguien

sich verabreden

¿Te apetece hacer algo …?	Hättest du Lust, … was zu unternehmen?	*he·test duh lust … vass tsuh un·ta·neh·men*
¿Adónde te gustaría ir …?	Wo würdest du … gerne hingehen?	*voh vür·dest duh … guèhr·ne hin·gueh·en*
mañana	morgen	*mor·guen*
esta noche	heute Abend	*hoi·te ah·bent*
el fin de semana	am Wochenende	*am vo·jen·en·de*

Sí, me encantaría.
Ja, gerne.   yah *guèhr·ne*

Claro, gracias.
Klar! Das wäre nett.   klah dass *vèh·re* net

No tengo tiempo.
Ich habe keine Zeit.   ish *hah·be kai·ne* tsait

¡Olvídalo!
Vergiss es!   *fea·guis* es

---

de uso cotidiano

(Él/Ella) Es un/una …	Er/Sie ist …	*eh·a/sih ist …*
monada	eine Schönheit	*ai·ne shöhn·hait*
zorra	eine Zicke	*ai·ne tsi·ke*
tío caliente	ein heißer Typ	*ain hal·ssa tüp*
tía caliente	eine heiße Frau	*ai·ne hai·sse frau*
estúpido	ein Depp	*ain dep*

(Él/Ella) Está como un tren.
Er/Sie sieht echt geil aus.   *eh·a/sih siht ejt gail auss*

(Él/Ella) No pierde ocasión de ligar.
Er/Sie lässt nichts anbrennen.   *eh·a/sih lest nishts an·bre·nen*
(lit.: no deja que nada se queme)

preliminares

¿No nos hemos visto antes?
Kennen wir uns nicht
von irgendwoher?
ke·nen *vih*·a uns nisht
fon *ir*·guent·voh·*heh*·a

¿Te apetece tomar algo?
Möchtest du etwas trinken?
mösh·test duh *et*·vass *tring*·ken

¿Qué horóscopo eres?
Was für ein Sternzeichen
bist du?
vass *füh*·a ain *shtern*·tsai·jen
bist duh

¿Salimos a tomar el aire?
Sollen wir ein bisschen an
die frische Luft gehen?
so·len *vih*·a ain *bis*·shen an
dih *fri*·she luft *gueh*·en

Me gusta mucho tu forma de ser.
Du hast eine wundervolle
Persönlichkeit.
duh hast *ai*·ne *vun*·da·fo·le
per·*sön*·lish·kait

Tienes …	*Du hast …*	duh hast …
un cuerpo bonito	*einen schönen Körper*	*ai*·nen *shöh*·nen *kör*·pa
unos ojos bonitos	*schöne Augen*	*shöh*·ne *au*·guen
unas manos bonitas	*schöne Hände*	*shöh*·ne *hen*·de
una risa bonita	*ein schönes Lachen*	ain *shöh*·nes *la*·jen

negativas

He venido con …	*Ich bin mit … hier.*	ish bin mit … *hih*·a
mi novio	*meinem Freund*	*mai*·nem froint
mi novia	*meiner Freundin*	*mai*·ner *froin*·din

Disculpa, tengo que irme.
Tut mir Leid, ich
muss jetzt gehen.
tuht *mih*·a lait ish
mus yetst *gueh*·en

No, gracias.
Nein, danke.   nain *dan*·ke

Mejor que no.
Lieber nicht.   *lih*·ba nisht

Quizá en otro momento.
Vielleicht ein andermal.   fih·*laisht* ain *an*·dah·mahl

Antes de seguir, debo ser franco/a.
Soy (contable).
Bevor wir uns näher   be·*foh*·a *vih*·a uns *neh*·a
kennen lernen, muss   *ke*·nen *ler*·nen muss
ich etwas klarstellen.   ish *et*·vass *klah*·shte·len
Ich bin (Buchhalter/   ish bin (*buj*·hal·ta/
Buchhalterin). (m./f.)   *buj*·hal·te·rin)

Tu ego está fuera de control.
Du leidest wohl unter   duh *lai*·dest vohl *un*·ta
Größenwahn.   *grö*·ssen·wahn

---

de uso cotidiano

Preferiría que me dejaras en paz.
Es wäre mir lieber,   es *vèh*·re *mih*·a *lih*·ba
du würdest mich in   duh *vür*·dest mish in
Ruhe lassen.   *ruh*·e *la*·ssen

¡Déjame en paz!
Lass mich in Ruhe!   lass mish in *ruh*·e

¡Me estás sacando de quicio!
Du nervst (echt   duh nerfst (ejt
verstärkt)!   fea·*shterkt*)

¡Vete a la mierda!
Verpiss dich!   fea·*piss* dish

No me interesa.
Ich bin nicht interessiert.   ish bin nisht in·te·re·*sih*·ert

acercamiento

¿Me llevas a casa?
Kannst du mich nach Hause bringen?
kanst duh mish naj *hau*·se brin·guen

¿Quieres entrar un rato?
Möchtest du noch kurz mit reinkommen?
mösh·test duh noj kurts mit *rain*·ko·men

Eres muy amable.
Du bist sehr nett.
duh bist *seh*·a net

Me gustas mucho.
Ich mag dich sehr.
ish mahk dish *seh*·a

¿Te gusto yo también?
Magst du mich auch?
makst duh mish auj

Eres muy atractivo/a.
Du bist sehr attraktiv.
duh bist *seh*·a a·trak·*tihf*

Me interesas.
Ich interessiere mich für dich.
ish in·te·re·*sih*·re mish *füh*·a dish

Eres genial.
Du bist toll.
duh bist tol

sexo

Dame un beso.	*Küss mich.*	küss mish
Te deseo.	*Ich will dich.*	ish vil dish
Quiero hacerte el amor.	*Ich möchte mit dir schlafen.*	ish *mösh*·te mit *dih*·a shlah·fen
¡Quítate eso!	*Zieh das aus!*	tsih das auss
Tócame aquí.	*Berühr mich hier!*	be·*rüh*·a mish *hih*·a
¿Te gusta esto?	*Magst du das?*	makst duh dass

¡Vámonos a la cama!
Gehen wir ins Bett!   gueh·en vih·a ins bet

¿Tienes (un preservativo)?
Hast du (ein Kondom)?   hast duh (ain kon·*dohm*)

Es mejor usar (un preservativo).
Lass uns (ein Kondom)   las uns (ain kon·*dohm*)
benutzen.   be·*nu*·tsen

No lo quiero hacer sin protección.
Ohne Kondom mache   *oh*·ne kon·*dohm* ma·je
ich es nicht.   ish es nisht

Eso (no) me gusta.
Das mag ich (nicht).   das mahk ish (nisht)

¡Por favor, no pares/para!
Bitte hör (nicht) auf.   *bi*·te *hö*·a (nisht) auf

Creo que deberíamos parar.
Ich denke, wir sollten   ish *den*·ke *vih*·a *sol*·ten
jetzt aufhören.   yetst *auf*·hö·ren

Lo siento, no se me levanta.
Ich krieg ihn nicht   ish krihk ihn nisht
hoch – tut mir Leid!   hoj tuht *mih*·a lait

Fóllame …	*Fick mich …*	*fik* mish …
con más fuerza	*härter*	*hèhr*·ta
más rápido	*schneller*	*shne*·la
con más suavidad	*sanfter*	*sanf*·ta
más despacio	*langsamer*	*lang*·sah·ma

¡Oh, sí!   *Oh ja!*   oh yah
Es fantástico.   *Das ist geil.*   dass ist gail
Es la primera vez   *Das ist mein*   dass ist main
que lo hago.   *erstes Mal.*   *ehrs*·tes mahl
No te preocupes,   *Gib dir keine*   guib *dih*·a *kai*·ne
ya lo hago yo.   *Mühe, ich mach*   *müh*·e ish maj
    es mir selbst.   es *mih*·a selbst

Tener sentido del humor ayuda.
Mit Humor geht   mit hu·*moh*·a gueht
alles besser.   *a*·les *be*·ssa

el arte de seducir

sida	*AIDS* (n.)	aids
sistema anticonceptivo	*Empfängnis-verhütung* (f.)	emp·*feng*·niss·fea·hüh·tung
barrera oral	*Dental Dam* (m.)	*den*·tel dem
HIV	*HIV* (n.)	hah·ih·*fau*
DIU	*Intrauterin-pessar* (m.)	in·tra·u·te·*rihn*·pe·ssah
la píldora	*die Pille* (f.)	dih *pih*·le
espermicida	*Spermizid* (n.)	shpea·mi·*tsiht*

> y después

Ha sido ...	*Das war ...*	dass vahr ...
increíble	*fantastisch*	fan·*tas*·tish
extraño	*seltsam*	*selt*·sahm
¿Puedo ...?	*Kann ich ...?*	kan ish ...
llamarte	*dich anrufen*	dish *an*·ruh·fen
verte mañana	*dich morgen treffen*	dish *mor*·guen *tre*·fen
volver a verte	*dich wiedersehen*	dish *vih*·da·seh·en
quedarme (a dormir)	*hier übernachten*	heer ü·ber·*nakh*·ten
(Yo) ...	*Ich ...*	ish ...
Te llamo mañana	*rufe dich morgen an*	*ruh*·fe dish *mor*·guen an
Te veo mañana	*sehe dich morgen*	*seh*·e dish *mor*·guen
No lo olvidaré nunca	*werde das nie vergessen*	*vehr*·de das nih fea·*gue*·ssen

amor

Te quiero.
Ich liebe dich. ish *lih*·be dish

Creo que estamos bien juntos.
Ich glaube, wir passen ish *glau*·be *vih*·a *pa*·ssen
gut zueinander. guht tsu·ai·*nan*·da

¿Quieres ...? *Willst du ...?* vilst duh ...
  salir conmigo *mit mir gehen* mit *mih*·a *gueh*·en
  vivir conmigo *mit mir* mit *mih*·a
    zusammenleben tsu·*za*·men·*leh*·ben
  casarte conmigo *mich heiraten* mish *hai*·ra·ten

problemas

¿Te estás viendo con alguien?
Gibt es da einen guibt es dah *ai*·nen
anderen/eine andere? (m./f.) *an*·de·ren/*ai*·ne *an*·de·re

No quiero volver a verte.
Ich will dich nie ish vil dish nih
mehr wiedersehen. *meh*·a *vih*·da·seh·en

Todo se arreglará.
Wir finden schon *vih*·a *fin*·den shohn
eine Lösung. *ai*·ne *lö*·sung

(Él/Ella) Es solo un amigo/una amiga.
Er/Sie ist nur ein *eh*·a/sih ist *nuh*·a ain
Freund/eine froint/*ai*·ne
Freundin. (m./f.) *froin*·din

Quiero ... *Ich möchte ...* ish *mösh*·te ...
  dejarlo *Schluss* shluss
    machen *ma*·jen
  que sigamos *dass wir Freunde* dass *vih*·a *froin*·de
  siendo amigos *bleiben* *blai*·ben

despedidas

abschied

Tengo que marcharme mañana.
Ich muss morgen los. ish muss *mor*·guen loss

(Yo) ...	*Ich ...*	ish ...
Vendré a visitarte	*komme dich besuchen*	*ko*·me dish be·*suh*·jen
Te echaré de menos	*werde dich vermissen*	*vehr*·de dish fea·*mi*·ssen

frío y calor

A continuación se indican algunas expresiones alemanas con las que pueden surgir equívocos:

Ich bin heiss. ish bin hais
Estoy caliente (en sentido sexual).

Ich bin kalt. ish bin kalt
Tengo una personalidad poco amistosa.

En cambio, para expresar que se tiene frío o calor, se deben utilizar las siguientes expresiones:

Mir ist heiss. *mih*·a ist hais
Tengo calor.

Mir ist kalt. *mih*·a ist kalt
Tengo frío.

Tampoco se deben confundir las siguientes expresiones:

Ich bin voll. ish bin fol
Estoy borracho/a.

Ich bin satt. ish bin sat.
He comido suficiente.

religión

¿Cuál es su/tu religión?
Was ist Ihre/deine Religion? (for./inf.)
vass ist *ih*·re/*dai*·ne re·li·*guion*

(No) Soy religioso.
Ich bin (nicht) religiös.
ish bin (nisht) re·li·*guiöss*

(No) Soy ...	*Ich bin (kein/ keine) ... (m./f.)*	ish bin (kain/ *kai*·ne) ...
agnóstico/a	*Agnostiker(in) (m./f.)*	ag·*nos*·ti·ka/ ag·*nos*·ti·ke·rin
budista	*Buddhist(in) (m./f.)*	bu·*dist*/bu·*dis*·tin
católico/a	*Katholik(in) (m./f.)*	ka·to·*lihk*/ ka·to·*lih*·kin
cristiano/a	*Christ(in) (m./f.)*	krist/*kris*·tin
hindú	*Hindu (m. y f.)*	*hin*·du
judío/a	*Jude/Jüdin (m./f.)*	*yuh*·de/*yüh*·din
musulmán/ana	*Moslem/ Moslime (m./f.)*	*mos*·lem/ mos·*lih*·me
practicante	*praktizierender/ praktizierende (m./f.)*	prak·ti·*tsih*·ren·da/ prak·ti·*tsih*·ren·de
protestante	*Protestant(in) (m./f.)*	pro·tes·*tant*/ pro·tes·*tan*·tin

(No) Creo en ...	*Ich glaube (nicht) an ...*	ish *glau*·be (nisht) an ...
Dios	*Gott*	got
el destino	*das Schicksal*	dass *shik*·sahl

¿Dónde puedo ...?	Wo kann ich ...?	voh kan ish ...
ir a misa	eine Messe besuchen	ai·ne me·sse be·suh·jen
asistir a un servicio	einen Gottesdienst besuchen	ai·nen go·tes·dihnst be·suh·jen
confesarme (en inglés/ español)	(auf Englisch/ Spanish) beichten	(auf eng·lish/ shpah·nish) baish·ten
rezar	beten	beh·ten
comulgar	das Abendmahl empfangen	dass ah·bent·mahl emp·fan·guen
rendir culto	meine Andacht verrichten	mai·ne an·dajt fea·rish·ten

diferencias culturales

kulturelle unterschiede

¿Se trata de una costumbre local o nacional?
Ist das ein örtlicher oder landesweiter Brauch?
ist dass ain ört·li·sha oh·da lan·des·vai·ta brauj

No estoy acostumbrado/a a esto.
Das ist ganz ungewohnt für mich.
dass ist gants un·gue·vohnt füh·a mish

No me importa mirar, pero prefiero no participar.
Ich sehe gerne zu, würde aber lieber nicht selbst mitmachen.
ish seh·e guèhr·ne tsuh vür·de ah·ber lih·ba nisht selbst mit·ma·jen

Lo intentaré.
Ich versuche es.
ish fea·suh·je es

Perdón, no era mi intención hacer nada fuera de lugar.
Es tut mir Leid, ich wollte nichts Falsches tun.
es tuht mih·a lait ish vol·te nishts fal·shes tuhn

Lo siento, va en contra de mi/s ...	Es tut mir Leid, das ist gegen meine ...	es tuht mih·a lait dass ist gueh·guen mai·ne ...
creencias	Anschauungen	an·shau·un·guen
cultura	Kultur	kul·tuh·a
religión	Religion	re·li·guion

¿Dónde es (el museo)?
Wo ist (das Museum)? voh ist (dass mu·*seh*·um)

¿Cuándo abre (la galería)?
Wann hat (die Galerie) van hat (dih ga·le·*rih*)
geöffnet? gue·*öf*·net

¿Qué tipo de arte le/te interesa?
Für welche Art von Kunst *füh*·a *vel*·she art fon kunst
interessieren Sie sich? (for.) in·te·re·*sih*·ren sih sish
Für welche Art von Kunst *füh*·a *vel*·she art fon kunst
interessierst du dich? (inf.) in·te·re·*sih*·erst duh dish

¿Qué hay en la colección?
Was gibt es in der vass guibt es in *deh*·a
Sammlung? *sam*·lung

¿Qué piensa/s de ...?
Was halten Sie von ...? (for.) vass *hal*·ten sih fon ...
Was hältst du von ...? (inf.) vas heltst duh fon ...

estilos artísticos

arte modernista	*Jugendstil*	*yuh*·guent·shtihl
arte barroco	*barocke Kunst*	ba·*ro*·ke kunst
arte Bauhaus	*Bauhaus-Kunst*	*bau*·haus·kunst
arte expresionista	*expressionistische Kunst*	eks·pre·sio·*nis*·ti·she kunst
arte gótico	*gotische Kunst*	*go*·ti·she kunst
arte impresionista	*impressionistische Kunst*	im·pre·sio·*nis*·ti·she kunst
arte moderno	*moderne Kunst*	mo·*dehr*·ne kunst
performance	*Performance Art*	pe·*for*·mens art
arte renacentista	*Renaissance-Kunst*	re·ne·*sans*·kunst
arte románico	*romanische Kunst*	ro·*mah*·ni·she kunst

Es una exposición de …
Es ist eine …-Ausstellung.   es ist *ai*·ne …·*aus*·shte·lung

Me interesa …
Ich interessiere mich für …   ish in·te·re·*sih*·re mish *füh*·a …

Me gustan las obras de …
Ich mag die Arbeiten von …   ish mahk dih *ar*·bai·ten fon …

Me recuerda a …
Es erinnert mich an …   es e·*ri*·nert mish an …

trabalenguas

Si uno se siente ya suficientemente cómodo con la lengua y quiere impresionar a los nativos, puede intentarlo con estos trabalenguas:

Blaukraut bleibt Blaukraut und Brautkleid bleibt Brautkleid.
blau·kraut blaibt *blau*·kraut unt *braut*·klait blaibt *braut*·klait
('Una col lombarda es siempre una col lombarda y un traje de novia es siempre un traje de novia.')

Der Potsdamer Postkutscher putzt den Potsdamer Postkutschkasten.
deh·a *pots*·dah·ma *post*·kut·sha putst dehn *pots*·dah·ma *post*·kutsh·kah·sten
('El conductor del camión de correos de Potsdam limpia los buzones del cambión de correos de Potsam.')

Der Dachdecker deckt dein Dach, drum dank dem Dachdecker, der dein Dach deckt.
deh·a *daj*·de·ka dekt dain daj drum dank dehm *daj*·de·ka deh dain daj dekt
('El tejador cubre tu tejado, por eso damos las gracias al tejador que cubre tu tejado.')

intereses deportivos

¿Qué deporte practica/s?
Was für Sport treiben Sie? (for.) vass *füh*·a shport *trai*·ben sih
Was für Sport treibst du? (inf.) vass *füh*·a shport traibst duh

¿Qué deporte le/te interesa?
Für welche Sportarten *füh*·a *vel*·she shport·ar·ten
interessieren Sie sich? (for.) in·te·re·*sih*·ren sih sish
Für welche Sportarten *füh*·a *vel*·she shport·ar·ten
interessierst du dich? (inf.) in·te·re·*sih*·erst duh dish

Juego a …	*Ich spiele …*	ish *shpih*·le …
Practico …	*Ich mache …*	ish *ma*·je …
Me interesa	*Ich interessiere*	ish in·tre·*sih*·re
el/la …	*mich für …*	mish *füh*·a …
atletismo	*Leichtathletik*	*laisht*·at·leh·tik
baloncesto	*Basketball*	*bahs*·ket·bal
fútbol	*Fußball*	*fuhss*·bal
balonmano	*Handball*	*hant*·bal
hockey sobre hielo	*Eishockey*	*ais*·ho·ki
esquí	*Skifahren*	*shih*·fah·ren
tenis	*Tennis*	*te*·nis

Para más deportes, véase el **diccionario.**

¿Le/Te gusta (el deporte)?
Mögen Sie (Sport)? (for.) *möh*·guen sih (shport)
Magst du (Sport)? (inf.) makst duh (shport)

Sí, mucho.
Ja, sehr. yah *seh*·a

No demasiado.
Nicht besonders. nisht be·*son*·ders

Me gusta verlo.
Ich sehe es mir ish *seh*·e es *mih*·a
gerne an. *guèhr*·ne an

Sólo como espectador.
Nur als Zuschauer. — nuh·a als tsuh·shau·a

¿Quién es su/tu deportista favorito?
Wer ist Ihr/dein — veh·a ist ih·a/dain
Lieblingssportler? (for./inf.) — lihb·links·shport·la

¿Cuál es su/tu equipo favorito?
Was ist Ihre/deine — vass ist ih·re/dai·ne
Lieblingsmannschaft? (for./inf.) — lihb·links·man·shaft

¿Sabe/s jugar (al fútbol)?
Spielen Sie (Fußball)? (for.) — shpih·len sih (fuhss·bal)
Spielst du (Fußball)? (inf.) — shpihlst duh (fuhss·bal)

ir a un partido

zu einem spiel gehen

¿Le/Te gustaría ir a un partido?
Möchten Sie zu einem — mösh·ten sih tsuh ai·nem
Spiel gehen? (for.) — shpihl gueh·en
Möchtest du zu einem — mösh·test duh tsuh ai·nem
Spiel gehen? (inf.) — shpihl gueh·en

¿De qué equipo es/eres?
Wen unterstützen Sie? (for.) — vehn un·ta·shtü·tsen sih
Wen unterstützt du? (inf.) — vehn un·ta·shtütst duh

¿Quién ...?	Wer ...?	veh·a ...
juega	spielt	spihlt
gana	gewinnt	gue·vint

jerga deportiva		
¡Qué ...!	Was für ...!	vas füh·a ...
golazo	ein Tor	ain toh·a
golpe	ein Treffer	ain tre·fa
chute	ein Schuss	ain shuss
pase	ein Pass	ain pass
jugada	eine Leistung	ai·ne lais·tung

RELACIONARSE

¿Cuál ha sido el resultado final?
Was war das   vass vahr dass
Endergebnis?   *ent*·ehr·gueb·niss

Acabó en empate.
Es ging   es guing
unentschieden aus.   *un*·ent·shih·den auss

¡Ha sido un   *Das war ein*   dass vahr ain
partido …!   *... Spiel!*   ... shpihl
  desastroso   *schlechtes*   *shlesh*·tes
  aburrido   *langweiliges*   *lang*·vai·li·gues
  sensacional   *tolles*   *to*·les

el marcador		
¿Cómo van?	*Wie steht es?*	vih shteht es
empatados a cero	*unentschieden null*	*un*·ent·shih·den nul
bola de partido	*Matchball*	*mach*·bol
3 a 1	*3:1 (drei zu eins)*	drai tsuh ains

practicar deporte

sport treiben

¿Quiere/s jugar?
Möchten Sie mitspielen? (for.) *mösh*·ten sih *mit*·shpih·len
Möchtest du mitspielen? (inf.) *mösh*·test duh *mit*·shpih·len

¿Puedo jugar?
Kann ich mitspielen?   kan ish *mit*·shpih·len

Sí, fenomenal.
Ja, das wäre toll.   yah dass *vèhr*·re tol

Lo siento, no puedo.
Es tut mir Leid,   es tuht *mih*·a lait
ich kann nicht.   ish kan nisht

Estoy lesionado/a.
Ich habe eine Verletzung.   ish *hah*·be *ai*·ne fea·*le*·tsung

Punto para usted/ti.
Ihr/Dein Punkt. (for./inf.)   *ih*·a/dain punkt

Punto para mí.
Mein Punkt.   main punkt

¡Pásamela!
Hierher!   *hih*·a·*heh*·a

Es un buen jugador/a.
Sie sind   sih sind
ein guter Spieler/   ain *guh*·ta *shpih*·la/
eine gute Spielerin. (m./f. for.)   *ai*·ne *guh*·te *shpih*·le·rin

Eres un buen jugador/a.
Du bist   duh bist ...
ein guter Spieler/   ain *guh*·ta *shpih*·la/
eine gute Spielerin. (m./f. inf.)   *ai*·ne *guh*·te *shpih*·le·rin

Gracias por el juego.
Vielen Dank für das Spiel.   *fih*·len dank *füh*·a das shpihl

¿Cuál es el mejor sitio por aquí para correr?
Wo kann man hier am   vo kan man *hih*·a am
besten joggen/laufen?   *bes*·ten *dzho*·guen/*lau*·fen

¿Dónde está el/la   *Wo ist ...?*   voh ist ...
... más cercano/a?
   gimnasio   *das nächste*   dass *nèhjs*·te
      Fitness-Studio   *fit*·nes·shtuh·di·o
   piscina   *das nächste*   das *nèhjs*·te
      Schwimmbad   *shvim*·baht
   pista de tenis   *der nächste*   *deh*·a *nèhjs*·te
      Tennisplatz   *te*·nis·plats

¿Tengo que ser miembro para poder asistir?
Muss ich Mitglied sein,   muss ish *mit*·gliht sain
um mitzumachen?   um *mit*·tsu·ma·jen

¿Hay alguna sesión exclusivamente para mujeres?
Gibt es eine Session   guibt es *ai*·ne se·ssion
nur für Frauen?   nuh·a füh·a frau·en

¿Hay alguna piscina sólo para mujeres?
Gibt es ein Schwimmbecken   guibt es ain shvim·be·ken
nur für Frauen?   nuh·a füh·a frau·en

¿Dónde están los vestuarios?
Wo sind die   voh sint dih
Umkleideräume?   um·klai·de·roi·me

¿Cuánto cuesta por ...?	*Wie viel kostet es pro ...?*	vih fihl kos·tet es proh ...
día	*Tag*	tahk
partido	*Spiel*	shpihl
hora	*Stunde*	shtun·de
visita	*Besuch*	be·suj

¿Puedo alquilar ...?	*Kann ich ...?*	kan ish ...
una pelota	*einen Ball leihen*	*ai*·nen bal *lai*·en
una bicicleta	*ein Fahrrad leihen*	ain *fahr*·raht *lai*·en
una pista	*einen Platz mieten*	*ai*·nen plats *mih*·ten
una raqueta	*einen Schläger leihen*	*ai*·nen *shlèh*·ga *lai*·en

ciclismo

¿Dónde termina la carrera?
Wo endet das Rennen?   voh *en*·det dass *re*·nen

¿Por dónde pasa la carrera?
Wo führt das Rennen lang?   voh führt dass *re*·nen lang

¿Quién va ganando?
Wer gewinnt?   *veh*·a gue·*vint*

¿Es muy dura la etapa de hoy?
Ist die Etappe heute   ist dih e·*ta*·pe *hoi*·te
sehr schwer?   *seh*·a *shveh*·a

¿Cuántos kilómetros tiene (la etapa) de hoy?
Wie viel Kilometer ist   vih fihl ki·lo·*meh*·ta ist
(die Etappe) heute?   (dih e·*ta*·pe) *hoi*·te

Mi ciclista favorito es ...
Mein Lieblings-   main *lihb*·links·
radfahrer ist ...   *raht*·fah·ra ist ...

etapa de montaña	*Bergetappe* (f.)	*berk*·e·ta·pe
ciclista	*Radfahrer(in)* (m./f.)	*raht*·fah·ra/
		raht·fah·re·rin
el maillot	*das (gelbe)*	das (*guel*·be)
(amarillo)	*Trikot* (n.)	tri·*kot*
etapa	*Etappe* (f.)	e·*ta*·pe
	(des Rennens)	(des *re*·nens)
ciclista de carreras	*Radrenn-*	*raht*·ren·fah·ra/
	fahrer(in) (m./f.)	*raht*·ren·fah·re·rin
prueba		
cronometrada	*Zeitfahren* (n.)	*tsait*·fah·ren
ganador	*Sieger(in)* (m./f.)	*sih*·ga/*sih*·gue·rin
ganador de	*Etappen-*	e·*ta*·pen·sih·ga/
una etapa	*sieger(in)* (m./f.)	e·*ta*·pen·sih·gue·rin

Para más frases relacionadas con los desplazamientos en bicicleta, véase **transporte,** en p. 47.

deportes de riesgo

extremsportarten

¿Está/s seguro/a de que esto es seguro?
Sind Sie sicher, dass das   sint sih *si*·ja dass dass
ungefährlich ist? (for.)   *un*·gue·fèhr·lish ist
Bist du sicher, dass das   bist duh *si*·ja dass dass
ungefährlich ist? (inf.)   *un*·gue·fèhr·lish ist

¿Es seguro el material?
Ist die Ausrüstung sicher?   ist dih *aus*·rüs·tung *si*·ja

Esto es una locura.
Das ist verrückt!   das ist fea·*rükt*

rappel	*Abseilen* (n.)	*ab*·sai·len
bungy-jumping	*Bungyjumping* (n.)	*ban*·dzhi·dzham·ping
espeleología	*Höhlen-*	*hö*·len·
	erforschung (f.)	er·fohr·shung
ala delta	*Drachenfliegen* (n.)	*dra*·jen·flih·guen
ciclismo		
de montaña	*Mountainbiken* (n.)	*maun*·ten·bai·ken
paracaidismo	*Fallschirmspringen* (n.)	*fal*·shirm·shprin·guen
parasailing	*Parasailing* (n.)	*pah*·ra·sai·ling
escalada	*Klettern* (n.)	*kle*·tern
paracaidismo		
acrobático	*Skydiving* (n.)	*skai*·dai·ving
snowboard	*Snowboarden* (n.)	*snou*·bohr·den
rafting	*Wildwasser-*	*vilt*·va·ssa·
en aguas bravas	*fahrten* (f. pl.)	fahr·ten

fútbol

fußball

¿Quién juega en el (Bayern de Múnich)?
Wer spielt für   *veh*·a shpihlt *füh*·a
(Bayern München)?   (*bai*·ern *mün*·shen)

¡Qué equipo más malo!
Was für eine furchtbare   vas *füh*·a *ai*·ne *fursht*·bah·re
Mannschaft!   *man*·shaft

¿Qué equipo lidera la liga?
Welcher Verein steht   *vel*·sher fea·*rain* shteht
an der Tabellenspitze?   an *deh*·a ta·*be*·len·shpi·tse

Es una gran jugadora.
Sie ist eine tolle Spielerin.   sih ist ain·e *to*·le shpih·le·rin

Jugó magistralmente en el partido contra (Italia).
Im Spiel gegen (Italien)   im shpihl gue·guen (i·*tah*·li·en)
hat er fantastisch gespielt.   hat *eh*·a fan·*tas*·tish guesh·*pihlt*

(Ella) Marcó tres goles.
Sie hat (drei) Tore   sih hat (drai) *toh*·re
geschossen.   gue·*sho*·ssen

corner	*Ecke* (f.)	*e·ke*
falta directa	*Freistoß* (m.)	*frai·*shtohss
portero	*Torhüter(in)* (m./f.)	*toh·*a·hü·ta/
		*toh·*a·hü·te·rin
fuera de juego	*Abseits* (n.)	*ab·*saits
penalti	*Strafstoß* (m.)	*shtrahf·*shtohss

esquí

¿Cuánto cuesta un forfait?
Was kostet ein Skipass?   vass *kos·*tet ain *shih·*pass

¿Puedo recibir clases?
Kann ich Unterricht nehmen?   kan ish *un·*ta·risht *neh·*men

Me gustaría	*Ich möchte ...*	ish *mösh·*te ...
alquilar ...	*leihen.*	*lai·*en
unas botas	*Skistiefel*	*shih·*shtih·fel
unas gafas	*eine Skibrille*	*ai·*ne *shih·*bri·le
unos bastones	*Skistöcke*	*shih·*shtö·ke
unos esquíes	*Skier*	*shih·*a
ropa de esquí	*einen*	*ai·*nen
	Skianzug	*shih·*an·tsuhk

¿Es posible practicar	*Kann man*	kan man
... aquí/allí?	*hier/da ...?*	*hih·*a/dah ...
esquí alpino	*Abfahrtsski*	*ab·*fahrts·shih
	fahren	*fah·*ren
esquí de fondo	*Skilanglauf*	*shih·lang·*lauf
	machen	*ma·*jen
snowboard	*snowboarden*	*snou·*bohr·den
descenso		
en tobogán	*Schlitten fahren*	*shli·*ten *fah·*ren

¿Cómo son las condiciones de esquí …?	Wie sind die Schneebedingungen …?	vih sind dih shneh·be·din·gun·guen …
en (Lauberhorn)	am (Lauberhorn)	am (lau·ba·horn)
en aquella pista	an dieser Abfahrt	an dih·sa ab·fahrt
más arriba	weiter oben	vai·ta oh·ben

¿De qué nivel es esta pista?

| *Wie schwierig ist dieser Hang?* | vih shvih·rish ist dih·sa hang |

¿Cuáles son las pistas …?	Welches sind die …?	vel·shes sind dih …
de principiantes	Anfängerhänge	an·fen·ga·hen·gue
de nivel medio	mittelschweren Hänge	mi·tel·shveh·ren hen·gue
de nivel avanzado	Fortgeschrittenenhänge	fort·guesh·ri·te·nen·hen·gue

teleférico	Seilbahn (f.)	sail·bahn
telesilla	Sessellift (m.)	se·ssel·lift
monitor	Skilehrer (m.)	shih·leh·ra
estación de esquí	Ort (m.)	ort
telesquí	Skilift (m.)	shih·lift
trineo	Schlitten (m.)	shli·ten

tenis

¿Le/Te gustaría jugar al tenis?

| *Möchten Sie Tennis spielen?* (for.) | mösh·ten sih te·nis shpih·len |
| *Möchtest du Tennis spielen?* (inf.) | mösh·test duh te·nis shpih·len |

¿Se puede jugar por la noche?

| *Können wir abends spielen?* | kö·nen vih·a ah·bents shpih·len |

ace	*Ass* (n.)	as
ventaja	*Vorteil* (m.)	*foh·a·tail*
pista de tierra batida	*Sandplatz* (m.)	*sant·*plats
falta	*Fehler* (m.)	*feh·*la
juego, set, partido	*Spiel, Satz und Sieg*	shpihl *sats* unt sihk
pista de hierba	*Rasenplatz* (m.)	*rah·*sen·plats
pista dura	*Hartplatz* (m.)	*hart·*plats
partido de dobles	*ein Doppel spielen*	ain *do·*pel *shpih·*len
servicio	*Aufschlag* (m.)	*auf·*shlahk
set	*Satz* (m.)	sats

könig fußball

El deporte rey en Alemania, tanto en el ámbito *amateur* como profesional es el *König Fußball* ('rey fútbol'). Este deporte se practica en miles de clubes *amateur* denominados *Fußballvereine*. Los alemanes son unos forofos de este deporte y los partidos profesionales atraen a una media de 25.000 seguidores. Una de las palabras más largas del alemán pertenece a la esfera del fútbol. Se trata de conseguir que no se trabe la lengua: *Fußballweltmeisterschaftsqualifikationsspiel* (partido de clasificación para el Mundial de Fútbol).

senderismo

wandern

¿Dónde puedo ...?	Wo kann ich ...?	voh kan ish ...
comprar	*Vorräte*	*foh·a·rèh·te*
provisiones	*einkaufen*	*ain·kau·fen*
conseguir	*Informationen*	*in·for·ma·tsio·nen*
información	*über*	*üh·ba*
sobre rutas de	*Wanderwege*	*van·da·veh·gue*
senderismo	*bekommen*	*be·ko·men*
encontrar a alguien	*jemanden*	*yeh·man·den*
que conozca esta	*finden, der die*	*fin·den deh·a dih*
zona	*Gegend kennt*	*gueh·guent kent*
conseguir un mapa	*eine Karte*	*ai·ne kar·te*
	bekommen	*be·ko·men*
alquilar un equipo	*Wanderaus-*	*van·der·ows·*
de senderismo	*rüstung leihen*	*rüs·tung lai·en*
¿Necesitamos	*Müssen wir ...*	*mü·ssen vih·a ...*
llevar ...?	*mitnehmen?*	*mit·neh·men*
ropa de cama	*Bettzeug*	*bet·tsoik*
comida	*Essen*	*e·ssen*
agua	*Wasser*	*va·ssa*

¿Cómo es de largo el recorrido?
Wie lang ist der Weg? — vih lang ist *deh*·a vehk

¿A cuánto se asciende?
Wie hoch führt die Klettertour hinauf? — vih hoj führt dih *kle*·ta·tuh·a hi·*nauf*

¿Necesitamos un guía?
Brauchen wir einen Führer? — *brau*·jen *vih*·a *ai*·nen *füh*·ra

¿Hay excursiones guiadas?
Gibt es geführte Wanderungen? — guibt es gue·*führ*·te *van*·de·run·guen

¿Es seguro?
Ist es ungefährlich? — ist es *un*·gue·fèhr·lish

¿Hay allí alguna cabaña?
Gibt es dort eine Hütte? — guibt es dort *ai*·ne *hü*·te

¿A qué hora oscurece?
Wann wird es dunkel? — van vihrt es *dung*·kel

¿Está/Es …	Ist …	ist …
el sendero?	*Ist der Weg …?*	ist *deh*·a vehk …
bien señalizado	*(gut) markiert*	(guht) mar·*kih*·ert
abierto	*offen*	*o*·fen
bonito	*schön*	shöhn

¿Cuál es el camino …?	Welches ist die …?	*vel*·shes ist dih …
más corto	*kürzeste Route*	*kür*·tses·te *ruh*·te
más fácil	*einfachste Route*	*ain*·fajs·te *ruh*·te

¿Dónde está/n …?	Wo …?	voh …
el camping	*ist ein Zeltplatz*	ist ain *tselt*·plats
el pueblo más cercano	*ist das nächste Dorf*	ist dass *nèhjs*·te *dorf*
las duchas	*sind (die) Duschen*	sind (dih) *duh*·shen
los servicios	*sind (die) Toiletten*	sind (dih) toi·*le*·ten

¿De dónde viene ahora?
*Wo kommen Sie
gerade her? (for.)*
voh *ko*·men sih
gue·*rah*·de *heh*·a

¿Cuánto ha tardado?
*Wie lange hat
das gedauert?*
vih *lan*·gue hat
dass gue·*dau*·ert

¿Conduce este camino a ...?
Führt dieser Weg nach ...?
führt *dih*·sa vehk naj ...

¿Se puede ir por aquí?
*Können wir hier
durchgehen?*
kö·nen *vih*·a *hih*·a
dursh·gueh·en

¿Es potable esta agua?
*Kann man das
Wasser trinken?*
kan man dass
va·ssa *tring*·ken

Me he perdido.
Ich habe mich verlaufen.
ish *hah*·be mish fea·*lau*·fen

en la playa

¿Dónde está	*Wo ist der ...*	voh ist *deh*·a ...
la playa ...?	*Strand?*	shtrant
más bonita	*beste*	*bes*·te
más cercana	*nächste*	*nèhjs*·te
nudista	*FKK-*	ef·kah·*kah*·
pública	*öffentliche*	*ö*·fent·li·she

señales

Schwimmen	shvi·men	**¡Prohibido bañarse!**
Verboten!	fea·*boh*·ten	
Sturmwarnung!	shturm *vahr*·nunk	**¡Peligro de tormenta!**

¿Es seguro bucear/nadar aquí?
Kann man hier gefahrlos   kan man *hih*·a gue·*fahr*·loss
tauchen/schwimmen?   *tau*·shen/*shvi*·men

¿A qué hora está la marea alta/baja?
Wann ist Flut/Ebbe?   van ist fluht/*e*·be

¿Hay que pagar?
Müssen wir bezahlen?   *mü*·ssen *vih*·a be·*tsah*·len

se podrá oír ...

aj·ten sih auf dehn sok
  Achten Sie auf den Sog.   **Cuidado con la resaca.**

es ist gue·*fêhr*·lish
  Es ist gefährlich!   **¡Es peligroso!**

sih *mü*·ssen *ai*·ne *kuh*·a·tak·se be·*tsah*·len
  Sie müssen eine   **Tienen que pagar**
  Kurtaxe bezahlen.   **un suplemento.**

¿Cuánto cuesta ...?	*Was kostet ein ...?*	vass *kos*·tet ain ...
un sillón de mimbre	*Strandkorb*	*shtrant*·korp
una tumbona	*Stuhl*	shtuhl
una caseta	*Hut*	huht
una sombrilla	*Schirm*	shirm

el tiempo

¿Qué tiempo hace?	Wie ist das Wetter?	vih ist dass *veh*·ta
Hace/Está ...	*Es ist ...*	es ist ...
¿Mañana	*Wird es morgen*	virt es *mor*·guen
hará/estará ...?	*... sein?*	... sain
nublado	*wolkig*	*vol*·kish
frío	*kalt*	kalt
un frío que pela	*eiskalt*	*ais*·kalt
calor	*heiß*	hais
lluvioso	*regnerisch*	*rek*·ne·rish
soleado	*sonnig*	*so*·nikh
templado	*warm*	varm
viento	*windig*	*vin*·dish
¿Dónde puedo	*Wo kann ich*	voh kan ish
comprar un ...?	*... kaufen?*	... *kau*·fen
impermeable	*eine*	*ai*·ne
	Regenjacke	*reh*·guen·ya·ke
paraguas	*einen*	*ai*·nen
	Regenschirm	*reh*·guen·shirm

flora y fauna

¿Qué ... es ese/esa?	Wie heißt ...?	vih haist ...
animal	*dieses Tier*	*dih*·ses *tih*·a
flor	*diese Blume*	*dih*·se *bluh*·me
planta	*diese Pflanze*	*dih*·se pflan·tse
árbol	*dieser Baum*	*dih*·sa baum
¿Es/Está ...?	*Ist es ...?*	ist es ...
común	*weit verbreitet*	vait fea·*brai*·tet
peligroso	*gefährlich*	gue·*fêhr*·lish
en peligro	*vom Aussterben*	fom *aus*·shter·ben
de extinción	*bedroht*	be·*droht*
protegido/a	*geschützt*	gue·*shützt*

¿Para qué se utiliza?
  Wofür wird es benutzt?   voh·*füh*·a virt es be·*nutst*
¿Se puede comer?
  Kann man es essen?   kan man es e·ssen

Para términos geográficos y agrícolas, así como nombres de plantas y animales, véase el **diccionario.**

¿alguien quiere darse un baño?

Las actividades acuáticas son muy populares en Alemania y es difícil encontrar una ciudad sin una *Schwimmbad* (piscina) pública. A menudo hay una *Hallenbad* (piscina cubierta) junto a una *Freibad* (piscina al aire libre). Los balnearios también son populares y a ellos acude mucha gente con la intención de curar multitud de dolencias. La ciudad balneario más famosa de Alemania es Baden Baden. Este nombre hace referencia tanto al nombre de la región que rodea la ciudad como a la palabra alemana para 'bañarse'.

lo básico

wichtige wörter

desayuno	*Frühstück* (n.)	*früh*·shtük
comida	*Mittagessen* (n.)	*mi*·tahk·e·ssen
cena	*Abendessen* (n.)	*ah*·bent·e·ssen
tentempié	*Snack* (m.)	snak
comer	*essen*	*e*·ssen
beber	*trinken*	*tring*·ken
Por favor.	*Bitte.*	*bi*·te
Gracias.	*Danke.*	*dan*·ke
Querría ...	*Ich möchte ...*	ish *mösh*·te ...
¡Me muero	*Ich bin am*	ish bin am
de hambre!	*Verhungern!*	fea·*hun*·guern

encontrar un lugar para comer

ein restaurant suchen

¿Puede/s	*Können Sie ...*	*kö*·nen sih ...
recomendar	*empfehlen?* (for.)	emp·*feh*·len
un/una ...?	*Kannst du ...*	kanst duh ...
	empfehlen? (inf.)	emp·*feh*·len
bar/pub	*eine Kneipe*	*ai*·ne *knai*·pe
café	*ein Café*	ain ka·*feh*
cafetería	*eine Espressobar*	*ai*·ne es·*pre*·sso·bahr
restaurante	*ein Restaurant*	ain res·to·*rahnt*
¿Adónde irías	*Wo kann man*	voh kan man
para (un/una) ...?	*hingehen, um ...?*	*hin*·gue·en um ...
celebración	*etwas zu feiern*	*et*·vass tsuh *fai*·ern
comida económica	*etwas Billiges*	*et*·vass *bi*·li·gues
	zu essen	tsuh e·ssen
probar cocina	*örtliche*	*öt*·li·she
local	*Spezialitäten*	shpe·tsia·li·*tèh*·ten
	zu essen	tsuh e·ssen

Querría reservar una mesa para …	*Ich möchte einen Tisch für … reservieren.*	ish *mösh*·te *ai*·nen tish *füh*·a … re·sah·*vih*·ren
(dos) personas las (ocho)	*(zwei) Personen (acht) Uhr*	(tsvai) per·*soh*·nen (ajt) *uh*·a
Querría …, por favor.	*Ich hätte gern …, bitte.*	ish *he*·te *guehrn* … *bi*·te
una mesa para (cinco)	*einen Tisch für (fünf) Personen*	*ai*·nen tish *füh*·a (fünf) per·*soh*·nen
la zona de fumadores	*einen Rauchertisch*	*ai*·nen *rau*·ja· tish
la zona de no fumadores	*einen Nichtrauchertisch*	*ai*·nen *nisht*· rau·ja·tish
¿Tienen un …?	*Haben Sie …?*	*hah*·ben sih …
menú infantil	*Kinderteller*	*kin*·da·te·la
menú en inglés/español	*eine englische/ spanische Speisekarte*	*ai*·ne *eng*·li·she/ shpah·ni·she shpai·se·kar·te

se podrá oír …

es tuht *mih*·a lait *vih*·a *hah*·ben gue·*shlo*·ssen
Es tut mir Leid, wir haben geschlossen.
Lo siento, está cerrado.

vih·a sint fol *auss*·gue·buhjt
Wir sind voll ausgebucht.
Está completo.

vih·a *hah*·ben *kai*·nen tish frai
Wir haben keinen Tisch frei.
No tenemos mesas libres.

voh *mösh*·ten sih *si*·tsen
Wo möchten Sie sitzen?
¿Dónde prefiere sentarse?

mösh·ten sih et·vass *tring*·ken *vèh*·rent sih *var*·ten
Möchten Sie etwas trinken, während Sie warten?
¿Le gustaría beber algo mientras espera?

vass darf ish *ih*·nen *brin*·guen
Was darf ich Ihnen bringen?
¿Qué le pongo?

bi·te
Bitte!
Aquí tiene.

¿Todavía se puede comer algo?
Gibt es noch etwas zu essen? guibt es noj *et*·vass tsuh e·ssen

¿Cuánto tiempo hay que esperar?
Wie lange muss man warten? vih *lan*·gue muss man *var*·ten

en el restaurante

Querría …,	*Ich hätte gern …,*	ish *he*·te guèhrn …
por favor.	*bitte.*	*bi*·te
la carta	*die Getränke-*	dih gue·*tren*·ke-
de bebidas	*karte*	kar·te
el menú	*die Speisekarte*	dih *shpai*·se·kar·te

¿Qué me recomienda?
Was empfehlen Sie?　　vass emp·*feh*·len sih

> ### se podrá oír …
>
> ish emp·*feh*·le *ih*·nen …
> *Ich empfehle Ihnen …*　　**Le recomiendo …**
>
> *mö*·gen sih …
> *Mögen Sie …?*　　**¿Le gusta …?**
>
> vih *mösh*·ten sih dass *tsuh*·be·rai·tet *hah*·ben
> *Wie möchten Sie das*　　**¿En qué punto**
> *zubereitet haben?*　　**lo quiere?**

Tomaré lo mismo que ellos.
Ich nehme das　　ish *neh*·me dass
gleiche wie sie.　　*glai*·je vih sih

Me gustaría tomar alguna especialidad local.
Ich möchte etwas　　ish *mösh*·te et·vass
Typisches aus der Region.　　*tü*·pi·shes aus *deh*·a re·*gui*·on

¿Qué lleva este plato?
Was ist in diesem Gericht?　　vass ist in *dih*·sem ge·*risht*

¿Se tarda mucho en prepararlo?
Dauert das lange?   *dau*·ert dass *lan*·gue

¿Es autoservicio?
Ist das Selbstbedienung?   ist dass *selbst*·be·dih·nung

¿El servicio está incluido en la cuenta?
Ist die Bedienung   ist dih be·*dih*·nung
inbegriffen?   *in*·be·gri·fen

¿Son cortesía de la casa?
Sind die gratis?   sint dih *grah*·tis

Solamente queremos beber algo.
Wir möchten nur   *vih*·a *mösh*·ten *nuh*·a
etwas trinken.   *et*·vass *tring*·ken

Para saber más sobre dietas especiales, véase **comida
vegetariana y de dieta,** en p. 161.

se podrá ver ...		
Vorspeisen	*foh*·a·shpai·sen	aperitivos/ entrantes
Suppen	*su*·pen	sopas
Salate	sa·*lah*·te	ensaladas
Hauptgerichte	*haupt*·gue·rish·te	platos principales
Beilagen	*bai*·lah·guen	guarniciones
Nachspeisen	*naj*·shpai·sen	postres
Aperitifs	a·pe·ri·*tihfs*	aperitivos
Alkoholfreie	al·ko·*hohl*·frai·e	bebidas sin
Getränke	gue·*treng*·ke	alcohol
Spirituosen	shpi·ri·tu·*oh*·sen	licores
Bier	*bih*·a	cervezas
Schaumweine	*shaum*·vai·ne	vinos espumosos
Weißweine	*vais*·vai·ne	vinos blancos
Rotweine	*roht*·vai·ne	vinos tintos
Dessertweine	de·*ssert*·vai·ne	vinos de postre
Digestifs	di·*zhes*·tihfs	digestivos

Para conocer otras palabras que se pueden ver en un
menú, véase el **glosario gastrómico,** en p. 165.

en la mesa

Por favor, puede traer …	Bitte bringen Sie …	bi·te brin·guen sih …
la cuenta	die Rechnung	dih rej·nung
un mantel	eine Tischdecke	ai·ne tish·de·ke
un vaso	ein Glas	ain (vain·)glahs

cenicero
Aschenbecher (m.)
a·shen·be·ja

cuchara
Löffel (m.)
lö·fel

tenedor
Gabel (f.)
gah·bel

plato
Teller (m.)
te·la

cuchillo
Messer (n.)
me·ssa

copa
Weinglas (n.)
vain·glahs

vaso
Glas (n.)
glahs

mesa
Tisch (m.)
tish

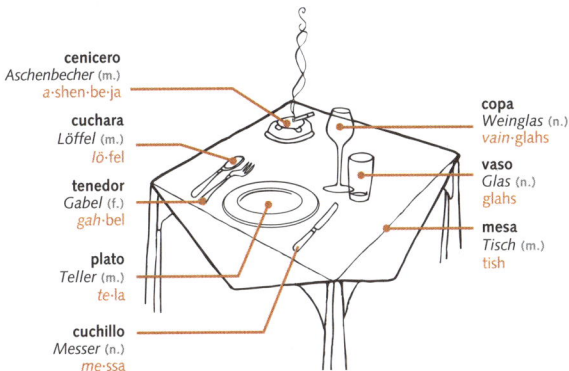

sobre la comida

Me encanta este plato.
Ich mag dieses Gericht.
ish mahk dih·ses gue·risht

Me encanta la cocina de esta zona.
Ich mag die
regionale Küche.
ish mahk dih
re·gio·nah·le kü·je

¡Estaba delicioso!
Das hat hervorragend
geschmeckt!
dass hat he·a·foh·a·rah·guent
gue·shmekt

comer fuera

145

salchichas, a saber …

Uno de los alimentos preferidos y más populares de Alemania es la *Wurst* (salchicha). Existen más de 1.500 tipos. A continuación se indican algunas de las más comunes:

Blutwurst (f.)	*bluht*·vurst	morcilla
Bockwurst (f.)	*bok*·vurst	salchicha de cerdo
Bratwurst (f.)	*braht*·vurst	salchicha de cerdo frita
Bregenwurst (f.)	*breh*·guen·vurst	salchicha de sesos
Cervelatwurst (f.)	ser·ve·*laht*·vurst	salchicha hecha con una mezcla de carne de cerdo picante y carne de ternera
Katenwurst (f.)	*kah*·ten·vurst	salchicha ahumada al estilo campestre
Knackwurst (f.)	*knak*·vurst	salchicha con ligero sabor a ajo
Krakauer (f.)	*krah*·kau·a	salchicha de origen polaco y sazonada con pimentón dulce
Landjäger (m.)	*lant*·yèh·ga	salchicha larga y estrecha muy picante
Leberwurst (f.)	*leh*·ba·vurst	salchicha de hígado
Regensburger (m.)	*reh*·guens·bur·ga	salchicha ahumada muy picante
Rotwurst (f.)	*roht*·vurst	morcilla
Thüringer (f.)	*tü*·rin·ga	salchicha larga y estrecha
Wiener Würstchen (n.)	*vih*·na *vürst*·shen	salchicha pequeña y ahumada de Frankfurt
Weißwurst (f.)	*vais*·vurst	salchicha de ternera
Würstchen (n.)	*vürst*·shen	salchicha pequeña
Zwiebelwurst (f.)	*tsvih*·bel·vurst	salchicha de hígado y cebolla

Está …	Das ist …	dass ist …
(demasiado) frío	*(zu) kalt*	(tsuh) kalt
picante	*scharf*	sharf
delicioso	*exzellent*	ek·sse·*lent*

Felicitaciones al cocinero.
Mein Kompliment   main kom·pli·*ment*
an den Koch.   an dehn koj

Estoy lleno.
Ich bin satt.   ish bin sat

comidas

> desayuno

¿Qué se desayuna normalmente en (Baviera)?
Was ißt man in (Bayern)   vass ist man in (*bai*·ern)
normalerweise zum   nor·*mah*·la·vai·se tsum
Frühstück?   *früh*·shtük

---

llamar a cada panecillo por su nombre

Los panecillos pueden recibir distintos nombres dependiendo de la región. A continuación, se incluyen cinco de los términos más comunes para designarlos y los lugares donde se emplean:

Brötchen (n.)	*bröt*·shen	en Alemania
Schrippe (f.)	*shri*·pe	en Berlín
Semmel (f.)	*se*·mel	en Baviera
Wecken (m. y f.)	*ve*·ken	en el sur de Alemania y Austria
Weggli (n.)	*veg*·li	en Suiza

comer fuera

147

pan	*Brot* (n.)	broht
mantequilla	*Butter* (f.)	*bu*·ta
cereales	*Frühstücksflocken* (f. pl.)	*früh*·shtüks·flo·ken
queso	*Käse* (m.)	*kèh*·se
café	*Kaffee* (m.)	*ka*·feh
salchicha/trozos	*Wurst/*	vurst/
de carne	*Aufschnitt* (f./m.)	*auf*·shnit
cruasán	*Hörnchen* (n.)	*hörn*·shen
huevo/s	*Ei/Eier* (n. sing./pl.)	ai/ai·a
huevo duro	*gekochtes Ei* (n.)	gue·*koj*·tes ai
huevo revuelto	*Rührei* (n.)	*rüh*·a·ai
huevo frito	*Spiegelei* (n.)	*shpih*·guel·ai
huevo escalfado	*pochiertes Ei* (n.)	po·*shir*·tes ai
miel	*Honig* (m.)	*hoh*·nik
mermelada	*Marmelade* (f.)	mar·me·*lah*·de
tortilla	*Omelette* (n.)	om·*let*
zumo de naranja	*Orangensaft* (m.)	o·*ran*·zhen·saft
leche	*Milch* (f.)	milsh
muesli	*Müsli* (n.)	*müs*·li
pastas para untar	*Brotaufstrich* (m.)	*broht*·auf·shtrish
té	*Tee* (m.)	teh
tostada	*Toast* (m.)	toust

Para otros alimentos propios del desayuno, véase el **glosario gastronómico,** en p. 165, y el **diccionario**.

> comidas ligeras

¿Cómo se llama eso?	*Wie heißt das?*	vih haist dass
Querría	*Ich hätte gern*	ish *he*·te guèhrn
..., por favor.	*..., bitte.*	... *bi*·te
una rebanada	*eine Scheibe*	*ai*·ne *shai*·be
un trozo	*ein Stück*	ain shtük
un sándwich	*ein Sandwich*	ain *sent*·vich
ése	*dieses da*	*dih*·ses dah
dos	*zwei*	tsvai

> condimentos

¿Hay ...?	*Gibt es ...?*	guibt es ...
ají (chile)	*Chilisauce* (f.)	*chi*·li·soh·sse
ketchup	*Ketchup* (m.)	*ket*·chap
pimienta	*Pfeffer* (m.)	*pfe*·fa
sal	*Salz* (n.)	salts
salsa de tomate	*Tomaten-*	to·*mah*·ten·
	ketchup (n.)	*ket*·chap
vinagre	*Essig* (m.)	e·ssik

Para otros productos, véase el **glosario gastronómico,** en p. 165, y el **diccionario.**

métodos de cocción

zubereitungsarten

Lo querría ...	*Ich hätte es gern ...*	ish *he*·te es guèhrn ...
No lo quiero ...	*Ich möchte*	ish *mösh*·te
	es nicht ...	es nisht ...
hervido	*gekocht*	gue·*kojt*
asado	*gegrillt*	gue·*grilt*
frito con mucho aceite	*frittiert*	fri·*tih*·ert
frito	*gebraten*	gue·*brah*·ten
a la brasa	*gegrillt*	gue·*grilt*
en puré	*püriert*	pü·*rih*·ert
al punto	*halb durch*	halp dursh
poco hecho	*englisch*	*eng*·lish
recalentado	*aufgewärmt*	*auf*·gue·vermt
al vapor	*gedämpft*	gue·*dempft*
muy hecho	*gut*	guht
	durchgebraten	*dursh*·gue·brah·ten
con el aliño a un lado	*mit dem Dressing*	mit dehm *dre*·ssing
	daneben	da·*neh*·ben
sin ...	*ohne ...*	*oh*·ne ...

en el bar

¡Disculpe! *Entschuldigung!* ent·*shul*·di·gung
Me toca a mí. *Ich bin dran.* ish bin dran
Tomaré … *Ich hätte gern …* ish *he*·te guèhrn …

Póngame otro, por favor.
Dasselbe nochmal, bitte. das·*sel*·be noj·*mahl bi*·te

Sin hielo, gracias.
Kein Eis, bitte. kain aiss *bi*·te

Le/Te invito a una copa.
Ich gebe Ihnen/dir ish *gueh*·be *ih*·nen/*dih*·a
einen aus. (for./inf.) *ai*·nen auss

¿Qué quiere/s tomar?
Was möchten Sie? (for.) vass *mösh*·ten sih
Was möchtest du? (inf.) vas *mösh*·test du

Esta ronda la pago yo.
Diese Runde geht auf mich. *dih*·se *run*·de gueht auf mish

se podrá oír …

vass *mösh*·ten sih (*tring*·ken)
Was möchten Sie | **¿Qué desea**
(trinken)? (for.) | **(beber)?**

ish *glau*·be sih *ha*·ten ge·*nuhk*
Ich glaube, Sie hatten | **Creo que ya ha**
genug. (for.) | **bebido suficiente.**

loi·te vih sih be·*dih*·nen vih·a *hih*·a *nisht*
Leute wie Sie bedienen | **Aquí no se admiten**
wir hier nicht. (for.) | **tipos como usted.**

Luego le/te toca a usted/ti.
Sie können die nächste sih *kö*·nen dih *nèhjs*·te
Runde bestellen. (for.) *run*·de be·*shte*·len
Du kannst die nächste duh kanst dih *nèhjs*·te
Runde bestellen. (inf.) *run*·de be·*shte*·len

COMIDA

150

¿Sirven comidas en este local?
Gibt es hier auch
etwas zu essen?

guibt es *hih*·a auj
et·vass tsuh *e*·ssen

bebidas no alcohólicas

refresco	*Softdrink* (m.)	*soft*·dringk
café	*Kaffee* (m.)	*ka*·feh
té	*Tee* (m.)	teh
... con (leche)	... *mit (Milch)*	... mit (milsh)
... sin (azúcar)	... *ohne (Zucker)*	... *oh*·ne (*tsu*·ka)
agua	*Wasser* (n.)	*va*·ssa
agua hervida	*heißes Wasser* (n.)	*hai*·sses *va*·ssa
agua mineral	*Mineralwasser* (n.)	mi·ne·*rahl*·va·ssa

la importancia del nombre

En alemania, *Softdrink* (refresco) solamente designa bebidas dulces con gas, como la gaseosa o la cola. El agua mineral no se conoce como un *Softdrink*, sino como *ein alkoholfreies Getränk* (una bebida sin alcohol).

bebidas alcohólicas

cerveza	*Bier* (n.)	*bih·a*
cerveza ligera	*Leichtbier* (n.)	*laisht·bih·a*
cerveza sin alcohol	*alkoholfreies Bier* (n.)	*al·ko·hohl·frai·es bih·a*
cerveza rubia	*Pils* (n.)	*pils*
cerveza de trigo	*Weißbier* (n.)	*vaiss·bih·a*
brandy	*Weinbrand* (m.)	*vain·brant*
champán	*Champagner* (m.)	*sham·pan·ya*
cóctel	*Cocktail* (m.)	*kok·tehl*
cava	*Sekt* (m.)	*sekt*
un/una ...	*einen ...*	*ai·nen ...*
ginebra	*Gin*	*dzhin*
ron	*Rum*	*rum*
tequila	*Tequila*	*te·kih·la*
vodka	*Wodka*	*vot·ka*
whisky	*Whisky*	*viss·ki*
una botella de vino ...	*eine Flasche ...*	*ai·ne fla·she ...*
una copa de vino ...	*ein Glas ...*	*ain glahs ...*
de postre	*Dessertwein*	*de·ssert·vain*
caliente con especias	*Glühwein*	*glüh·vain*
tinto	*Rotwein*	*roht·vain*
rosado	*Rosé*	*ro·seh*
blanco	*Weißwein*	*vaiss·vain*
un/una ...		
de cerveza	*ein ... Bier*	*ain ... bih·a*
vaso	*Glas*	*glahs*
jarra	*großes*	*groh·sses*
mediana	*halbes*	*hal·bes*
quinto	*kleines*	*klai·nes*
una cerveza de barril	*ein Bier vom Fass*	*ain bih·a fom fass*

COMIDA

152

variedades de uva

Alemania es famosa por sus vinos. Existen tres categorías: *trocken* (seco), *halbtrocken* (semi seco), and *lieblich* (dulce). A continuación se indican algunas de las variedades de uva más conocidas:

> blanco

Gewürztraminer (m.) gue·*vürts*·tra·mih·na
muy potente con un intenso aroma

Müller-Thurgau (m.) mü·la·*tuhr*·gau
uva de vendimia temprana con un ligero sabor a uva moscatel. También llamado *Rivaner*, este vino es menos ácido que el *Riesling* y debe tomarse joven

Riesling (m.) *rihs*·ling
uva de vendimia tardía con un fragante aroma afrutado; este vino se puede beber joven o envejecido

Ruländer/ ruh·len·da/
Grauburgunder (m.) grau·bur·gun·da
robusto, suave y con cuerpo. También conocido como *pinot gris* o *pinot grigio*

Silvaner (m.) sil·*vah*·na
con cuerpo, una ligera acidez y un aroma neutro. Debe consumirse joven

> rojo

Portugieser (m.) por·tu·*guih*·sa
tinto ligero y suave originario de Austria (no de Portugal)

Spätburgunder (m.) *shpèht*·bur·gun·da
también conocido como Pinot Noir. Aterciopelado y con cuerpo; el mejor sabe a almendra

Trollinger (m.) tro·lin·ga
potente, con cuerpo y aromático La uva *Trollinger* madura tarde y sólo se cultiva en Württemberg

Alkoholfreies Bier (n.) al·ko·*hohl*·frai·es *bih*·a
cerveza sin alcohol

Alster(wasser) (n.) als·ta(·va·ssa)
mezcla de cerveza rubia (pilsner) y refresco de naranja

Alt(bier) (n.) alt(·*bih*·a)
especialidad color ámbar de Düsseldorf, con un
fuerte sabor a lúpulo

Altbierbowle (f.) alt·*bih*·a·bou·le
Altbier con fresas u otras frutas

Alt-Schuss (n.) alt·*shuss*
Altbier con un chorrito de sirope o *Malzbier*

Berliner Weiße (f.) ber·*lih*·na vai·sse
ligeramente burbujeante y turbia, suele servirse con un
chorrito de sirope de frambuesa o de asperilla olorosa

Bockbier (n.) bok·*bih*·a
cerveza clara u oscura con alta graduación alcohólica

Eisbock (m.) ais·bok
Bockbier de la que se ha extraído el agua con un
proceso de congelación, aumentando así la graduación

Export (n.) eks·*port*
lager

Gose (f.) goh·se
cerveza de trigo de Leipzig

Hefeweizen (n.) heh·fe·vai·tsen
cerveza turbia de trigo de la que existen variedades
claras (*hell*) y oscuras (*dunkel*)

Helles (n.) he·les
lager (Baviera)

Kölsch (n.) kölsh
cerveza de color dorado típica de Colonia

Kräusen (n.) kroi·sen
cerveza sin filtrar, dorada u oscura

Krefelder (n.) kreh·fel·da
Altbier mezclada con cola

Kristallweizen (n.) kris·*tal*·vai·tsen
cerveza de trigo clara (*hell*) u oscura (*dunkel*)

selección de cervezas

Leichtbier (n.)   *laisht·bih·a*
cerveza con la mitad de alcohol que una cerveza normal
Maibock (m.)   *mai·bok*
Bockbier especial elaborada en mayo
Malzbier (n.)   *malts·bih·a*
cerveza de malta sin alcohol
Märzen (n.)   *mehr·tsen*
cerveza de Baviera elaborada a finales de invierno
Pils/Pils(e)ner (n.)   *pils/pil·s(e·)na*
pilsner, parecida a la lager
Radler (n.)   *raht·la*
mezcla de pilsner o lager y limonada
Rauchbier (n.)   *rauj·bih·a*
cerveza con sabor a ahumado originaria de Bamberg
Schwarzbier (n.)   *shvarts·bih·a*
cerveza negra
Weizenbier/Weißbier (n.)   *vai·tsen·bih·a/vais·bih·a*
cerveza de trigo

¿una copa de más?

einen über den durst?

¡Salud!
Prost!   prohst

Gracias, pero ahora no me apetece.
Nein danke, ich möchte   nain *dan·*ke ish *mösh·*te
jetzt nichts.   yetst nishts

No bebo alcohol.
Ich trinke keinen Alkohol.   ish *tring·*ke *kai·*nen *al·*ko·hohl

Me está entrando bien.
Das kommt jetzt echt gut.   dass komt yetst ejt guht

Estoy cansado/a, será mejor que me vaya a casa.
Ich bin müde, ich sollte   ish bin *müh·*de ish *sol·*te
besser nach Hause gehen.   be·ssa naj *hau·*se *gueh·*en

Creo que estoy borracho/a.
Ich glaube, ich bin betrunken.   ish *glau*·be ish bin be·*trung*·ken

¡Me siento estupendamente!
Ich fühle mich fantastisch!   ish *füh*·le mish fan·*tas*·tish

Te quiero muchísimo.
Ich liebe dich echt total.   ish *lih*·be dish ejt to·*tahl*

Creo que he bebido demasiado.
Ich glaube, ich habe ein   ish *glau*·be ish *hah*·be ain
bisschen zu viel getrunken.   *bis*·shen tsuh fihl gue·*trung*·ken

¿Puede/s llamarme un taxi?
Können Sie mir ein   *kö*·nen sih *mih*·a ain
Taxi rufen? (for.)   *tak*·si *ruh*·fen
Kannst du mir ein   kanst duh *mih*·a ain
Taxi rufen? (inf.)   *tak*·si *ruh*·fen

Creo que no debería/s conducir.
Ich glaube, Sie sollten   ish *glau*·be sih *sol*·ten
nicht mehr fahren. (for.)   nisht *meh*·a *fah*·ren
Ich glaube, du solltest   ish *glau*·be duh *sol*·test
nicht mehr fahren. (inf.)   nisht *meh*·a *fah*·ren

¡Todavía queda sitio para una más!
Zwischen Leber und Milz   *tsvi*·shen *leh*·ba unt milts
ist noch Platz für ein Pils.   ist noj plats *füh*·a ain pils
(lit: entre el hígado y el bazo
todavía cabe una cerveza)

Vamos a tomar otra copa.
Auf einem Bein steht   auf *ai*·nem bain shteht
man schlecht.   man shlesht
(lit: sobre una pierna
se apoya uno mal)

¿Dónde esta el servicio?
Wo ist die Toilette?   voh ist dih tu·a·*le*·te

Estoy como una cuba.	*Ich bin blau.* (lit: estoy azul)	ish bin blau
Me encuentro mal.	*Mir ist schlecht.*	*mih*·a ist shlesht
Tengo resaca.	*Ich habe einen Kater.* (lit: tengo un gato)	ish *hah*·be *ai*·nen *kah*·ta

lo básico

wichtige wörter

cocido	gekocht	gue·*kojt*
seco	getrocknet	gue·*trok*·net
fresco	frisch	frish
congelado	eingefroren	*ain*·gue·froh·ren
crudo	roh	roh
Un trozo.	Ein Stück.	ain shtük
Una rebanada.	Eine Scheibe.	*ai*·ne *shai*·be
Ése/a.	Dieses da.	*dih*·ses dah
Éste/a.	Dieses.	*dih*·ses
Un poco más.	Ein bisschen mehr.	ain *bis*·shen *meh*·a
Menos.	Weniger.	*veh*·ni·ga
Suficiente.	Genug.	gue·*nuhk*

consejos en la mesa

La comida más importante en los países de habla alemana es *das Mittagsessen* o almuerzo.

Es de buena educación decir *Guten Appetit* o *Mahlzeit* (buen apetito) a los demás comensales. En Alemania, cumplir con el protocolo de la mesa resulta sencillo; basta con comer de forma mínimamente civilizada. No obstante, es costumbre mantener las manos sobre la mesa en todo momento.

Para expresar que la comida estaba muy buena se puede utilizar la frase *Das hat geschmeckt.*

Para llamar a un camarero hay que usar *Herr Ober* (si es un hombre) o *Fräulein* (si es una mujer). Para pedir la cuenta, hay que decir *Zahlen bitte!*

A los alemanes les encanta brindar. Si sacan una bebida, hay que esperar a que todo el mundo esté servido. Entonces se levantan las copas al unísono, se mira a los compañeros de brindis a los ojos y se dice *Prost!* o *Zum Wohl!*

comprar comida

¿Cuánto?
Wie viel? vih fihl

¿Cuánto cuesta (un kilo de queso)?
Was kostet (ein Kilo Käse)? vass *kos·*tet (ain *kih·*lo *kèh·*se)

¿Cuál es la especialidad local?
Was ist eine örtliche vass ist *ai·*ne *ört·*li·she
Spezialität? shpe·tsia·li·*tèht*

¿Qué es eso?
Was ist das? vass ist dass

¿Puedo probarlo?
Kann ich das probieren? kan ish dass pro·*bih·*ren

¿Me puede dar una bolsa, por favor?
Könnte ich bitte eine *kön·*te ish *bi·*te *ai·*ne
Tüte haben? *tüh·*te *hah·*ben

Querría ...	*Ich möchte ...*	ish *mösh·*te ...
(tres) trozos	*(drei) Stück*	(drai) shtük
(seis) rodajas	*(sechs) Scheiben*	(seks) *shai·*ben
un poco de ...	*etwas ...*	*et·*vass ...
(dos) kilos	*(zwei) Kilo*	(tsvai) *kih·*lo
(200) gramos	*(200) Gramm*	(*tsvai·*hun·dert) gram
¿Tiene ...?	*Haben Sie ...?*	*hah·*ben sih ...
algo más barato	*etwas Billigeres*	*et·*vass *bi·*li·gue·res
otras clases	*andere Sorten*	*an·*de·re *sor·*ten

COMIDA

158

¿Dónde está la sección de …?	Wo kann ich die … finden?	voh kan ish dih … *fin*·den
lácteos	Abteilung für Milchprodukte	ab·*tai*·lung *füh*·a milsh·pro·duk·te
congelados	Abteilung für Tiefkühlprodukte	ab·*tai*·lung *füh*·a tihf·kül·pro·duk·te
frutas y verduras	Obst- und Gemüse- abteilung	ohbst· unt gue·*mü*·se· ab·tai·lung
carne	Fleischabteilung	*flaish*·ab·tai·lung
carne de ave	Geflügel- abteilung	gue·*flü*·guel· ab·tai·lung

Para otros alimentos, véase el **glosario gastronómico,** en p. 165 y el **diccionario.**

se podrá oír …

kan ish *ih*·nen *hel*·fen
Kann ich Ihnen helfen? — **¿En qué puedo ayudarle?**

vass *mösh*·ten sih
Was möchten Sie? — **¿Qué le pongo?**

dass ist (*ai*·ne *brat*·vurst)
Das ist (eine Bratwurst). — **Eso es (una Bratwurst).**

dass ist auss
Das ist aus. — **No me queda.**

dass *hah*·ben *vih*·a nisht
Das haben wir nicht. — **No lo tenemos.**

mösh·ten sih nojh *et*·vass
Möchten Sie noch etwas? — **¿Desea alguna otra cosa?**

dass *kos*·tet (fünf *oi*·ro)
Das kostet (fünf Euro). — **Son (cinco euros).**

comprar y cocinar

utensilios de cocina

¿Podría dejarme un/una …?	Könnte ich bitte … ausleihen?	kön·te ish bi·te … aus·lai·en
abrebotellas	einen Flaschenöffner	ai·nen fla·shen·öf·ner
fuente	eine Schüssel	ai·ne shü·ssel
abrelatas	einen Dosenöffner	ai·nen doh·sen·öf·ner
tabla de picar	ein Schneidebrett	ain shnai·de·bret
sacacorchos	einen Korkenzieher	ai·nen kor·ken·tsih·a
taza	eine Tasse	ai·ne ta·sse
tenedor	eine Gabel	ai·ne gah·bel
sartén	eine Bratpfanne	ai·ne braht·pfa·ne
vaso	ein Glas	ain glahs
cuchillo	ein Messer	ain me·ssa
plato	einen Teller	ai·nen te·la
cacerola	einen Kochtopf	ai·nen koj·topf
cuchara	einen Löffel	ai·nen lö·fel
tostadora	einen Toaster	ai·nen tous·ta
nevera	Kühlschrank (m.)	kül·shrank
microondas	Mikrowelle (f.)	mi·kro·ve·le
horno	Ofen (m.)	oh·fen
cocina	Kochplatte (f.)	koj·pla·te

pedir la comida

bestellen

¿Hay algún restaurante (vegetariano) cerca de aquí?
Gibt es ein (vegetarisches) guibt es ain vege·*ta*·rish·shes
Restaurant hier in der Nähe? res·to·*rahnt* hih·a in *deh*·a neh·e

¿Tienen *Haben Sie* *hah*·ben sih
comida ...? *... Essen?* ... e·ssen
  halal *Halal-* ha·*lal*
  kosher *koscheres* *koh*·she·res
  vegetariana *vegetarisches* ve·gue·*tah*·ri·shes

¿Está preparado *Ist es in/mit* ist es in/mit
con ...? *... zubereitet?* ... *tsuh*·be·rai·tet
  mantequilla *Butter* *bu*·ta
  huevo *Eiern* *ai*·ern
  caldo de carne *Fleischbrühe* *flaish*·brüh·e

No como ...
Ich esse kein ... ish e·sse kain ...

¿Este plato lleva ...?
Enthält dieses Gericht ...? ent·*helt dih*·ses gue·*risht* ...

¿Puedo pedirlo sin ...?
Kann ich das ohne ... kan ish das *oh*·ne ...
bekommen? be·*ko*·men

¿Podría preparar una comida sin ...?
Können Sie ein Gericht *kö*·nen sih ain gue·*risht*
ohne ... zubereiten? *oh*·ne ... *tsuh*·be·rai·ten

¿Es un producto ...?	Ist das ...?	ist dass ...
sin materia animal	ohne tierische Produkte	*oh*·ne *tih*·ri·she pro·*duk*·te
de animales criados en libertad	von freilaufenden Tieren	fon *frai*·lau·fen·den *tih*·ren
modificado genéticamente	genmanipuliert	*guen*·ma·ni·pu·lih·ert
sin gluten	glutenfrei	*gluh*·ten·frai
halal	nach den Vorschriften des Koran zubereitet	naj dehn *foh*·a·shrif·ten des ko·*rahn* *tsuh*·be·rai·tet
kosher	koscher	*koh*·sha
bajo en azúcar	zuckerarm	*tsu*·ka·arm
bajo en grasa	fettarm	*fet*·arm
orgánico	organisch	or·*gah*·nish
sin sal	ohne Salz	*oh*·ne salts

---

se podrá oír ...

dah ist üh·ba·*al* (flaish) drin
Da ist überall (Fleisch) drin. **Todo lleva (carne).**

ish *frah*·gue mahl in *deh*·a kü·she
*Ich frage mal
in der Küche.* **Lo preguntaré
en la cocina.**

kö·nen sih ... e·ssen
Können Sie ... essen? **¿Puedes comer ...?**

dietas especiales y alergias

Soy ...	Ich bin ...	ish bin ...
budista	Buddhist(in) (m./f.)	bu·*dist*/bu·*dis*·tin
hindú	Hindu	*hin*·du
judío/a	Jude/Jüdin (m./f.)	*yuh*·de/*yüh*·din
musulmán/ana	Moslem/	*mos*·lem/
	Moslime (m./f.)	mos·*lih*·me
vegano/a	Veganer(in) (m./f.)	ve·*gah*·na/
		ve·*gah*·ne·rin
vegetariano/a	Vegetarier(in) (m./f.)	ve·ge·*tah*·ri·a/
		ve·ge·*tah*·ri·e·rin

Soy alérgico/a (a) ...	Ich bin allergisch	ish bin a·*lehr*·guish
	gegen ...	*gueh*·guen ...
los productos animales	Tierprodukte	*tih*·a·pro·duk·te
la cafeína	Koffein	ko·fe·*ihn*
los productos lácteos	Milchprodukte	*milsh*·pro·duk·te
los huevos	Eier	*ai*·a
al pescado	Fisch	fish
la gelatina	Gelatine	zhe·la·*tih*·ne
los alimentos modificados genéticamente	genmani- pulierte Speisen	*guehn*·ma·ni· pu·lih·er·te *shpai*·sen
al gluten	Gluten	*gluh*·ten
la miel	Honig	*hoh*·nik
al glutamato- monosódico	Natrium- glutamat	*nah*·tri·um· glu·ta·maht
las nueces	Nüsse	*nü*·sse
al cerdo	Schweinefleisch	*shvai*·ne·flaish
la carne de ave	Geflügelfleisch	gue·*flü*·guel·flaish
la carne roja	Rind- und Lammfleisch	*rint*· unt *lam*·flaish
al marisco	Meeresfrüchte	*meh*·res·früsh·te

comida vegetariana y de dieta

Sigo una dieta especial.
Ich bin auf einer   ish bin auf *ai*·ner
Spezialdiät.   shpe·*tsiahl*·di·et

No puedo comerlo porque soy alérgico.
Ich kann es nicht essen   ish kan es nisht *e*·ssen
wiel ich allergisch bin.   vail ish a·*lehr*·guish bin

No puedo comerlo por ...	*Ich kann es nicht essen aus ...*	ish kan es nisht *e*·ssen aus ...
motivos de salud	*Gesundheits-gründen*	gue·*sunt*·haits·grün·den
motivos religiosos	*religiösen Gründen*	re·li·*guiö*·sen *grün*·den
motivos filosóficos	*philosophischen Gründen*	fi·lo·*soh*·fi·shen *grün*·den

A

Aachener Printen pl. *ah·je·na prin·ten*
tartaletas con chocolate, frutos secos,
cáscara de fruta, miel y especias

Aal ⓜ *ahl* anguila
—**suppe** ⓕ *ahl·su·pe* sopa de anguila
geräucherter Aal ⓜ *gue·roi·sha·ta
ahl* anguila ahumada

Alpzirler ⓜ *alp·tsir·la* queso con leche
de vaca de Austria

Apfel ⓜ *ap·fel* manzana
—**strudel** ⓜ *ap·fel·shtruh·del* strudel
de manzana

Apfelsine ⓕ *ap·fel·sih·ne* naranja

Aprikose ⓕ *a·pri·koh·se* albaricoque
—**nmarmelade** ⓕ *a·pri·koh·sen·
mar·me·lah·de* mermelada de
albaricoque

Artischocke ⓕ *ar·ti·sho·ke* alcachofa

Auflauf ⓜ *auf·lauf* suflé • guiso

Auster ⓕ *aus·ta* ostra

B

Bäckerofen ⓜ *be·ka·oh·fen* 'horno
del panadero' – asado de cerdo y
cordero de Saarland

Backhähnchen ⓜ *bak·hehn·shen*
pollo frito

Backobst ⓝ *bak·ohbst* fruta seca

Backpflaume ⓕ *bak·pflau·me* ciruela

Banane ⓕ *ba·nah·ne* plátano

Barsch ⓜ *barsh* perca

Bauern
—**brot** ⓝ *bau·ern·broht* 'pan de
granjero' – pan integral o de centeno
—**frühstück** ⓝ *bau·ern·früh·shtük*
'desayuno de granjero' – huevos
revueltos, dados de patata guisada,
cebolla y tomate

—**schmaus** ⓜ *bau·ern·shmauss*
'banquete de granjero' – chucrut
acompañada de bacon, cerdo
ahumado, salchichas y bolas de masa
o patata
—**suppe** ⓕ *bau·ern·su·pe* 'sopa de
granjero' – hecha con col y salchicha

Bayrisch Kraut ⓝ *bai·rish kraut*
col a tiras guisada con rodajas de
manzana, vino y azúcar

Beefsteak ⓝ *bihf·steik* hamburguesa
de carne picada

Berliner ⓜ *ber·lih·na* donut de
mermelada

Beuschel ⓝ *boi·shel* corazón, hígado y
riñones de ternera o cordero en una
salsa ligeramente agria

Bienenstich ⓜ *bih·nen·shtish* pastel,
horneado en una bandeja con una
capa de almendras y azúcar

Birne ⓕ *bir·ne* pera

Bischofsbrot ⓝ *bi·shofs·broht* pastel
con fruta y frutos secos

Blaubeere ⓕ *blau·beh·re* arándano

Blaukraut ⓝ *blau·kraut* col lombarda

Blumenkohl ⓜ *bluh·men·kohl* coliflor

Blutwurst ⓕ *bluht·vurst* morcilla

Bockwurst ⓕ *bok·vurst* salchicha
de cerdo

Bohnen ⓕ pl. *boh·nen* judías

Brat
—**huhn** ⓝ *braht·huhn* pollo asado
—**kartoffeln** ⓕ pl. *braht·kar·to·feln*
patatas fritas
—**wurst** ⓕ *braht·vurst* salchicha de
cerdo frita

Bregenwurst ⓕ *breh·guen·vurst*
salchicha de sesos; se encuentra
principalmente en Baja Sajonia y
Sajonia Occidental-Anhalt

Brezel ① *bre*-tsel galleta salada
Brokkoli ⓜ pl. *bro*-koh-li brócoli
Brombeere ① *brom*-beh-re mora
Brot ⓜ broht pan
   belegtes Brot ⓝ be-*lek*-tes broht *sándwich abierto*
Brötchen ⓝ *bröt*-shen panecillo
Brühwürfel ⓜ *brüh*-vür-fel cubito de caldo
Bulette ① bu-*le*-te albóndiga (Berlín)
Butter ① *bu*-ta mantequilla

C

Cervelatwurst ① ser-ve-*laht*-vurst *salchicha especiada de cerdo y ternera*
Christstollen ⓜ *krist*-shto-len *pan especiado con cáscara confitada que se come tradicionalmente por Navidad*
Cremespeise ① krehm-shpai-se mousse

D

Damenkäse ⓜ *dah*-men-*kèh*-se *queso suave y cremoso*
Dampfnudeln ⓜ pl. *dampf*-nuh-deln *bolas calientes de masa de levadura con salsa de vainilla*
Dattel ① *da*-tel dátil
Dorsch ⓜ dorsh bacalao
Dotterkäse ⓜ *do*-ta-*kèh*-se *queso hecho con leche descremada y yema de huevo*

E

Ei ⓝ ai huevo
   gekochte Eier ⓝ pl. gue-*koj*-te ai-a *huevos duros*
Eierkuchen ⓜ *ai*-a-kuh-jen crep
Eierschwammerln ⓝ pl. *ai*-a-shva-merln rebozuelo anaranjado (Austria)
Eierspeispfandl ⓝ *ai*-a-shpais-pfandl *tortilla vienesa especial* (Austria)
Eintopf ⓜ *ain*-topf estofado

Eis ⓝ aiss helado
Eisbein ⓝ *aiss*-bain codillo de cerdo escabechado
Emmentaler ⓜ e-men-*tah*-la *Emmental suizo, queso fuerte con leche entera*
Ennstaler ⓜ *ens*-tah-la *queso azul elaborado con leche mezclada*
Ente ① *en*-te pato
Erbse ① *erp*-se guisante
Erbsensuppe ① *erp*-sen-su-pe *sopa de guisantes*
Erdäpfel ⓜ pl. *ert*-ep-fel patatas
   —gulasch ⓜ *ert*-ep-fel-guh-lash *estofado de salchicha picante y patata*
   —knödel ⓜ pl. *ert*-ep-fel-knöh-del *bolitas de masa de patata y sémola*
   —nudeln ⓜ pl. *ert*-ep-fel-nuh-deln *bolitas de patata hervida fritas y rebozadas en pan rallado*
Erdbeere ① *ert*-beh-re fresa
Erdbeermarmelade ① *ert*-beh-a-mar-me-lah-de *mermelada de fresa*
Erdnuss ① *ert*-nuss cacahuete
Essig ⓜ e-ssish vinagre

F

Falscher Hase ⓜ *fal*-sha hah-se *'falsa liebre'– pastel de carne picada al horno*
Fasan ⓜ fa-*sahn* faisán
Feige ① *fai*-gue higo
Filet ⓝ fi-*leh* filete
Fisch ⓜ fish pescado
Fladen ⓜ *flah*-den *pastel de masa redondo y plano*
Flädle ① pl. *flêht*-le *finas tiras de crep que se añaden a la sopa*
Fledermaus ① *fleh*-da-mauss *'murciélago' – ternera hervida en salsa de rábano picante y dorada al horno*
Fleisch ⓝ flaish carne
   —brühe ① *flaish*-brüh-e *caldo de carne*

—pflanzerl ① *flaish*·pflan·tserl albóndigas, una especialidad de Baviera

—sülze ① *flaish*·sül·tse áspic

Fondue ① fon·*dü* queso fundido con vino que se sirve con pan para mojar

Forelle ① fo·*re*·le trucha

— blau fo·*re*·le blau trucha al vapor con patatas y verduras

— Müllerin fo·*re*·le *mü*·le·rin trucha frita en mantequilla con almendras

geräucherte Forelle ① gue·*roi*·sha·te fo·*re*·le trucha ahumada

Frankfurter Kranz ② *frank*·fur·ta krants bizcocho con ron, mantequilla, nata y cerezas (de Frankfurt)

Frikadelle ① fri·ka·*de*·le albóndigas

Frischling ⑩ *frish*·ling jabato

Frucht ① frujt fruta

Frühlingssuppe ① *frü*·lingks·su·pe sopa vegetal

Frühstücksspeck ⑩ *frü*·shtüks·shpek bacón

G

Gans ① gans ganso

Garnele ① gar·*neh*·le langostino

Gebäck ⑩ gue·*bek* pastelitos

Geflügel ⑩ gue·*flüh*·guel carne de ave

gekocht gue·*kojt* hervido • cocido

Gemüse ⑩ gue·*müh*·se verduras

—suppe ① gue·*müh*·se·su·pe sopa vegetal

geräuchert gue·*roi*·shert ahumado

Geschnetzeltes ⑩ gue·*shne*·tsel·tes pequeñas tajadas de carne

Züricher Geschnetzeltes ⑩ *tsü*·ri·sha gue·*shne*·tsel·tes tacos de ternera con setas y cebolla guisados con vino blanco y crema de leche

Gitziprägel ⑩ gui·*tsi*·prêh·guel conejo al horno con mantequilla (Suiza)

Graf Görz ⑩ grahf guerts queso blanco austríaco

Granat ⑩ gra·*naht* langostino

Granatapfel ⑩ gra·*naht*·ap·fel granada

Gratin ⑩ gra·*tang* plato con queso gratinado al horno por encima

Graupensuppe ① grau·pen·su·pe sopa de cebada

Greyerzer ⑩ *greh*·ya·tsa Gruyère; queso suave y sabroso

Grießklößchensuppe ① *grihs*·klöhs·shen·su·pe sopa con bolitas de sémola

Gröstl ⑩ gröstl patatas fritas con carne (Tirol)

grüner Salat ⑩ *grü*·na sa·*laht* ensalada verde

Grünkohl ⑩ **mit Pinkel** *grün*·kohl mit *ping*·kel col con salchichas (Bremen)

Güggeli ⑩ *gü*·gue·lih pollo primavera (Suiza)

Gurke ① *gur*·ke pepino

H

Hack

—braten ⑩ *hak*·brah·ten pastel de carne

—fleisch ⑩ *hak*·flaish carne picada

Haferbrei ⑩ *hah*·fa·brai gachas

Hähnchen ⑩ *hêhn*·shen pollo

Hämchen ⑩ *hem*·shen pierna o codillo de cerdo, servido con chucrut y patatas (Colonia)

Handkäs ⑩ **mit Musik** *hant*·kêhs mit mu·*sihk* queso con especias, marinado en vinagre y vino blanco

Hartkäse ⑩ *hart*·kêh·se queso duro

Hase ⑩ *hah*·se liebre

—nläufe ⑩ pl. **in Jägerrahmsauce** *hah*·sen·loi·fe in *yeh*·ga·rahm·soh·sse muslo de liebre en una crema de leche oscura con setas, chalotas, vino blanco y perejil

—npfeffer ⑩ *hah*·sen·pfe·fa estofado de liebre con setas y cebolla

Haselnuß ① *hah*·sel·nuss avellana

Haxe ① *hak*·se codillo

Hecht ⑩ hescht lucio

Heidelbeere ① *hai*·del·beh·re arándano

Heidelbeermarmelade ① *hai*·del·b
eh·a·mar·me·lah·de *mermelada de
arándanos*

Heilbutt ⓜ *hail*·but *halibut*

Hering ⓜ *heh*·ring *arenque*
—**sschmaus** ⓜ *heh*·ringks·shmauss
arenque con crema
—**ssalat** ⓜ *heh*·ringks·sa·laht
ensalada con arenque y remolacha

Himbeere ① *him*·beh·re *frambuesa*

Himmel und Erde *hi*·mel unt er·de
'Cielo y Tierra' – *puré de patatas con
salsa de manzana, a veces se sirve
con tajadas de morcilla*

Hirsch ⓜ *hirsh ciervo*

Holsteiner Schnitzel ⓝ *hol*·shtai·na
shni·tsel *escalopa de ternera con
huevo frito, acompañada de marisco*

Honig ⓜ *hoh*·nik *miel*

Hörnchen ⓝ *hörn*·shen *cruasán*

Hühnerbrust ① *hü*·na·brust *pechuga
de pollo*

Hühnersuppe ① *hü*·na·su·pe *sopa de
pollo*

Hummer ⓜ *hu*·ma *langosta*

Husarenfleisch ⓝ *hu*·*sah*·ren·flaish
*lomo de buey, ternera y cerdo
estofado con pimentón, cebollas y
crema agria*

Hutzelbrot ⓝ *hu*·tsel·broht *pan hecho
con ciruelas pasas y otros
frutos secos*

I

Ingwer ⓜ *ing*·va *jengibre*

italienischer Salat ⓜ i·tal·i·*eh*·ni·sha
sa·*laht cortes muy finos de ternera,
salami, anchoas, tomate, pepino y
apio con mayonesa*

J

Joghurt ⓜ *yoh*·gurt *yogur*

K

Kabeljau ⓜ *kah*·bel·yau *bacalao*

Kaiserschmarren ⓜ *kai*·sa·shmar·ren
'crep del emperador' – *esponjosas
creps con pasas, servidas con
compota de fruta o crema de
chocolate*

Kaisersemmeln ① pl. *kai*·sa·se·meln
'panecillos del emperador'
– *panecillos austríacos*

Kalbfleisch ⓝ *kalb*·flaish *ternera*

Kalbsnierenbraten ⓜ
kalbs·nih·ren·brah·ten *ternera asada
rellena de riñones*

Kaninchen ⓝ ka·*nihn*·shen *conejo*

Kapern ① pl. *kah*·pern *alcaparra*

Karotte ① ka·ro·te *zanahoria*

Karpfen ⓜ *karp*·fen *carpa*

Kartoffel ① *kar*·to·fel *patata*
—**auflauf** ⓜ *kar*·to·fel·auf·lauf *guiso
de patata*
—**brei** ⓜ *kar*·to·fel·brai
puré de patata
—**püree** ⓝ *kar*·to·fel·pü·reh
puré de patata
—**salat** ⓜ *kar*·to·fel·sa·laht
ensalada de patata

Käse ⓜ *kèh*·se *queso*
—**fondue** ⓝ *kèh*·se·fon·dü *queso
fundido sazonado con vino blanco y
kirsch, en el que se moja pan*

Kasseler ⓜ *kass*·la *cerdo ahumado*
— **Rippe** ① **mit Sauerkraut**
kass·la *ri*·pe mit *sau*·a·kraut
*costilla de cerdo ahumada con
chucrut*

Katenwurst ① *kah*·ten·vurst
*salchicha ahumada al estilo
campestre*

Katzenjammer ⓜ ka·*tsen*·ya·ma
*tajadas frías de ternera en mayonesa
con pepino o pepinillo*

Keule ① *koi*·le *muslo*

Kieler Sprotten ① pl. *kih*·la *shpro*·ten
arenques jóvenes ahumados

Kirsche ① *kir*·she *cereza*

Kirtagssuppe ① *kir*·tahks·su·pe
sopa con carvi, espesada con patata

Klöße ⓜ pl. *klöh·sse bolitas de masa*
Knackwurst ⓕ *knak·vurst*
salchicha con un ligero sabor a ajo
Knoblauch ⓜ *knohb·blauj ajo*
Knödel ⓜ *knöh·del bola de masa*
— **beignets** ⓜ pl. *knö·del·be·ñëhts*
bolas de masa con fruta
Kohl ⓜ kohl *col*
— **rabi** ⓜ kohl·*rah·bi colinabo*
— **roulade** ⓕ kohl·ru·lah·de *hojas de*
col rellenas de carne picada
Kompott ⓝ kom·*pot compota*
Königinsuppe ⓕ *kö·ni·guin·su·pe*
sopa de pollo cremosa con trozos de
pechuga
Königsberger Klopse ⓜ pl.
kö·niks·ber·ga klop·se albóndigas en
crema agria y salsa de alcaparras
Königstorte ⓕ *kö·niks·tor·te*
pastel de frutas con sabor a ron
Kopfsalat ⓜ *kopf·sa·laht lechuga*
Kotelett ⓝ kot·*let chuleta*
Krabbe ⓕ *kra·be cangrejo*
Krakauer ⓕ *kra·kau·a gruesa salchicha*
sazonada con pimentón dulce de
origen polaco
Kraut ⓝ kraut *col*
— **salat** ⓜ kraut·sa·*laht ensalada*
de repollo, cebolla y zanahoria con
mayonesa
Kräuter ⓝ pl. *kroi·ta hierbas*
aromáticas
Krebs ⓜ kreps *cangrejo*
Kren ⓜ krehn *rábano picante*
(Baviera y Austria)
Krokette ⓕ kro·*ke·te rollito de puré de*
patata envuelto en pan rallado y frito
Kuchen ⓜ *kuh·jen pastel/tarta*
Kümmel ⓜ *kü·mel carvi*
Kürbis ⓜ *kür·bis calabaza*
Kutteln ⓕ pl. *ku·teln callos*

L

Labskaus ⓜ *labs·kauss consistente*
estofado de carne y patatas
Lachs ⓜ lajs *salmón*

geräucherter Lachs ⓜ gue·*roi·ja·ta*
lajs *salmón ahumado*
Lamm ⓝ
— **fleisch** ⓝ *lam·flaish cordero*
— **keule** ⓕ *lam·koi·le pierna de*
cordero
Landjäger ⓜ *lant·yeh·ga salchicha*
larga, fuerte y picante
Languste ⓕ lan·*gus·te langosta*
Lappenpickert ⓕ *la·pen·pi·kert*
panecillo de patata que suele servirse
con mermelada o pescado salado
(Westfalia)
Lauch ⓜ lauj *puerro*
Leber ⓕ *leh·ba hígado*
— **käse** ⓜ *leh·ba·kêh·se*
pastel de carne sazonado elaborado
con carne de hígado picada, cerdo
y bacón
— **knödel** ⓜ *leh·ba·knöh·del bolitas*
de masa con hígado
— **knödelsuppe** ⓕ *leh·ba·knöh·del·*
su·pe caldo caliente con bolitas de
masa con hígado
— **wurst** ⓕ *leh·ba·vurst salchicha de*
hígado
Lebkuchen ⓜ *lehb·kuh·jen panecillo*
de jengibre
Leckerli ⓝ *le·ka·lih galletas de jengibre*
con sabor a miel
Leipziger Allerlei ⓝ *laip·tsi·ga a·la·lai*
estofado vegetal (Leipzig)
Lende ⓕ *len·de lomo*
Limburger ⓜ *lim·bur·ga queso fuerte*
con sabor a hierbas
Linsen ⓕ pl. *lin·sen lentejas*
— **mit Spätzle** mit *shpets·le estofado*
de lentejas con fideos y salchichas
— **suppe** ⓕ *lin·sen·su·pe sopa de*
lentejas
Linzer Torte ⓕ *lin·tsa tor·te*
tarta enrejada cubierta de mermelada
Lorbeerblätter ⓝ pl. *lor·beh·a·ble·ta*
hojas de laurel
Lübecker Marzipan ⓝ *lü·be·ka*
mar·tsi·pahn mazapán (Lübeck)

Lucullus-Eier ⓝ pl. lu·*ku*·luss·ai·a huevos pochados, duros o revueltos con hígado de ganso, trufa y otras guarniciones; se sirve con una salsa

M

Mais ⓜ *ma*·iss maíz
Mayonnaise ⓕ ma·yo·*nèh*·se mayonesa
Makrele ⓕ ma·*kreh*·le caballa
Mandarine ⓕ man·da·*rih*·ne mandarina
Mandel ⓕ *man*·del almendra
Marmelade ⓕ mar·me·*lah*·de mermelada
Matjes ⓜ *mat*·yes arenque joven
Maultasche ⓕ *maul*·ta·she pasta rellena (Suabia)
Meeresfrüchte ⓕ pl. *meh*·res·früsh·te marisco
Meerrettich ⓜ *meh*·re·tish rábano picante
Mehl ⓝ *mehl* harina
Mett ⓝ met carne magra de cerdo picada
Mettentchen ⓝ *met*·ent·shen monigotes (figuritas) de cerveza
Milch ⓕ milsh leche
 —rahmstrudel ⓜ milsh·rahm·shtruh·del strudel relleno de flan y queso blando
Mohnbrötchen ⓝ *mohn*·bröht·shen panecillo con semillas de amapola
Möhre ⓕ *möh*·re zanahoria
Muschel ⓕ *mu*·shel almejas/mejillones
Muskat ⓜ muss·*kaht* nuez moscada
Müesli ⓝ *müss*·li muesli
Müsli ⓝ *müss*·li muesli

N

Nelken ⓕ pl. *nel*·ken clavo
Niere ⓕ *nih*·re riñones
Nockerl ⓝ *no*·kerl bolitas de masa (Austria)
Nudeln ⓕ pl. *nuh*·deln fideos

Nudelauflauf ⓜ *nuh*·del·auf·lauf guiso de pasta
Nürnberger Lebkuchen ⓜ *nürn*·ber·ga *lehb*·kuh·jen pastelitos con chocolate, frutos secos, cáscara de fruta, miel y especias

O

Obatzter ⓜ *oh*·bats·ta mousse de queso blando de Baviera
Obst ⓝ ohbst fruta
 —salat ⓜ *ohbst*·sa·laht macedonia
Ochsenschwanz ⓜ *ok*·sen·shvants rabo de buey
 —suppe ⓕ *ok*·sen·shvants·su·pe sopa de rabo de buey
Öl ⓝ öhl aceite
Orangenmarmelade ⓕ o·*rahn*·zhen·m ar·me·lah·de mermelada de naranja

P

Palatschinken ⓜ *pa*·lat·shing·ken crep, normalmente rellena de mermelada o queso, que a veces se sirve cubierta de chocolate caliente y frutos secos
Pampelmuse ⓕ pam·pel·*muh*·se pomelo
Paprika ⓕ *pa*·pri·kah pimentón
Pastetchen ⓝ pas·*teht*·shen molde de masa relleno de hojaldre
Pastete ⓕ pas·*teh*·te pastel de masa
Pellkartoffeln ⓕ pl. *pel*·kar·to·feln patatas pequeñas asadas con piel que suelen servirse con quark
Petersilie ⓕ peh·ta·*sih*·li·e perejil
Pfälzer Saumagen ⓜ *pfel*·tsa *sau*·mah·guen estómago de cerdo relleno
Pfannkuchen ⓜ *pfan*·kuh·jen crep
Pfeffer ⓜ *pfe*·fa pimienta
Pfifferling ⓜ *pfi*·fa·ling rebozuelo anaranjado
Pfirsich ⓜ *pfir*·sish melocotón
Pflaume ⓕ *pflau*·me ciruela

Pilz ⓜ *pilts setas*

Pichelsteiner ⓜ *pi·shel-shtai·na* estofado de carne y verdura

Pökelfleisch ⓝ *pö·kel-flaish carne marinada*

Pomeranzensoße ⓕ *po·me·ran·tsen-soh·sse salsa elaborada con naranjas amargas, vino y brandy, que suele servirse con el pato*

Pommes Frites pl. *pom frit patatas fritas*

Porree ⓜ *por·reh puerro*

Preiselbeere ⓕ *prai·sel-beh·re arándano*

Printe ⓕ *prin·te galleta con sabor a miel*

Pumpernickel ⓜ *pum·pa·ni·kel pan muy oscuro hecho con harina gruesa integral de centeno*

Putenbrust ⓕ *puh·ten-brust pechuga de pavo*

Puter ⓜ *puh·ta pavo*

Q

Quargel ⓝ *kvar·guel queso pequeño, redondo, salado y ligeramente ácido*

Quark ⓜ *kvark quark (requesón)*

Quitte ⓕ *kvi·te membrillo*

R

Radieschen ⓝ *ra·dih·shen rábano*

Ragout ⓝ *ra·guh estofado*

Rahm ⓜ *rahm nata*

Rebhuhn ⓝ *rehp·huhn perdiz*

Regensburger ⓜ *reh·guens-bur·ga salchicha ahumada muy picante*

Reh ⓝ *reh venado*
—**pfeffer** ⓜ *reh·pfe·fa venado estofado, frito y marinado en su adobo que se sirve con crema agria*
—**rücken** ⓜ *reh·rü·ken silla de cordero (venado)*

Reibekuchen ⓜ *rai·be-kuh·jen pastel de patata*

Reis ⓜ *raiss arroz*

Remouladensauce ⓕ *re·mu·lah·den-soh·sse mayonesa con mostaza, anchoas, alcaparras, pepinillos, estragón y perifollo*

Rettich ⓜ *re·tish rábano*

Rhabarber ⓜ *rah·bar·ba ruibarbo*

Rheinischer Sauerbraten mit Kartoffelklößen ⓜ *rai·ni·sha sau·a·brah·ten mit kar·to·fel-klöh·ssen asado de carne marinada, ligeramente agria, que suele servirse con bolas de masa de patata*

Rindfleisch ⓝ *rint·flaish ternera*

Rippenspeer ⓜ *ri·pen-shpeh·a costillas*

Roggen ⓜ *ro·guen centeno*

Roggenbrot ⓝ *ro·guen-broht pan de centeno*

Rohkost ⓕ *roh·kost verduras crudas • comida vegetariana*

Rollmops ⓜ *rol·mops rollo de arenque escabechado con cebolla o pepinillo picados*

Rosenkohl ⓜ *roh·sen-kohl coles de Bruselas*

Rosinen ⓕ pl. *ro·sih·nen pasas*

Rosmarin ⓜ *ros·ma·rihn romero*

Rost
—**braten** ⓜ *rost·brah·ten asado*
—**brätl** ⓝ *rost·bre·tel carne a la brasa*
—**hähnchen** ⓝ *rost·hëhn·shen pollo asado*

Rösti pl. *röss·tih patats fritas ralladas (Suiza)*

rot *roht tinto (vino)*
—**e Beete** ⓕ *roh·te beh·te remolacha*
—**e Grütze** ⓕ *roh·te grü·tse pudin de frutas hecho con frutos rojos cocidos y azucarados que se espesa y se pone en moldes*
—**e Johannisbeere** ⓕ *roh·te yo·ha·niss-beh·re grosella*
—**kohl** ⓜ *roht·kohl col lombarda*
—**e Rüben** ⓕ pl. *roh·te rüh·ben remolacha*
—**wurst** ⓕ *roht·vurst morcilla*

Roulade ① ru·*lah*·de *finos cortes de ternera rellenos de cebolla, bacón y pepinillos en vinagre que después se enrollan y se cocinan*

Rührreier ⓝ pl. *rüh*·a·ai·a *huevos revueltos*

Russische Eier ⓝ pl. *ru*·ssi·she *ai*·a *'huevos rusos' – huevos con mayonesa*

S

Sahne ① *sah*·ne *nata*

Salat ⓜ sa·*laht* *ensalada*

  grüner Salat ⓜ *grü*·na sa·*laht* *ensalada verde*

  italienischer Salat ⓜ i·ta·li·ah·ni·sha sa·*laht* *trozos finos de ternera, salami, anchoas, tomate, pepino y apio con mayonesa*

Salbei ⓜ *sal*·bai *salvia*

Salz ⓝ salts *sal*

Salzburger Nockerln ⓜ pl. *salts*·bur·ga *no*·kerln *postre austríaco consistente en bolitas de masa dulces cocidas con leche y servidas con salsa tibia de vainilla*

Salzkartoffeln ① pl. *salts*·kar·to·feln *patatas hervidas*

Sauerbraten ⓜ sau·a·*brah*·ten *roastbeef marinado servido con una cremosa salsa agria*

Sauerkraut ⓝ sau·a·kraut *col en vinagre*

Schafskäse ⓜ *shahfs*·kèh·se *feta de leche de oveja*

Schellfisch ⓜ *shel*·fish *abadejo*

Schinken ⓜ *shing*·ken *jamón*

  gekochter Schinken ⓜ gue·*koj*·ta *shing*·ken *jamón cocido*

  geräucherter Schinken ⓜ gue·*roi*·sha·ta *shing*·ken *jamón fresco*

Schlachtplatte ① *shlajt*·pla·te *surtido de cerdo y salchichas*

Schmalzbrot ⓝ *shmalts*·broht *rebanada de pan con grasa de carne asada*

Schmorbraten ⓜ *shmoh*·a·brah·ten *olla de ternera asada*

Schnitte ① *shni*·te *rebanada de pan • trozo pequeño de tarta*

Schnittlauch ⓜ *shnit*·lauj *cebolletas*

Schnitzel ⓝ *shni*·tsel *cerdo, ternera o pechuga de pollo aplanada rebozados con pan rallado y frito*

  Holsteiner Schnitzel ⓝ *hol*·shtai·na *shni*·tsel *escalope de ternera con huevo frito, acompañada de marisco*

  Wiener Schnitzel ⓝ *vih*·na *shni*·tsel *ternera empanada*

Scholle ① *sho*·le *platija*

schwarze Johannisbeere ① *shvar*·tse yo·ha·niss·beh·re *grosella negra*

Schwarzwälder Kirschtorte ①
shvarts·vel·da *kirsh*·tor·te *pastel de la Selva Negra (pastel de chocolate relleno de nata y cerezas)*

Schwein ⓝ *shvain* *cerdo*

  —ebraten ⓜ *shvai*·ne·brah·ten *cerdo asado*

  —efleisch ⓝ *shvai*·ne·flaish *cerdo*

  —shaxe ① *shvains*·shak·se *pierna de cerdo crujiente servida con bolitas de masa*

Seezunge ① *seh*·tsun·gue *lenguado*

Seidfleisch ⓝ *sait*·flaish *carne hervida*

Sekt ⓜ sekt *espumoso alemán*

Selchfleisch ⓝ *selsh*·flaish *cerdo ahumado*

Sellerie ① se·le·*rih* *apio*

Semmel ① *se*·mel *panecillo (Austria y Baviera)*

  —knödel ⓜ pl. *se*·mel·knöh·del *bolas de masa hechas de panecillos secos remojados en leche (Baviera)*

Senf ⓜ senf *mostaza*

Sonnenblumenkerne ⓜ pl. *so*·nen·bluh·men·ker·ne *pipas*

Soße ① *soh*·sse *salsa*

  spanische Soße ① *shpah*·ni·she *soh*·sse *salsa hecha con jugo de carne y hierbas aromáticas*

Spanferkel ⓝ *shpahn·fer·kel*
cochinillo

Spargel ⓜ *shpar·guel* espárragos

Spätzle pl. *shpets·le* fideos gruesos

Speck ⓜ *shpek* bacón

Spekulatius ⓜ *shpeh·ku·lah·tsi·us*
galletas de almendra

Spiegelei ⓝ *shpih·guel·ai* huevo frito

Spinat ⓜ *shpi·naht* espinacas

Sprossenkohl ⓜ *shpro·ssen·kohl* coles
de Bruselas

Sprotten ⓕ pl. *shpro·ten* espadines
(pez pequeño de la familia de los
arenques)

Steckrübe ⓕ *shtek·rü·be* nabo

Steinbuscher ⓜ *shtain·bu·sha*
queso semiduro, cremoso y de sabor
fuerte, ligeramente amargo

Steinbutt ⓜ *shtain·but* rodaballo

Stelze ⓕ *shtel·tse* codillo de cerdo

Sterz ⓜ *shterts* harina de maíz
(polenta) austríaca

Stollen ⓜ *shto·len* pan de especias
con cáscara de fruta confitada que se
come tradicionalmente por Navidad

Strammer Max ⓜ *shtra·ma
maks* sándwich con jamón (o
salchicha o carne picada de cerdo
condimentada), que se sirve con
huevos fritos y a veces con cebolla

Streichkäse ⓜ *shtraish·kêh·se ·*
cualquier tipo de queso suave para
untar

Streuselkuchen ⓜ *shtroi·sel·kuh·jen*
pastel para el café, cubierto con una
mezcla de mantequilla, azúcar, harina
y canela

Strudel ⓜ *shtruh·del* masa en forma de
pan rellena con algo dulce o salado

Suppe ⓕ *su·pe* sopa

T

Tascherl ⓝ *ta·sherl* empanada de masa
rellena de carne, queso o mermelada

Tatarenbrot ⓝ *ta·tah·ren·broht*
sándwich abierto relleno de

carne picada de ternera, cruda y
condimentada

Teigwaren pl. *taik·vah·ren* pasta

Thunfisch ⓜ *tuhn·fish* atún

Thüringer ⓕ *tü·rin·ga*
salchicha larga, estrecha y con
especias

Thymian ⓜ *tü·mi·ahn* tomillo

Toast ⓜ *toust* tostada

Tomate ⓕ *to·mah·te* tomate
—**nketchup** ⓜ *to·mah·ten·ket·chap*
salsa de tomate, ketchup
—**nsuppe** ⓕ *to·mah·ten·su·pe* sopa
de tomate

Topfen ⓜ *top·fen* requesón (Austria)

Törtchen ⓝ *töt·shen* tartaleta o pastel
pequeño

Torte ⓕ *tor·te* pastel relleno

Truthahn ⓜ *truht·hahn* pavo

Tunke ⓕ *tun·ke* salsa hecha con jugo
de carne

V

Vollkornbrot ⓝ *fol·korn·broht* pan
integral

Voressen ⓝ *foh·a·e·ssen* estofado
de carne

W

Wachtel ⓕ *vaj·tel* codorniz

Walnuss ⓕ *val·nuss* nuez

Wecke ⓕ *ve·ke* panecillo (Austria y sur
de Alemania)

Weichkäse ⓜ *vaish·kêh·se* queso
blando

Weinbergschnecken ⓕ pl.
vain·berk·shne·ken caracoles

Weinkraut ⓝ *vain·kraut* col blanca
guisada con manzanas y fermentada
con vino

Weintraube ⓕ *vain·trau·be* uva

Weißbrot ⓝ *vaiss·broht* pan blanco

Weißwurst ⓕ *vaiss·vurst* salchicha
de ternera que se encuentra
principalmente en el sur de Alemania

Westfälischer Schinken ⓜ
  vest·*fèh*·li·sha *shing*·ken *variedad
  de jamón curado y ahumado*
Wiener *vih*·na *al estilo de Viena*
  — Würstchen ⓝ *vih*·na *vürst*·shen
  Frankfurt (salchicha)
  — Schnitzel ⓝ *vih*·na *shni*·tsel
  ternera empanada
Weizenbrot ⓝ *vai*·tsen·broht *pan
  de trigo*
Wild ⓝ *vilt caza*
  —braten ⓜ *vilt*·brah·ten *carne de
  venado asada*
  —ente ⓕ *vilt*·en·te *pato silvestre*
  —schwein ⓝ *vilt*·shvain *jabalí*
Wilstermarschkäse ⓜ
  vils·ta·marsh·kèh·se *queso
  semi(duro)*
Wurst ⓕ *vurst salchicha*
Würstchen ⓝ *vürst*·shen *salchicha
  pequeña*
Wurstplatte ⓕ *vurst*·pla·te *fiambres*

Z

Ziege ⓕ *tsih*·gue *cabra*
Zimt ⓜ *tsimt canela*
Zitrone ⓕ tsi·*troh*·ne *limón*
Zucker ⓜ *tsu*·ka *azúcar*
Zunge ⓕ *tsun*·gue *lengua*
Zwetschge ⓕ *tsvetsh*·gue *ciruela*
  —ndatschi ⓜ *tsvetsh*·guen·dat·shi
  tarta de ciruelas damascenas
Zwieback ⓜ *tsvih*·bak *galleta (dura)*
Zwiebel ⓕ *tsvih*·bel *cebolla*
  —fleisch ⓝ *tsvih*·bel·flaish *ternera
  salteada con cebolla*
  —kuchen ⓜ *tsvih*·bel·kuh·jen
  *quiche de cebolla; se suele servir con
  Federweißer (vino joven)*
  —suppe ⓕ *tsvih*·bel·su·pe *sopa de
  cebolla*
  —wurst ⓕ *tsvih*·bel·vurst *salchicha
  de hígado y cebolla*
Zwischenrippenstück ⓝ
  tsvi·shen·ri·pen·shtük *churrasco*

urgencias

notfälle

¡Ayuda!	*Hilfe!*	*hil·*fe
¡Alto!	*Halt!*	halt
¡Largo de aquí!	*Gehen Sie weg!*	*gueh·*en sih vehk
¡Al ladrón!	*Dieb!*	dihb
¡Fuego!	*Feuer!*	*foi·*a
¡Cuidado!	*Vorsicht!*	foh·a·*sisht*

señales

Unfallstation	un·fal·sta·*tsion*	**Urgencias**
Polizei	po·li·*tsai*	**Policía**
Polizeirevier	po·li·*tsai*·re·vih·a	**Comisaría**

¡Es una emergencia!
Es ist ein Notfall! es ist ain *noht·*fal

¡Llame a la policía!
Rufen Sie die Polizei! *ruh·*fen sih dih po·li·*tsai*

¡Llame a un médico!
Rufen Sie einen Arzt! *ruh·*fen sih *ai·*nen artst

¡Llame una ambulancia!
Rufen Sie einen *ruh·*fen sih *ai·*nen
Krankenwagen! *kran·*ken·vah·guen

Estoy enfermo.
Ich bin krank. ish bin krank

Mi amigo está enfermo.
Mein Freund/Meine main froind/*mai·*ne
Freundin ist krank. (m./f.) *froin·*din ist krank

¿Podría ayudarme/nos, por favor?
Könnten Sie mir/ *kön·*ten sih *mih·*a/
uns bitte helfen? uns *bi·*te *hel·*fen

Tengo que usar el teléfono.
Ich muss das Telefon   ish muss dass te·le·*fohn*
benutzen.   be·*nu*·tsen

Me he perdido.
Ich habe mich verirrt.   ish *hah*·be mikh fea·*irt*

policía

¿Dónde está la comisaría de policía?
Wo ist das Polizeirevier?   voh ist dass po·li·*tsai*·re·*vih*·a

Quiero denunciar un delito.
Ich möchte eine   ish *mösh*·te *ai*·ne
Straftat melden.   *shtrahf*·taht *mel*·den

Me han robado mi/mis …	*Man hat mir … gestohlen.*	man hat *mih*·a … gue·*shtoh*·len
He perdido mi/mis …	*Ich habe … verloren.*	ish *hah*·be … fea·*loh*·ren
mochila	*meinen Rucksack*	*mai*·nen *ruk*·sak
maletas	*meine Reisetaschen*	*mai*·ne *rai*·se·ta·shen
tarjeta de crédito	*meine Kreditkarte*	*mai*·ne kre·*diht*·karte
bolso	*meine Handtasche*	*mai*·ne *hant*·ta·she
dinero	*mein Geld*	main guelt
papeles	*meine Papiere*	*mai*·ne pa·*pih*·re
cheques de viaje	*meine Reiseschecks*	*mai*·ne *rai*·se·sheks
pasaporte	*meinen Pass*	*mai*·nen pass
monedero	*mein Portemonnaie*	main port·mo·*neh*
cartera	*meine Brieftasche*	*mai*·ne *brihf*·ta·she
Él/Ella ha intentado …	*Er/Sie hat versucht, mich zu …*	sih/*eh*·a hat fea·*sujt* mish tsuh …
asaltarme	*überfallen*	*üh*·ba·fa·len
violarme	*vergewaltigen*	fea·gue·*val*·ti·guen
robarme	*bestehlen*	be·*shteh*·len

Me han ...	*Ich bin ... worden.*	ish bin ... *vor*·den
Lo/La han ...	*Er/Sie ist ... worden.*	eh·a/sih ist ... *vor*·den
asaltado	*angegriffen*	an·gue·gri·fen
violado	*vergewaltigt*	fea·gue·*val*·tigt
atracado	*bestohlen*	be·*shtoh*·len

Tengo un seguro.
Ich bin versichert.   ish bin fea·*si*·jert

Le pido disculpas.
Entschuldigen Sie bitte.   ent·*shul*·di·guen sih *bi*·te

No me dí cuenta de que estaba haciendo nada malo.
Ich war mir nicht bewusst,   ish vahr *mih*·a nisht be·*vust*
etwas Unrechtes getan   et·vass un·resh·tes gue·*tahn*
zu haben.   tsuh *hah*·ben

No lo he hecho yo.
Das habe ich nicht getan.   dass *hah*·be ish nisht gue·*tahn*

Soy inocente.
Ich bin unschuldig.   ish bin *un*·shul·dish

¿Puedo llamar a alguien?
Kann ich jemanden   kan ish *yeh*·man·den
anrufen?   an·ruh·fen

¿Puedo llamar a un abogado?
Kann ich einen   kan ish *ai*·nen
Rechtsanwalt anrufen?   *rejts*·an·valt an·ruh·fen

¿Podría tener un abogado que hable inglés/español?
Kann ich einen Rechtsanwalt   kan ish *ai*·nen *rejts*·an·valt
haben, der   *hah*·ben *deh*·a
Englisch/Spanisch spricht?   eng·lish/*shpah*·nish shprij

¿Podemos pagar alguna multa para compensar esto?
Können wir eine   *kö*·nen *vih*·a *ai*·ne
Geldbuße   guelt·buh·sse
dafür bezahlen?   da·*füh*·a be·*tsah*·len

Quiero	*Ich möchte*	ish *mösh*·te
contactar	*mich mit ... in*	mish mit ... in
con mi ...	*Verbindung setzen.*	fea·*bin*·dung se·tsen
consulado	*meinem Konsulat*	*mai*·nem kon·su·*laht*
embajada	*meiner Botschaft*	*mai*·na *boht*·shaft

Este medicamento es para uso personal.
Diese Droge ist für meinen persönlichen Gebrauch.
dih·se droh·gue ist füh·a mai·nen per·söhn·li·shen gue·brauj

Tengo una receta para este medicamento.
Ich habe ein Rezept für dieses Medikament.
ish hah·be ain re·tsept füh·a dih·ses me·di·ka·ment

(No) Entiendo.
Ich verstehe (nicht).
ish fea·shteh·e (nisht)

Conozco mis derechos.
Ich kenne meine Rechte.
ish ke·ne mai·ne rej·te

¿De qué se me acusa?
Wessen werde ich beschuldigt?
ve·ssen vehr·de ish be·shul·digt

---

la policía puede decir …

Español	Alemán	Pronunciación
(A usted) Se le acusa de …	*Sie werden … beschuldigt.*	*sih vehr·den … be·shul·digt*
(A ella/él) Se la/lo acusa de …	*Sie/Er wird … beschuldigt.*	*sih/air virt … be·shul·digt*
agresión	*des Überfalls*	*des üh·ba·fals*
posesión (de sustancias ilegales)	*des Besitzes (illegaler Substanzen)*	*des be·si·tses (i·le·gah·la subs·tan·tsen)*
no tener visado	*der Einreise ohne Visum*	*deh·a ain·rai·se oh·ne vih·sum*
tener el visado caducado	*der Überschreitung*	*deh·a üh·ba· shrai·tung*
	der Gültigkeitsdauer Ihres Visums	*deh·a gül·tish·kaits· dau·a ih·res vih·sums*
hurto	*des Ladendiebstahls*	*des lah·den· dihb·shtahls*
exceso de velocidad	*der Geschwindigkeitsüberschreitung*	*deh·a ge·shvin· dish·kaits·üh·ba· shrai·tung*

178

¿Dónde está el/la	*Wo ist der/die/das*	voh ist *deh·a/dih/dass*
... más cercano?	*nächste ...? (m./f./n.)*	*nèhjs·*te ...
farmacia	*Apotheke (f.)*	a·po·*teh·*ke
dentista	*Zahnarzt (m.)*	*tsahn·*artst
médico	*Arzt (m.)*	artst
hospital	*Krankenhaus (n.)*	*kran·*ken·hauss
óptico	*Augenoptiker (m.)*	*au·*guen·op·ti·ka

Necesito un médico (que hable inglés/español).
Ich brauche einen Arzt (der   ish *brau·*je *ai·*nen artst (*deh·*a
Englisch/Spanish spricht).   *eng·*lish/*shpah·*nish shprij)

¿Podría tratarme una doctora?
Könnte ich von einer   *kön·*te ish fon *ai·*na
Ärztin behandelt werden?   *erts·*tin be·*han·*delt *vehr·*den

¿Podría el médico venir aquí?
Könnte der Arzt hierher   *kön·*te *deh·*a artst *hih·*a·*heh·*a
kommen?   *ko·*men

¿Hay alguna farmacia (de guardia) por aquí cerca?
Gibt es in der Nähe eine   guibt es in *deh·*a *nèh·*e *ai·*ne
(Nacht)Apotheke?   (*najt·*)a·po·*teh·*ke

No quiero ninguna transfusión.
Ich möchte keine   ish *mösh·*te *kai·*ne
Bluttransfusion.   *bluht·*trans·fu·sion

Por favor, use una jeringuilla nueva.
Bitte benutzen   *bi·*te be·*nu·*tsen
Sie eine neue Spritze.   sih *ai·*ne *noi·*e shpri·tse

Tengo mi propia jeringuilla.
Ich habe meine   ish *hah·*be *mai·*ne
eigene Spritze.   *ai·*gue·ne shpri·tse

Estoy	Ich bin gegen ...	ish bin *gueh*·guen ...
vacunado/a contra ...	geimpft worden.	gie·*impft vor*·den
Él/Ella está	Er/Sie ist gegen ...	eh·a/sih ist *gueh*·guen
vacunado/a contra ...	geimpft worden.	... ge·*impft vor*·den
la fiebre ...	...Fieber	...fih·ba
la hepatitis	Hepatitis	he·pa·*tee*·tis
A/B/C	A/B/C	ah/beh/tseh
el tétanos	Tätanus	*tèh*·ta·nuss
el tifus	Typhus	*tü*·fuss

Necesito ...	Ich brauche ...	ish *brau*·je ...
nuevas lentes	neue	*noi*·e
de contacto	Kontaktlinsen	kon·*takt*·lin·sen
nuevas gafas	eine neue Brille	*ai*·ne *noi*·e *bri*·le

Se me ha acabado la medicación.
Ich habe keine — ish *hah*·be *kai*·ne
Medikamente mehr. — me·di·ka·*men*·te *meh*·a

Mi receta es ...
Mein Rezept ist ... — main re·*tsept* ist ...

¿Puede darme un recibo para mi seguro?
Kann ich eine Quittung für — kan ish *ai*·ne *kvi*·tung *füh*·a
meine Versicherung — *mai*·ne fea·*si*·she·rung
bekommen? — be·*ko*·men

el médico puede decir ...

¿Cuál es el problema?
vass fehlt *ih*·nen — *Was fehlt Ihnen?*

¿Dónde le duele?
voh tuht es veh — *Wo tut es weh?*

¿Tiene fiebre?
hah·ben sih *fih*·ba — *Haben Sie Fieber?*

¿Desde cuándo se encuentra así?
sait van *hah*·ben sih — *Seit wann haben Sie*
dih·se be·*shvehr*·den — *diese Beschwerden?*

¿Le ha ocurrido esto antes?
ha·ten sih dass   *Hatten Sie das*
shohn *ain*·mahl   *schon einmal?*

¿Cuánto tiempo durará su viaje?
vih *lan*·gue *dau*·ert   *Wie lange dauert*
ih·re *rai*·se   *Ihre Reise?*

¿Está tomando alguna medicación?
neh·men sih *ir*·guent·vel·she   *Nehmen Sie irgendwelche*
me·di·ka·*men*·te   *Medikamente?*

¿Es usted alérgico/a a alguna sustancia?
sind sih *gueh*·guen be·*shtim*·te   *Sind Sie gegen bestimmte*
shto·fe a·*lehr*·guish   *Stoffe allergisch?*

¿Usted …?
bebe	*tring*·ken sih	*Trinken Sie?*
fuma	*rau*·jen sih	*Rauchen Sie?*
toma drogas	*neh*·men	*Nehmen*
	sih *droh*·guen	*Sie Drogen?*

¿Mantiene relaciones sexuales?
sind sih sek·su·*el* ak·*tihf*   *Sind Sie sexuell aktiv?*

¿Ha mantenido relaciones sexuales sin protección?
ha·ten sih *un*·gue·shüts·ten   *Hatten Sie ungeschützten*
gue·*shleshts*·fea·keh·a   *Geschlechtsverkehr?*

Debería ingresar en el hospital.
sih *mü*·ssen in ain   *Sie müssen in ein*
kran·ken·hauss   *Krankenhaus*
ain·gue·vih·sen *vehr*·den   *eingewiesen werden.*

Debería hacerse una revisión cuando llegue a su país.
sih *sol*·ten es tsuh *hau*·se   *Sie sollten es zu Hause*
un·ta·*suh*·jen *la*·ssen   *untersuchen lassen.*

Debería volver a su país para ponerse en tratamiento.
sih *sol*·ten naj *hau*·se   *Sie sollten nach Hause*
fah·ren um sish   *fahren, um sich*
be·*han*·deln tsuh *la*·ssen   *behandeln zu lassen.*

salud

181

síntomas

Estoy enfermo/a.
Ich bin krank. ish bin krank

Mi amigo/a está enfermo/a.
Mein Freund/Meine main froint/*mai*·ne
Freundin ist krank. (m./f.) *froin*·din ist krank

Me duele aquí.
Es tut hier weh. es tuht *hih*·a veh

He estado vomitando.
Ich habe mich übergeben. ish *hah*·be mish *üh*·ba·*gueh*·ben

No puedo dormir.
Ich kann nicht schlafen. ish kan nisht *shlah*·fen

Me siento/Tengo …

ansiedad	*Ich habe Ängste.*	ish *hah*·be *engs*·te
mejor	*Ich fühle*	ish *füh*·le
	mich besser.	mish *be*·ssa
deprimido	*Ich bin deprimiert.*	ish bin de·pri·*mih*·ert
mareado	*Mir ist*	*mih*·a ist
	schwindelig.	*shvin*·de·lish
frío y calor	*Mir ist*	*mih*·a ist
	abwechselnd	*ab*·vek·selnt
	heiß und kalt.	haiss unt kalt
náuseas	*Mir ist übel.*	*mih*·a ist *üh*·bel
escalofríos	*Mich fröstelt.*	mish *frös*·telt
raro/a	*Mir ist komisch.*	*mih*·a ist *koh*·mish
débil	*Ich fühle mich*	ish *füh*·le mish
	schwach.	shvaj
peor	*Ich fühle mich*	ish *füh*·le mish
	schlechter.	*shlesh*·ta

Tengo … *Ich habe …* ish *hah*·be …

diarrea	*Durchfall*	*dursh*·fal
fiebre	*Fieber*	*fih*·ba
dolor de cabeza	*Kopfschmerzen*	*kopf*·shmer·tsen
dolor	*Schmerzen*	*shmer*·tsen

He notado un bulto aquí.
Ich habe hier einen
Knoten bemerkt.
ish *hah*·be *hih*·a *ai*·nen
knoh·ten be·*merkt*

Hace poco tuve ...
Ich hatte vor kurzem ...
ish *ha*·te *foh*·a *kur*·tsem ...

(Él/ella) Hace poco tuvo ...
Er/Sie hatte vor kurzem ...
eh·a/sih *ha*·te *foh*·a *kur*·tsem ...

Hay un historial clínico de ...
Es gibt eine
Vorgeschichte mit ...
es guibt *ai*·ne
fohr·gue·shish·te mit ...

Me estoy tratando contra ...
Ich nehme
Medikamente gegen ...
ish *neh*·me
me·di·ka·*men*·te *gueh*·guen ...

(Él/ella) Se está tratando contra ...
Er/Sie nimmt
Medikamente gegen ...
eh·a/sih nimt
me·di·ka·*men*·te *gueh*·gen ...

el asma	*Asthma* (n.)	*ast*·ma
una dolencia cardíaca	*Herzbeschwerden* (f.)	*herts*·be·shver·den
una enfermedad venérea	*Geschlechts-krankheit* (f.)	*gue·shleshts·krank*·hait

Para más síntomas, véase el **diccionario**.

salud de la mujer

(Creo que) Estoy embarazada.
(Ich glaube,) Ich bin
schwanger.
(ish *glau*·be) ish bin
shvan·ga

Tomo la píldora.
Ich nehme die Pille.
ish *neh*·me dih *pi*·le

No he tenido la regla desde hace ... semanas.
Ich habe seit ...
Wochen meine
Periode nicht
gehabt.
ish *hah*·be sait ...
vo·jen *mai*·ne
pe·ri·*oh*·de nisht
gue·*hahbt*

el médico puede decir ...

¿Usa algún método anticonceptivo?
be·*nu*·tsen sih
fea·*hüh*·tunks·mi·tel
Benutzen Sie Verhütungsmittel?

¿Está con el período?
hah·ben sih *ih*·re pe·ri·oh·de
Haben Sie Ihre Periode?

¿Está embarazada?
sint sih *shvan*·ga
Sind Sie schwanger?

¿Cuándo tuvo la última regla?
van *ha*·ten sih
ih·re *lets*·te pe·ri·oh·de
Wann hatten Sie Ihre letzte Periode?

Está embarazada.
sih sint *shvan*·ga
Sie sind schwanger.

alergias

allergien

Tengo una alergia cutánea.
Ich habe eine Hautallergie.
ish *hah*·be *ai*·ne haut·a·ler·guih

Soy alérgico/a a ...
Ich bin allergisch gegen ...
ish bin a·*leh*·guish *gueh*·guen ...

Él/Ella es alérgico/a a ...
Er/Sie ist allergisch gegen ...
eh·a/sih ist a·*leh*·guish *gueh*·guen ...

los antibióticos	*Antibiotika*	an·ti·bi·*oh*·ti·ka
los anti-inflamatorios	*entzündungs-hemmende Mittel*	en·*tsün*·dunks·he·men·de *mi*·tel
la aspirina	*Aspirin*	as·pi·*rihn*
las abejas	*Bienen*	*bih*·nen
la codeína	*Kodein*	ko·de·*ihn*
la penicilina	*Penizillin*	pe·ni·tsi·*lihn*
el polen	*Pollen*	*po*·len

inhalador	*Inhalator* (m.)	in·ha·*lah*·toh·a
inyección	*Injektion* (f.)	in·yek·*tsion*
antihistamínicos	*Antihistamine* (n. pl.)	an·ti·his·ta·*mih*·ne

Para alergias relacionadas con los alimentos, véase **dietas especiales y alergias,** en p. 163.

partes del cuerpo

Me duele el/la ...
Mir tut der/die/
das ... weh. (m./f./n.)

mih·a tuht deh·a/dih/
dass ... veh

No puedo mover el/la ...
Ich kann meinen/meine/
mein ... nicht bewegen. (m./f./n.)

ish kan *mai·nen/mai·ne/*
main ... nisht be·*veh*·guen

Tengo un calambre en el/la ...
Ich habe einen Krampf in
meinem/meiner/
meinem ... (m./f./n.)

ish *hah*·be *ai*·nen krampf in
mai·nem/*mai*·ner/
mai·nem ...

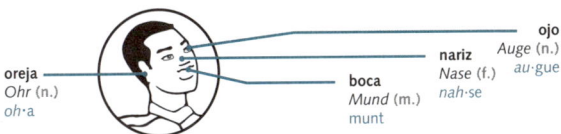

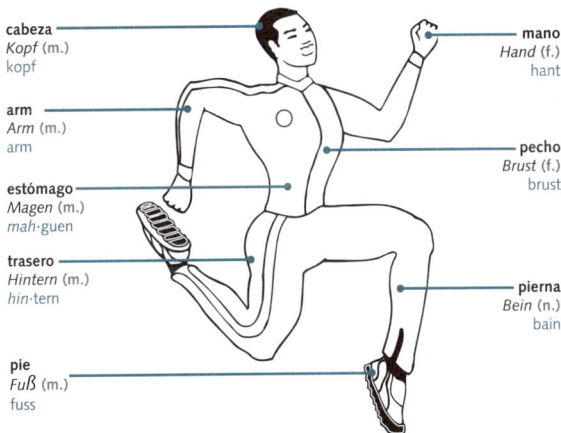

oreja
Ohr (n.)
oh·a

cabeza
Kopf (m.)
kopf

arm
Arm (m.)
arm

estómago
Magen (m.)
mah·guen

trasero
Hintern (m.)
hin·tern

pie
Fuß (m.)
fuss

ojo
Auge (n.)
au·gue

nariz
Nase (f.)
nah·se

boca
Mund (m.)
munt

mano
Hand (f.)
hant

pecho
Brust (f.)
brust

pierna
Bein (n.)
bain

salud

185

Se me ha hinchado el/la …
Mein/Meine/Mein … ist geschwollen. (m./f./n.)

main/*mai*·ne/main … ist
gue·*shvo*·len

Para otras partes del cuerpo, véase el **diccionario**.

la farmacia

Necesito algo para …
Ich brauche etwas gegen …

ish *brau*·je et·vass *gueh*·guen …

¿Necesito una receta para …?
Brauche ich für … ein Rezept?

brau·je ish *füh*·a … ain re·*tsept*

¿Cuántas veces al día?
Wie oft am Tag?

vih oft am tahk

¿Provoca somnolencia?
Macht es müde?

majt es *müh*·de

Para los productos de farmacia, véase el **diccionario**.

---

se podrá oír …

hah·ben sih dass shohn *ain*·mahl *ain*·gue·no·men
Haben Sie das schon einmal eingenommen? — **¿Ha tomado esto anteriormente?**

tsvai·mahl am tahk (tsum *e*·ssen)
Zweimal am Tag (zum Essen). — **Dos veces al día (con las comidas).**

sih *kö*·nen es in (*tsvan*·tsish mi·*nuh*·ten) *ap*·hoh·len
Sie können es in (zwanzig Minuten) abholen. — **Puede recogerlo dentro de (20 minutos).**

sih *mü*·ssen dih me·di·ka·*men*·te bis tsum *en*·de *ain*·neh·men
Sie müssen die Medikamente bis zum Ende einnehmen. — **Debe acabar el tratamiento.**

---

el dentista

Tengo ...	Ich habe...	ish *hah*·be ...
un diente roto	einen abgebro- chenen Zahn	*ai*·nen *ab*·gue·bro· je·nen tsahn
una caries	ein Loch	ain loj
dolor de muelas	Zahnschmerzen	*tsahn*·shmer·tsen

Necesito ...	Ich brauche ...	ish *brau*·je ...
anestesia	eine Betäubung	*ai*·ne be·*toi*·bung
un empaste	eine Füllung	*ai*·ne *fü*·lung

se podrá oír ...

bai·sen sih *hih*·a drauf
Beißen Sie hier drauf. **Muerda esto.**

be·*veh*·guen sih sish nisht
Bewegen Sie sich nicht. **No se mueva.**

bi·te dehn munt vait öf·nen
Bitte den Mund weit öffnen. **Abra bien la boca.**

dass tuht fi·*laisht* ain *bis*·shen *veh*
Das tut vielleicht **Esto quizá le duela**
ein bisschen weh. **un poco.**

dass tuht gar nisht veh
Das tut gar nicht weh. **No le dolerá nada.**

ko·men sih tsu·*rük* ish bin noj nisht *fer*·tish
Kommen Sie zurück, **Vuelva aquí,**
ich bin noch nicht fertig! **¡no he terminado!**

shpüh·len
Spülen. **Enjuáguese.**

Se me ha caído un empaste.
Ich habe eine   ish *hah*·be ai·ne
Füllung verloren.   *füh*·lung fea·*loh*·ren

Se me ha roto la dentadura postiza.
Mein Gebiss .   main gue·*bis*
ist zerbrochen   ist tsea·*bro*·jen

Me duelen las encías.
Das Zahnfleisch   dass *tsahn*·flaish
tut mir weh.   tuht *mih*·a veh

No quiero que me la saque.
Ich will ihn nicht   ish vil ihn nisht
ziehen lassen.   *tsih*·en *la*·ssen

¡Ay!
Au!   au

Mientras crece el debate sobre el cambio climático, la sostenibilidad adquiere cada vez más importancia en los viajes. Ello implica, en la práctica, valorar el impacto que se causa en el entorno, la cultura y la economía del lugar, intentando que ese impacto sea lo más positivo posible. Estas pueden ser algunas frases útiles…

comunicación y diferencias culturales

Desearía aprender algunas palabras y expresiones del dialecto local.
Ich möchte ein paar Wörter und Ausdrücke aus dem lokalen Dialekt lernen.
ish *mösh*·te ain pahr *vör*·ta und *aus*·drü·ke aus dem lo·kah·len dih·a·*lekt ler*·nen

¿Quiere que le enseñe un poco de español?
Möchten Sie, dass ich Ihnen ein bisschen Spanisch beibringe?
mösh·ten sih das ish *ih* nen ain *bis*·shen *shpa*·nish *bai*·brin·gue

¿Es una costumbre local o nacional?
Ist dies ein lokaler oder landesweiter Brauch?
ist dihs ain lo·*kah*·ler *oh*·da *lan*·des·vai·ta brauj

Respeto sus costumbres.
Ich respektiere Ihre Bräuche.
ish res·pek·*tih*·re *ih*·re *broi*·je

participación en la comunidad

¿Qué tipo de problemas tienen aquí?
Welche Probleme gibt es hier?
vel·she pro·*bleh*·me guibt es hih·a

población envejecida	*Überalterung* (f.)	üh·ba·*al*·te·rung
cambio climático	*Klimawandel* (m.)	*klih*·ma·van·del

integración de los inmigrantes	*Integration von Einwanderern* **(f.)**	in·teh·gra·*tsion* fon *ain*·van·de·rern
racismo	*Rassismus* **(m.)**	ra·*sis*·mus
paro	*Arbeitslosigkeit* **(f.)**	*ahr*·baits·loh·sish·kait

Desearía trabajar como voluntario.
Ich möchte meine Mitarbeit als Freiwilliger anbieten.
ish *mösh* te *mai*·ne *mit*·ahr·bait als *frai*·vi·li·ga *an*·bih·ten

¿Hay programas de voluntariado en esta zona?
Gibt es hier in der Region irgendwelche Freiwilligenprogramme?
gipt es heer in dair re·*gyawn* ir·gent·vel·khe *frai*·vi·li·gen·pro·gra·me

medio ambiente

¿Dónde puedo reciclar esto?
Wo kann ich das recyklieren?
voh kan ish das re·*sih*·klih·ren

transporte

¿Podemos ir en transporte público?
Können wir mit öffentlichen Verkehrsmitteln dahin kommen?
kö·nen vih·*a* mit ö·fent·li·shen fea·*keh*·as·mi·teln dah·*hin* ko·men

¿Podemos ir en bicicleta?
Können wir mit dem Fahrrad dahin kommen?
kö·nen vih·*a* mit dehm *fahr*·raht dah·*hin* ko·men

Prefiero ir andando.
Ich gehe lieber zu Fuß dahin.
ish *gueh*·e *lih*·ba tsuh fuss dah·*hin*

alojamiento

¿Hay algún alojamiento de ecoturismo por aquí?
Gibt es hier irgendwelche Öko-Hotels?
guibt es hih·a *ir*·guent·vel·she ö·koh·ho·tels

Me gustaría alojarme en un hotel gestionado por gente de la zona.
Ich möchte in einem Hotel   ish *mösh*·te in *ai*·nem ho·*tel*
übernachten, das   üh·ba·*naj*·ten das
Einheimischen gehört.   *ain*·hai·mi·shen gue·*hört*

¿Puedo apagar el aire acondicionado y abrir la ventana?
Kann ich die Klimaanlage   kan ish dih *klih*·ma·an·lah·gue
ausschalten und das   *aus*·shal·ten unt das *fens*·ta
Fenster öffnen?   *öf*·nen

No hace falta que me cambien las sábanas/toallas.
Sie brauchen meine   sih *brau*·jen *mai*·ne
Bettwäsche/Handtücher   *bet*·ve·she/*hant*·tuh·ja
nicht zu wechseln.   nisht tsuh *vej*·sseln

de compras

¿Dónde puedo comprar productos/recuerdos de la región?
Wo kann ich örtlich   voh kan ish *ört*·lish
produzierte Waren/   pro·du·*tsihr*·te *vah*·ren/
Andenken kaufen?   *an*·den·ken *kau*·fen

¿Venden productos de comercio justo?
Verkaufen Sie Produkte   fea *kau*·fen sih pro·*duk*·te
aus fairem Handel?   aus *feh*·arem *han*·del

comida

¿Me puede/n decir qué comida tradicional debería probar?
Können Sie mir sagen,   *kö*·nen sih mih a *sah*·guen
welche traditionellen Speisen   *vel*·she tra·di·tsio·*ne*·len
ich probieren sollte?   *shpai*·sen ish pro·*bih*·ren *sol*·te

¿Venden …?	*Verkaufen Sie…?*	fea·*kau*·fen sih…
alimentos	*örtlich*	*ört*·lish
producidos	*produzierte*	pro·du·*tsihr*·te
localmente	*Lebensmittel*	*leh*·bens·mi·tel
productos		
ecológicos	*Bioprodukte*	*bih*·o·pro·*duk*·te

turismo

¿Su empresa contrata guías locales?

Beschäftigt Ihre Firma	be·*shef*·tikt *ih*·re *fir*·ma
Führer von hier?	*füh*·ra fon hih·a

¿Su empresa dona dinero para obras benéficas?

Spendet Ihre Firma Geld	*shpen*·det *ih*·re *fir*·ma gelt
für wohltätige Zwecke?	füh a *vohl*·tèh·ti·guen *tsve*·ke

¿Su empresa visita negocios locales?

Besucht Ihre Firma	be·*suhjt ih*·re *fir*·ma
örtliche Betriebe?	*ört*·li·she be·*trih*·be

¿Hay circuitos culturales?

Gibt es Kulturtouren?	guibt es kul·*tuh* a·tuh·ren

¿El/La guía habla el dialecto local?

Spricht der Führer den	shprijt deh a *fü*·ra dehn
örtlichen Dialekt?	*ört*·li·shen dih·a·*lekt*

bávaro	*Bairisch* **(n.)**	*bai*·rish
bajo alemán	*Plattdeutsch* **(n.)**	*plat*·doich
sajón	*Sächsisch* **(n.)**	*se*·ksish
suabo	*Schwäbisch* **(n.)**	*shvèh*·bish
alemán suizo	*Schwyzerdütsch* **(n.)**	*shvih*·tsea·düch

En los sustantivos y los adjetivos del diccionario que tienen marca de género, éste se indica como ⓕ, ⓜ o ⓝ. Si se trata de un sustantivo plural, se indica con pl. Cuando una palabra que podría ser tanto un sustantivo como un verbo no tiene indicación de género, se trata de un verbo.

A

a bordo *an Bord* an bort
a la derecha *rechts* rejts
a menudo *oft* oft
a tiempo completo *Vollzeit* ⓕ fol·tsait
a tiempo parcial *Teilzeit* ⓕ tail·tsait·
a través *durch* dursh
a veces *manchmal* manch·mahl
(hacia) abajo *(nach) unten* (naj) un·ten
abarrotado *überfüllt* ü·ba·fült
abeja *Biene* ⓕ bih·ne
abierto *offen* o·fen
abogado/a *Rechtsanwalt/ Rechtsanwältin* ⓜ/ⓕ rejts·an·valt/rejts·an·vel·tin
aborto *Abtreibung* ⓕ ab·trai·bung
aborto espontáneo *Fehlgeburt* ⓕ fehl·gue·burt
abrazar *umarmen* um·ahr·men
abrelatas *Dosenöffner* ⓜ doh·sen·öf·na
abrigo *Mantel* ⓜ man·tel
abrir *öffnen* öf·nen
abrupto *steil* shtail
abuela *Großmutter • Oma* ⓕ grohs·mu·ta • oh·ma
abuelo *Großvater • Opa* ⓜ grohs·fah·ta • oh·pa
abuelos *Großeltern* ⓝ pl. grohs·el·tern
aburrido (estar) *gelangweilt* gue·lang·vailt
aburrido (ser) *langweilig* lang·vai·lish
acabar *beenden* be·en·den
acampar *zelten* tsel·ten
acantilado *Klippe* ⓕ kli·pe
accidente *Unfall* ⓜ un·fal
aceite de oliva *Olivenöl* ⓝ o·lih·ven·öl
aceituna *Olive* ⓕ o·lih·ve
acerca de *über* üh·ba

acondicionador *Spülung* ⓕ shpü·lung
aconsejar *raten* rah·ten
acoso *Belästigung* ⓕ be·les·ti·gung
activista *Aktivist(in)* ⓜ/ⓕ ak·ti·vist/ak·ti·vis·tin
actor *Schauspieler(in)* ⓜ/ⓕ shau·shpih·la/shau·shpih·le·rin
acuerdo (estar de) *zustimmen* tsuh·shti·men
acupuntura *Akupunktur* ⓕ a·ku·punk·tuh·a
adaptador *Adapter* ⓜ a·dap·ta
adicto *abhängig* ab·hen·guish
adinerado *reich* raish
adivinar *raten* rah·ten
administración *Verwaltung* ⓕ fea·val·tung
administrativo *Büroangestellte* ⓜ&ⓕ bü·roh·an·gue·shtel·te
admirar *bewundern* be·vun·dern
admitir (aceptar como verdadero) *zugeben* tsuh·gueh·ben
admitir (permitir la entrada) *einlassen* ain·la·ssen
aduana *Zoll* ⓜ tsol
adulto *Erwachsene* ⓜ&ⓕ eh·a·vak·se·ne
advertir *warnen* var·nen
aerobic *Aerobics* pl. ei·ro·biks
aerograma *Aerogramm* ⓝ ei·roh·gram
aeroplano *Flugzeug* ⓝ fluhk·tsoik
aeropuerto *Flughafen* ⓜ fluhk·hah·fen
afección cardíaca *Herzleiden* ⓝ herts·lai·den
afeitarse *rasieren* ra·sih·ren
afortunado *glücklich* glük·lish
África *Afrika* ⓕ a·fri·kah
aftas (estomatitis ulcerosa) *Mundfäule* ⓕ munt·foi·le
agencia de noticias *Zeitungshändler* ⓜ tsai·tunks·hen·dla

agencia de viajes *Reisebüro* ⓝ
rai·se·bü·roh

agenda *Terminkalender* ⓜ
ter·mihn·ka·len·da

agente de la propiedad inmobiliaria
Makler(in) ⓜ/ⓕ mahk·la/mahk·le·rin

agotadas (las localidades) *ausverkauft*
auss·fea·kauft

agradable *nett* net

agricultor/a *Bauer/Bäuerin* ⓜ/ⓕ
bau·a/boi·e·rin

agricultura *Landwirtschaft* ⓕ
lant·virt·shaft

agua *Wasser* ⓝ va·ssa

agua caliente *warmes Wasser* ⓝ
var·mes va·ssa

agua del grifo *Leitungswasser* ⓝ
lai·tunks·va·ssa

agua mineral *Mineralwasser* ⓝ
mi·ne·rahl·va·ssa

aguacate *Avokado* ⓕ a·vo·kah·do

aguja (de coser) *Nadel* ⓕ nah·del

ahora *jetzt* yetst

ahorrar *sparen* shpah·ren

aire *Luft* ⓕ luft

(con) aire acondicionado
mit Klimaanlage ⓕ mit
klih·ma·an·lah·gue

ajedrez *Schach* ⓝ shaj

ajo *Knoblauch* ⓜ kno·blauj

ajustado *eng* eng

al otro lado *hinüber* hih·nüh·ba

alambre *Draht* ⓜ draht

alas *Flügel* ⓜ pl. flüh·guel

albañil *Maurer* ⓜ mau·ra

albaricoque *Aprikose* ⓕ a·pri·koh·se

albergue de juventud *Jugendherberge*
ⓕ yuh·guent·heh·a·bea·gue

alcalde/sa *Bürgermeister(in)* ⓜ/ⓕ
bür·ga·mais·ta/bür·ga·mais·te·rin

alcohol *Alkohol* ⓜ al·ko·hohl

alcohólico/a *Alkoholiker(in)* ⓜ/ⓕ
al·ko·hoh·li·ka/al·ko·hoh·li·ke·rin

alcohólico *alkoholisch* al·ko·hoh·lish

alemán *Deutsch* ⓝ doich

Alemania *Deutschland* ⓝ doich·lant

alergia *Allergie* ⓕ a·lehr·guih

alergia al polen *Heuschnupfen* ⓜ
hoi·shnup·fen

alfombra *Teppich* ⓜ te·pish

algo *(irgend)etwas* (ir·guend·)et·vass

algodón *Baumwolle* ⓕ baum·vo·le

alguien *jemand* yeh·mant

algún/cualquier *irgendein*
ir·guend·ain

algunos *einige* ai·ni·gue

alimentar *füttern* fü·tern

allí *dort* dort

almendra *Mandel* ⓕ man·del

almohada *Kissen* ⓝ ki·ssen

almuerzo *Mittagessen* ⓝ
mi·tahk·e·ssen

alojamiento *Unterkunft* ⓕ
un·ta·kunft

alojarse *übernachten* üh·ba·naj·ten

alquilar *mieten* mih·ten

alquiler de coches *Autoverleih* ⓜ
au·to·fea·lai

altar *Altar* ⓜ al·tah

altitud *Höhe* ⓕ höh·e

alto (estatura) *hoch* hoj

alto (sonido) *laut* laut

alucinar *halluzinieren* a·lu·tsi·nih·ren

alud *Lawine* ⓕ la·vih·ne

amo/a de casa *Hausmann/Hausfrau*
ⓜ/ⓕ hauss·man/hauss·frau

amable *nett* net

amante *Liebhaber(in)* ⓜ/ⓕ
lihb·hah·ba/lihb·hah·be·rin

amar *lieben* lih·ben

amargo *bitter* bi·ta

amarillo *gelb* guelb

amateur *Amateur(in)* ⓜ/ⓕ
a·ma·tör/a·ma·tö·rin

ambos *beide* bai·de

ambulancia *Krankenwagen* ⓜ
krang·ken·vah·guen

amigo/a *Freund(in)* ⓜ/ⓕ froint/
froin·din

anacardo *Cashewnuss* ⓕ
kah·shiu·nuss

anarquista *Anarchist(in)* ⓜ/ⓕ
ah·nar·jist/ah·nar·jis·tin

ancho *breit* brait

andar *gehen* gueh·en

andén *Bahnsteig* ⓜ bahn·shtaik

anestésico *Betäubung* ⓕ be·toi·bung

anillo *Ring* ⓜ ring

animal *Tier* ⓝ *tih·a*

anochecer *Dämmerung* ⓕ *de·me·rung*

anteayer *vorgestern* *foh·a·gues·tern*

anteojos *Brille* ⓕ *bri·le*

antes *vor* *foh·a*

antibiótico *Antibiotika* ⓝ pl. *an·ti·bioh·ti·ka*

anticonceptivos *Verhütungsmittel* ⓝ *fea·hüh·tunks·mi·tel*

antigüedad *Antiquität* ⓕ *an·ti·kui·teht*

antiguo *alt* *alt*

antinuclear *Anti-Atom-* *an·ti·a·tohm·*

antiséptico *Antiseptikum* ⓝ *an·ti·sep·ti·kum*

anuncio *Anzeige* ⓕ *an·tsai·gue*

(este) año *(dieses) Jahr* ⓝ *(dih·ses) yahr*

apartamento *Wohnung* ⓕ *voh·nung*

aparte de *außer* *au·ssa*

apellido *Familienname* ⓜ *fa·mih·li·en·nah·me* • *Nachname* ⓜ *naj·nah·me*

apéndice *Blinddarm* ⓜ *blint·darm*

apodo *Spitzname* ⓜ *shpits·nah·me*

aprender *lernen* *ler·nen*

aprendiz *Auszubildende* ⓜ&ⓕ *aus·tsuh·bil·den·de*

aproximadamente *ungefähr* *un·gue·fèh·a*

apuesta *Wette* ⓕ *ve·te*

aquí *hier* *hih·a*

araña *Spinne* ⓕ *shpi·ne*

árbitro *Schiedsrichter(in)* ⓜ/ⓕ *shihts·rish·ta/shihts·rish·te·rin*

árbol *Baum* ⓜ *baum*

árbol de Navidad *Weihnachtsbaum* ⓜ *vai·najts·baum*

arduo *schwer* *shveh·a*

arena *Sand* ⓜ *sant*

arenque *Hering* ⓜ *heh·ring*

arma *Waffe* ⓕ *va·fe*

armario *Schrank* ⓜ *shrank*

arqueológico *archäologisch* *ar·je·o·loh·guish*

arquitectura *Architektur* ⓕ *ar·shi·tek·tuh·a*

arriba *oben* *oh·ben*

arroyo *Bach* ⓜ *baj*

arroz *Reis* ⓜ *raiss*

arte *Kunst* ⓕ *kunst*

artes gráficas *grafische Kunst* ⓕ *grah·fi·she kunst*

artes marciales *Kampfsport* ⓜ *kampf·shport*

artesanía *Handwerk* ⓝ *hant·verk* • *Kunsthandwerk* ⓝ *kunst·hant·verk*

artista *Künstler(in)* ⓜ/ⓕ *künst·la/künst·le·rin*

ascensor *Lift* ⓜ *lift*

Asia *Asien* ⓝ *ah·si·en*

asiento (coche) *Sitz* ⓜ *sits*

asiento de pasillo *Platz* ⓜ *am Gang* *plats am gang*

asiento de seguridad para niños *Kindersitz* ⓜ *kin·da·sits*

asma *Asthma* ⓝ *ast·ma*

asombroso *erstaunlich* *eh·a·shtaun·lish*

aspirina *Kopfschmerztablette* ⓕ *kopf·shmerts·ta·ble·te*

atajo *Abkürzung* ⓕ *ab·kür·tsung*

atalaya *Aussichtspunkt* ⓜ *aus·sishts·punkt*

atletismo *Leichtathletik* ⓕ *laisht·at·leh·tik*

atmósfera *Atmosphäre* ⓕ *at·mos·fèh·re*

atracar *berauben* *be·rau·ben*

atún *Thunfisch* ⓜ *tuhn·fish*

audífono *Hörgerät* ⓝ *hö·a·gue·ret*

audioguía *Führer* ⓜ *füh·ra*

auditorio *Konzerthalle* ⓕ *kon·tsert·ha·le*

Australia *Australien* ⓝ *aus·trah·li·en*

Austria *Österreich* ⓝ *ös·ta·raish*

autobús (interurbano) *Fernbus* ⓜ *fern·buss*

autobús (urbano) *Bus* ⓜ *buss*

autocar *Bus* ⓜ *buss*

automático *automatisch* *au·to·mah·tish*

autónomo *selbstständig* *selbst·shten·dish*

autopista (de peaje) *Autobahn* ⓕ *au·to·bahn*

autor/a *Autor(in)* ⓜ/ⓕ *au·tohr·a/au·toh·rin*

autorización *Erlaubnis* ⓕ *eh·a·laub·niss*

autoservicio *Selbstbedienung* ⓕ *selbst·be·dih·nung*

avena *Hafer(flocken)* ⓜ pl.
    hah·fa(·flo·ken)
avenida *Allee* ⓕ *a·leh*
avergonzado *verlegen* fea·*leh·*guen
averiarse *eine Panne haben* ai·ne pa·ne
    hah·ben
avión *Flugzeug* ⓝ *fluhk·*tsoik
avispa *Wespe* ⓕ *ves·*pe
ayer *gestern* gues·*tern*
ayuda social *Sozialhilfe* ⓕ
    so·*tsiahl·*hil·fe
ayudar *helfen* hel·*fen*
azúcar *Zucker* ⓜ *tsu·*ka
azul *blau* blau

B

bacón *Frühstücksspeck* ⓜ
    *früh·*shtüks·shpek
bahía *Bucht* ⓕ bujt
bailar *tanzen* tan·*tsen*
bajo *klein* klain • *niedrig* nih·*drish*
balance *Kontostand* ⓜ kon·to·shtant
balas de algodón *Watte-Pads* pl.
    *va·*te·peds
balcón *Balkon* ⓜ bal·*kong*
ballet *Ballett* ⓝ ba·*let*
bálsamo labial *Lippenbalsam* ⓜ
    *li·*pen·bal·sahm
bañador *Badeanzug* ⓜ *bah·*de·an·tsuhk
banco *Bank* ⓕ bank
banda de rock *Rockgruppe* ⓕ
    rok·gru·pe
bandera *Flagge* ⓕ *fla·*gue
baño *Bad* ⓝ baht
baños públicos *öffentliche Toilette* ⓕ
    ö·*fent·*li·she tu·a·*le·*te
bar *Lokal* ⓝ lo·*kahl*
barato *billig* bi·*lish*
barco *Boot* ⓝ boht • *Schiff* ⓝ shif
barra (bar) *Theke* ⓕ *teh·*ke
barra de labios *Lippenstift* ⓜ
    *li·*pen·shtift
barrio *Viertel* ⓝ *fih·*a·tel
barrio periférico *Vorort* ⓜ *foh·*a·ort
barro *Schlamm* ⓜ shlam
bártulos *Gänge* ⓝ pl. *guen·*gue
basura *Abfall* ⓜ *ab·*fal • *Müll* ⓜ mül
batería *Batterie* ⓕ ba·te·*rih*

bautismo *Taufe* ⓕ *tau·*fe
bautizo *Taufe* ⓕ *tau·*fe
bebé *Baby* ⓝ *bei·*bi
beber *trinken* tring·*ken*
bebida *Getränk* ⓝ gue·*trengk*
béisbol *Baseball* ⓝ *beis·*bohl
bendecir *segnen* seg·*nen*
beneficios *Gewinn* ⓜ gue·*vin*
berenjena *Aubergine* ⓕ au·ba·*zhih·*ne
    • *Auberginie* ⓕ au·ber·*zhih·*ni·e
besar *küssen* kü·*ssen*
beso *Kuss* ⓜ kuss
Biblia *Bibel* ⓕ *bih·*bel
biblioteca *Bibliothek* ⓕ bi·bli·o·*tehk*
bicicleta *Fahrrad* ⓝ *fah·*raht
bicicleta de carreras *Rennrad* ⓝ
    ren·*raht*
bicicleta de montaña *Mountainbike* ⓝ
    *maun·*ten·baik
bien *gut* guht
bienestar social *Wohlfahrt* ⓕ
    *vohl·*fahrt
billar americano *Billard* ⓝ *bil·*iart
billete (autobús/metro/tren) *Fahrkarte*
    ⓕ *fahr·*kar·te
billete (avión) *Flugticket* ⓝ *fluhk·*ti·ket
billete de ida y vuelta *Rückfahrkarte* ⓕ
    *rük·*fahr·kar·te
billete standby *Standby-Ticket* ⓝ
    stand·*bai·*ti·ket
bisté (ternera) *Steak* ⓝ steik
bizcocho *Keks* ⓜ keks
blanco *weiß* vaiss
bloqueado *blockiert* blo·*kih·*ert
boca *Mund* ⓜ munt
bochornoso (tiempo) *schwül* shvül
boda *Hochzeit* ⓕ *hoj·*tsait
bodega *Keller* ⓜ *ke·*la
bolígrafo *Kugelschreiber* ⓜ
    *kuh·*guel·shrai·ba
bolsa *Tasche* ⓕ *ta·*she
bolsillo *Tasche* ⓕ *ta·*she
bolso *Handtasche* ⓕ *hant·*ta·she
bomba (de aire) *(Luft)Pumpe* ⓕ
    *(luft·)*pum·pe
bombilla *Glühbirne* ⓕ *glüh·*bir·ne
bombona de gas *Gasflasche* ⓕ
    *gahs·*fla·she
bondadoso *liebevoll* lih·*be·*fol

bonito *schön* shöhn
bonito/guapo *hübsch* hüpsh
bordado *Stickerei* ① shti·ke·rai
borracho *betrunken* be·trung·ken
bosque *Wald* ⓜ valt
bota (calzado) *Stiefel* ⓜ shtih·fel
botas de senderismo *Wanderstiefel* ⓜ pl. van·da·shtih·fel
botella *Flasche* ① fla·she
botiquín *Verbandskasten* ⓜ fea·bants·kas·ten
botón *Knopf* ⓜ knopf
boxeo *Boxen* ⓝ bok·sen
Braille *Blindenschrift* ① blin·den·shrift
brandy *Weinbrand* ⓜ vain·brant
brazo *Arm* ⓜ arm
brillante *brillant* bri·llant
brócoli *Brokkoli* ⓜ pl. bro·ko·li
broma *Witz* ⓜ vits
bronceador *Bräunungsmilch* ① broi·nunks·milsh
bronquitis *Bronchitis* ① bron·jih·tis
brújula *Kompass* ⓜ kom·pass
budista *Buddhist(in)* ⓜ/① bu·dist/bu·dis·tin
bueno *gut* guht
bufanda *Schal* ⓜ shahl
bufé *Buffet* ⓝ bü·feh
burbuja *Blase* ① bla·se
buscar *suchen nach* suh·jen naj
buzón *Briefkasten* ⓜ brihf·kas·ten

C

caballo *Pferd* ⓝ pfert
cabaña *Hütte* ① hü·te
cabeza *Kopf* ⓜ kopf
cabina telefónica *Telefonzelle* ① te·le·fohn·tse·le
cable *Kabel* ⓝ kah·bel
cables de arranque *Überbrückungskabel* ⓝ üh·ba·brü·kunks·kah·bel
cabo *Kap* ⓝ kap
cabra *Ziege* ① tsih·gue
cacahuete *Erdnuss* ① ehrt·nuss
cacao *Kakao* ⓜ ka·kao
cacerola *Pfanne* ① pfa·ne
cada día *alltäglich* al·tek·lish

cada *jeder/jede/jedes* ⓜ/①/ⓝ yeh·da/yeh·de/yeh·des
cadena *Kette* ① ke·te
cadena de la bicicleta *Fahrradkette* ① fah·raht·ke·te
café (bebida) *Kaffee* ⓜ kah·fe
café (establecimiento) *Café* ⓝ ka·feh
caja (de cartón) *Karton* ⓜ kar·ton
caja fuerte *Safe* ⓜ seif
caja registradora *Kasse* ① ka·sse
cajero automático *Geldautomat* ⓜ guelt·au·to·maht
cajero/a *Kassierer(in)* ⓜ/① ka·ssih·ra/ka·ssih·re·rin
calabacín *Zucchini* ① tsu·kih·ni
calabaza *Kürbis* ⓜ kür·bis
calambre *Krampf* ⓜ krampf
calcetines *Socken* ⓜ pl. so·ken
calculadora *Taschenrechner* ⓝ ta·shen·rej·na
calderilla *Kleingeld* ⓝ klain·guelt
calefacción central *Zentralheizung* ① tsen·trahl·hai·tsung
calendario *Kalender* ⓜ ka·len·da
calentador *Heizgerät* ⓝ haits·gue·ret
calidad *Qualität* ⓝ kva·li·tëht
cálido *warm* varm
caliente *heiß* haiss
calle *Straße* ① shtrah·sse
calmantes *Schmerzmittel* ⓝ shmerts·mi·tel
calor *Hitze* ① hi·tse
cama *Bett* ⓝ bet
cama de matrimonio *Doppelbett* ⓝ do·pel·bet
cámara (neumático) *Schlauch* ⓜ shlauj
cámara *Kamera* ① ka·me·ra
camarero/a *Kellner(in)* ⓜ/① kel·na/kel·ne·rin
camas separadas *zwei Einzelbetten* ⓝ pl. tsvai ain·tsel·be·ten
cambiar (dinero) *wechseln* vej·seln
cambio (monedas) *Wechselgeld* ⓝ vej·sel·guelt
cambio de moneda *Geldwechsel* ⓜ guelt·vej·ssel
camino *Pfad* ⓜ pfaht • *Weg* ⓜ vehk

camino de herradura *Reitweg* ⓜ
rait·vehk
camión *Lastwagen* ⓜ last·vah·guen
camisa *Hemd* ⓝ hemt
camiseta *T-Shirt* ⓝ tih·shirt
camiseta (ropa interior) *Unterhemd* ⓝ
un·ta·hemt
campeonatos *Meisterschaften* ⓕ pl.
mais·ta·shaf·ten
camping *Zeltplatz* ⓜ tselt·plats
campo *Feld* ⓝ felt
campo (campiña) *Land* ⓝ lant
campo de golf *Golfplatz* ⓜ golf·plats
campo de nieve *Schneefeld* ⓝ
shneh·felt
caña de pescar *Angel* ⓕ an·guel
Canadá *Kanada* ⓝ ka·na·dah
canario *Kanarienvogel* ⓜ
ka·nah·rien·foh·guel
cancelar *stornieren* shtor·nih·ren
cáncer *Krebs* ⓜ kreps
canción *Lied* ⓝ liht
candado *Vorhängeschloss* ⓝ
foh·a·hen·gue·shloss
canguro *Babysitter* ⓜ bei·bi·si·ta
cansado/a *müde* müh·de
cansarse *ermüden* eh·a·müh·den
cantante *Sänger(in)* ⓜ/ⓕ
sen·ga/sen·gue·rin
cantar *singen* sin·guen
cantidad *Betrag* ⓜ be·trahk
cantimplora *Wasserflasche* ⓕ
va·ssa·fla·she
capa de ozono *Ozonschicht* ⓕ
o·tsohn·shisht
capilla *Kapelle* ⓕ ka·pe·le
capitalismo *Kapitalismus* ⓜ
ka·pi·ta·lis·muss
cara *Gesicht* ⓝ gue·sisht
caracol *Schnecke* ⓕ shne·ke
caramelo *Bonbon* ⓜ bon·bon
caramelos de menta
Pfefferminzbonbons ⓝ pl.
pfe·fa·mints·bon·bons
caravana *Wohnwagen* ⓜ
vohn·vah·guen
carburador *Vergaser* ⓜ fea·gah·sa
cárcel *Gefängnis* ⓝ gue·feng·niss
carne *Fleisch* ⓝ flaish

carné de estudiante *Studentenausweis* ⓜ
shtu·den·ten·auss·vaiss
carné de identidad *Personalausweis* ⓜ
per·so·nahl·auss·vaiss
carne picada *Gehacktes* ⓝ gue·hak·tes
carnicería *Metzgerei* ⓕ mets·gue·rai
caro *teuer* toi·a
carpintero/a *Schreiner(in)* ⓜ/ⓕ
shrai·na/shrai·ne·rin
carrera *Rennen* ⓝ re·nen
carrete *Film* ⓜ film
carril bici *Radweg* ⓜ raht·vehk
carta (menú) *Speisekarte* ⓕ
shpai·se·kar·te
carta *Brief* ⓜ brihf
cartucho de gas *Gaskartusche* ⓕ
gahs·kar·tu·she
casa *Haus* ⓝ hauss
(en) casa *zu Hause* tsuh hau·se
(a) casa *nach Hause* naj hau·se
casarse *heiraten* hai·rah·ten
cascada *Wasserfall* ⓜ va·ssa·fal
casco *Helm* ⓜ helm
casera/dueña *Vermieterin* ⓕ
fea·mih·te·rin
casero/dueño *Vermieter* ⓜ fea·mih·ta
casi *fast* fast
casino *Kasino* ⓝ ka·si·no
cassette *Kassette* ⓕ ka·sse·te
castigar *bestrafen* be·shtrah·fen
castillo *Burg* ⓕ burk • *Schloss* ⓝ shloss
catedral *Dom* ⓜ dohm
catedrático/a *Dozent(in)* ⓜ/ⓕ
do·tsent/do·tsen·tin
católico/a *Katholik(in)* ⓜ/ⓕ
ka·to·lihk/ka·to·lih·kin
caviar *Kaviar* ⓜ kah·vi·ahr
caza *Jagd* ⓕ yajt
CD *CD* ⓝ tseh·deh
cebo *Köder* ⓜ kö·da
cebolla *Zwiebel* ⓕ tsvih·bel
celoso *eifersüchtig* ai·fa·süsh·tish
cementerio *Friedhof* ⓜ friht·hohf
cena *Abendessen* ⓝ ah·bent·e·ssen
cenicero *Aschenbecher* ⓜ
a·shen·be·sha
centígrado *Celsius* ⓜ tsel·si·us
centímetro *Zentimeter* ⓜ
tsen·ti·meh·ta

central telefónica _Telefonzentrale_ ⓕ
te·le·_fohn_·tsen·trah·le

centro comercial _Einkaufszentrum_ ⓝ
ain·kaufs·tsen·trum

centro de la ciudad _Innenstadt_ ⓕ
_i_·nen·shtat

centro _Zentrum_ ⓝ _tsen_·trum

cepillo (para el pelo) _Haarbürste_ ⓕ
hah·bürs·te

cepillo de dientes _Zahnbürste_ ⓕ
tsahn·bürs·te

cerámica _Keramik_ ⓕ ke·_rah_·mik •
Töpferwaren ⓕ pl. _töp_·fa·vah·ren

cerca _nahe_ nah·e

cercano (el más) _nächste_ nehjs·te

cercano _in der Nähe_ in deh·a neh·e

cerdo _Schwein_ ⓝ shvain

cerdo (carne) _Schweinefleisch_ ⓝ
shvai·ne·flaish

cereal _Frühstücksflocke_ ⓕ
früh·shtüks·flo·ke

cerillas _Streichhölzer_ ⓝ pl.
shtraish·höl·tsa

cero _null_ nul

cerrado _geschlossen_ guesh·_lo_·ssen

cerrado con llave _abgeschlossen_
_ab_·gue·shlo·ssen

cerradura _Schloss_ ⓝ shloss

cerrar _schließen_ shlih·ssen

certificado _Zertifikat_ ⓝ tsea·ti·fi·_kaht_

cerveza _Bier_ ⓝ bih·a

césped _Gras_ ⓝ grahs

cesta _Korb_ ⓜ korp

chaleco salvavidas _Schwimmweste_ ⓕ
shvim·ves·te

champú _Shampoo_ ⓝ sham·puh

chaqueta _Jacke_ ⓕ ya·ke

chef _Koch/Köchin_ ⓜ/ⓕ koj/kö·jin

cheque _Scheck_ ⓜ chek

cheque bancario _Bankauszug_ ⓜ
bank·aus·tsuhk

cheque de viaje _Reisescheck_ ⓜ
rai·se·chek

chicle _Kaugummi_ ⓝ kau·gu·mi

chile _Chili_ ⓝ chi·li

chocolate _Schokolade_ ⓕ
sho·ko·_lah_·de

choque _Zusammenstoß_ ⓜ
tsu·sa·men·stoss

chupete _Schnuller_ ⓜ shnu·la

chutar _treten_ treh·ten

cibercafé _Internetcafé_ ⓝ
in·ter·net·ka·feh

ciclismo _Radsport_ ⓜ raht·shport

ciclista _Radfahrer(in)_ ⓜ/ⓕ
raht·fah·ra/raht·fah·re·rin

ciego _blind_ blint

cien _hundert_ hun·dert

ciencia _Wissenschaft_ ⓕ vi·ssen·shaft

científico _Wissenschaftler(in)_ ⓜ/ⓕ
vi·ssen·shaft·la/vi·ssen·shaft·le·rin

cierto _wahr_ vahr

cigarrillo _Zigarette_ ⓕ tsi·ga·re·te

cigarro _Zigarre_ ⓕ tsi·ga·re

cima _Gipfel_ ⓜ guip·fel

cine _Kino_ ⓝ kih·no

cinta de vídeo _Videokassette_ ⓕ
vih·de·o·ka·sse·te

cinturón _Gürtel_ ⓜ gür·tel

cinturón de seguridad _Sicherheitsgurt_
ⓜ si·ja·haits·gurt

circo _Zirkus_ ⓜ tsir·kuss

circuito (de carreras) _Rennbahn_ ⓕ
ren·bahn

circuito _Tour_ ⓕ tuhr

ciruela _Pflaume_ ⓕ pflau·me

ciruela pasa _Backpflaume_ ⓕ
bak·pflau·me

cistitis _Blasenentzündung_ ⓕ
blah·sen·en·tsün·dung

cita _Termin_ ⓜ ter·mihn • _Verabredung_
ⓕ fea·ab·re·dung

citología _Abstrich_ ⓜ ab·shtrish

ciudad _Stadt_ ⓕ shtat

ciudadano _Staatsbürgerschaft_ ⓕ
shtahts·bür·ga·shaft

claro _hell_ hel

clase _Klasse_ ⓕ kla·sse

clase preferente _Business Class_ ⓕ
bis·nes klass

clase turista _Touristenklasse_ ⓕ
tu·ris·ten·kla·sse

clásico _klassisch_ kla·ssish

clavo (especia) _Gewürznelke_ ⓕ
gue·vürts·nel·ke

cliente _Kunde/Kundin_ ⓜ/ⓕ
kun·de/kun·din

clima _Klima_ ⓝ klih·ma

cobrar (un cheque) *(einen Scheck) einlösen* (ai·nen chek) ain·löh·sen
cocaína *Kokain* ① ko·ka·ihn
coche *Auto* ⑥ au·to
coche cama *Schlafwagen* ⑩ shlahf·vah·guen
cocina de camping gas *Kocher* ⑩ ko·ja
cocina *Küche* ① kü·she
cocinar *kochen* ko·jen
cocinero *Koch/Köchin* ⑩/① koj/kö·jin
código postal *Postleitzahl* ① post·lai·tsahl
coger/tomar *nehmen* neh·men
col *Kohl* ⑩ kohl
col de Bruselas *Rosenkohl* ⑩ roh·sen·kohl
cola *Schlange* ① shlan·gue
colchón *Matratze* ① ma·tra·tse
colección de arte *Kunstsammlung* ① kunst·sam·lung
colega *Kollege/Kollegin* ⑩/① ko·leh·gue/ko·leh·guin
coliflor *Blumenkohl* ⑩ bluh·men·kohl
colina *Hügel* ⑩ hü·guel
collar *Halskette* ① hals·kete
colocado (drogado) *stoned* stound
colocar (en horizontal) *legen* leh·guen
colocar (en vertical) *stellen* shte·len
color *Farbe* ① far·be
combustible *Brennstoff* ⑩ bren·shtof
comedia *Komödie* ① ko·mö·di·e
comedor *Kantine* ① kan·tih·ne
comer *essen* e·ssen
comercio *Handel* ⑩ han·del
comida *Essen* ⑥ e·ssen
comida para bebés *Babynahrung* ① bei·bi·nah·rung
comisaría *Polizeirevier* ⑥ po·li·tsai·re·vih·a
cómo *wie* vih
cómodo *bequem* bek·vem
compañero/a *Begleiter(in)* ⑩/① be·glai·ta/be·glai·te·rin
compartir (con) *teilen (mit)* tai·len (mit)
completo *ausgebucht* auss·gue·bujt
comprar *kaufen* kau·fen
compresas *Damenbinden* ① pl. dah·men·bin·den

compromiso *Verlobung* ① fea·loh·bung
comunión *Kommunion* ① ko·mu·nion
con *mit* mit
concierto *Konzert* ⑥ kon·tsert
conducir *fahren* fah·ren
conejo *Kaninchen* ⑥ ka·nihn·shen
conexión *Verbindung* ① fea·bin·dung
confesión (religiosa) *Beichte* ① baish·te
confiar (en) *trauen* trau·en
confirmar (una reserva) *bestätigen* be·shtëh·ti·guen
congelar *gefrieren* gue·frih·ren
conocer (a una persona) *kennenlernen* ke·nen·ler·nen
conocer/encontrarse *treffen* tre·fen
consejo *Rat* ⑩ raht
conservador *konservativ* kon·ser·va·tihf
consigna (equipaje) *Gepäckaufbewahrung* ① gue·pek·auf·be·vah·rung
consignas *Schließfächer* ⑥ pl. shliss·fe·sha
construir *bauen* bau·en
consulado *Konsulat* ⑥ kon·su·laht
contable *Buchhalter(in)* ⑩/① buj·hal·ta/buj·hal·te·rin
contaminación ambiental *Umweltverschmutzung* ① um·velt·fea·shmu·tsung
contaminación del aire *Luftverschmutzung* ① luft·fea·shmut·sung
contar *zählen* tseh·len
contra *gegen* gueh·guen
contrato *Vertrag* ⑩ fea·trahk
contrato de arrendamiento *Mietvertrag* ⑩ miht·fea·trahk
control *Kontrollstelle* ① kon·trol·shte·le
control remoto *Fernbedienung* ① fern·be·dih·nung
controlar *prüfen* prü·fen
convento *Kloster* ⑥ klohs·ta
copia *Abzug* ⑩ ab·tsuhk
copos de cereales *Cornflakes* pl. korn·fleks
corazón *Herz* ⑥ herts

cordero *Lamm* ⓝ lam
cordillera *Gebirgszug* ⓜ
  gue·birks·tsuhk
correa del ventilador *Keilriemen* ⓜ
  kail·rih·men
correcto *richtig* rish·tish
correo *Post* ⓕ post
correo aéreo *Luftpost* ⓕ luft·post
correo certificado *Einschreiben* ⓝ
  ain·shrai·ben
correo de superficie *normale Post* ⓕ
  nor·mah·le post
correo urgente *Expresspost* ⓕ
  eks·pres·post
correr *laufen* lau·fen
corriente (electricidad) *Strom* ⓜ
  shtrohm
corromper *korrupt* ko·rupt
cortar *schneiden* shnai·den
cortaúñas *Nagelknipser* ⓜ pl.
  nah·guel·knip·sa
corto *kurz* kurts
cosecha *Feldfrucht* ⓕ felt·frujt
coser *nähen* neh·en
costa *Küste* ⓕ küs·te
costar *kosten* kos·ten
cracker *Cracker* ⓜ kre·ka
crecer *wachsen* vak·sen
crema agria *Schmand* ⓜ shmant
crema hidratante *Feuchtigkeitscreme*
  ⓕ foish·tish·kaits·krehm
crema solar *Sonnencreme* ⓕ
  so·nen·krehm
cremallera *Reißverschluss* ⓜ
  rais·fea·shluss
crepúsculo *Dämmerung* ⓕ de·me·rung
críquet *Cricket* ⓝ kri·ket
cristiano/a *Christ(in)* ⓜ/ⓕ krist/kris·tin
críticas (arte) *Kritik* ⓕ kri·tihk
crudo *roh* roh
cruz *Kreuz* ⓝ kroits
cualquier/algún lugar *irgendwo*
  ir·guent·voh
cuándo *wann* van
cuando *wenn* ven
cuarentena *Quarantäne* ⓕ ka·ran·tèh·ne
Cuaresma *Fastenzeit* ⓕ fas·ten·tsait
cuarto de baño *Badezimmer* ⓝ
  bah·de·tsi·ma

cubiertos (para comer) *Besteck* ⓝ
  be·shtek
cubo *Eimer* ⓜ ai·ma
cubo (de la basura) *Mülleimer* ⓜ
  mül·ai·ma
cucaracha *Kakerlake* ⓕ kah·ka·lah·ke
cuchara *Löffel* ⓜ lö·fel
cucharilla *Teelöffel* ⓜ teh·lö·fel
cuchillas de afeitar *Rasierklingen* ⓕ pl.
  ra·sih·a·klin·guen
cuchillo *Messer* ⓝ me·ssa
cuenta *Rechnung* ⓕ resh·nung
cuenta bancaria *Bankkonto* ⓝ
  bank·kon·to
cuerda de tender *Wäscheleine* ⓕ
  ve·she·lai·ne
cuerda *Seil* ⓝ sail
cuerpo *Körper* ⓜ kör·pa
cuesta abajo *abwärts* ab·verts
cuesta arriba *aufwärts* auf·verts
cueva *Höhle* ⓕ hö·le
cuidado de niños *Kinderbetreuung* ⓕ
  kin·da·be·troi·ung
cuidadoso *vorsichtig* foh·a·sish·tish
cuidar (de) *sich kümmern um* sish
  kü·mern um
culebrón *Seifenoper* ⓕ sai·fen·oh·pa
culpa *Schuld* ⓕ shult
culpable *schuldig* shul·dish
cumpleaños *Geburtstag* ⓜ
  gue·burts·tahk
currículum *Lebenslauf* ⓜ
  leh·bens·lauf
curry (en polvo) *Curry(pulver)* ⓝ
  kar·ri(·pul·va)
cuscús *Couscous* ⓝ kus·kus

D

dado *Würfel* ⓜ vür·fel
dar *geben* gueh·ben
dar la bienvenida *willkommen*
  vil·ko·men
dar las gracias *danken* dan·ken
de *aus • von* auss • fon
de (algodón) *aus (Baumwolle)*
  auss (baum·vo·le)
de derechas *rechts(gerichtet)*
  rejts(·gue·rish·tet)

de izquierdas *links(gerichtet)*
links·gue·rish·tet)

de manga larga *langärmelig*
lang·ёhr·me·lish

de no fumadores *Nichtraucher-*
nisht·rau·ja

de segunda mano *gebraucht*
gue·braujt

debajo (de) *unter* un·ta

deber *schulden* shul·den

debido a *wegen* veh·guen

débil *schwach* shvaj

decidir *entscheiden* ent·shai·den

decir *erzählen* eh·a·tseh·len • *sagen*
sah·guen

dedo *Finger* Ⓜ fin·ga

dedo gordo del pie *Zehe* Ⓕ tseh·e

defectuoso *fehlerhaft* feh·la·haft

deforestación *Abholzung* Ⓕ ab·hol·tsung

dejar (trabajo) *kündigen* kün·di·guen

delante de *vor* foh·a

delgado *dünn* dün

delicatessen *Feinkostgeschäft* Ⓝ
fain·kost·gue·sheft

delicioso *köstlich* köst·lish

demasiado *zu (viele)* tsuh (fih·le)

democracia *Demokratie* Ⓕ
de·mo·kra·tih

dentadura *Zähne* Ⓕ pl. tsèh·ne

dentífrico *Zahnpasta* Ⓕ tsahn·pas·ta

dentista *Zahnarzt/Zahnärztin* Ⓜ/Ⓕ
tsahn·artst/tsahn·erts·tin

dentro de (una hora)
innerhalb (einer Stunde)
i·na·halp (ai·ner shtun·de)

dentro *innen* i·nen

deporte *Sport* Ⓜ shport

deportista *Sportler(in)* Ⓜ/Ⓕ shport·la/
shport·le·rin

depósito (piso) *Anzahlung* Ⓕ
an·tsah·lung

derecho *Jura* Ⓝ yuh·ra

derechos civiles *Bürgerrechte* Ⓝ pl.
bür·ga·reshte

derechos humanos *Menschenrechte* Ⓝ
pl. men·shen·reshte

desayuno *Frühstück* Ⓝ früh·shtük

descansar *eine Pause machen*
ai·ne pau·se ma·jen

descendiente *Nachkomme* Ⓜ
naj·ko·me

descenso en tobogán (tobogganing)
Rodeln Ⓝ roh·deln

desconocido *Fremde* Ⓜ&Ⓕ frem·de

descuento *Rabatt* Ⓜ ra·bat

desde (mayo) *seit (Mai)* sait (mai)

desear *wünschen* vün·shen

desfiladero/cañón *Schlucht* Ⓕ shlujt

desglosado *einzeln aufgeführt*
ain·tseln auf·gue·fürt

desierto *Wüste* Ⓕ vüs·te

desigualdad *Ungleichheit* Ⓕ
un·glaij·hait

desodorante *Deo* Ⓝ deh·o

despacio *langsam* lang·sahm

despegar *Abflug* Ⓜ ab·fluhk

despertador *Wecker* Ⓜ ve·ka

después *nach* naj

destino (Reise)Ziel Ⓝ (rai·se·)tsihl

destornillador *Schraubenzieher* Ⓜ
shrau·ben·tsih·a

desván *Dachboden* Ⓜ daj·boh·den

detalle *Detail* Ⓝ de·tail

detención *Verhaftung* Ⓕ fea·haf·tung

detenerse *anhalten* an·hal·ten

detergente *Waschpulver* Ⓝ vash·pul·va

detrás (de) *hinter* hin·ta

devolución *Rückzahlung* Ⓕ
rük·tsah·lung

Día de Año Nuevo *Neujahrstag* Ⓜ
noi·yahrs·tahk

día *Tag* Ⓜ tahk

día de Navidad (erster)
Weihnachtsfeiertag Ⓜ (ehrs·ta)
vai·najts·fai·a·tahk

día festivo *Urlaub* Ⓜ uh·a·laub

diabetes *Diabetis* Ⓕ di·a·beh·tis

diafragma *Zwerchfell* Ⓝ tsversh·fel

diapositivas *Dia* Ⓝ dih·a

diario (libro personal) *Tagebuch* Ⓝ
tah·gue·buj

diario (cada día) *täglich* tek·lish

diarrea *Durchfall* Ⓜ dursh·fal

diccionario *Wörterbuch* Ⓝ vör·ta·buj

diente (de ajo) *Zehe* Ⓕ tseh·e

diente/muela *Zahn* Ⓕ tsahn

dieta *Diät* Ⓕ di·et

diez *zehn* tsehn

diferencia horaria *Zeitunterschied* ⓜ
 tsait·un·ta·la·shiht
difícil *schwierig* shvih·rish
diminuto *winzig* vin·tsish
dinero *Geld* ⓝ guelt
Dios *Gott* ⓜ got
dirección *Adresse* ⓕ a·dre·sse
directo *direkt* di·rekt
director/a *Manager(in)* ⓜ/ⓕ
 me·ne·dzha/me·ne·dzhe·rin
director/a (cine) *Regisseur(in)* ⓜ/ⓕ
 re·zhi·söh·a/re·zhi·söh·rin
discapacitado *behindert* be·hin·dert
discoteca *Disko(thek)* ⓕ dis·ko(·tehk)
discriminación *Diskriminierung* ⓕ
 dis·kri·mi·nih·rung
discutir *streiten* shtrai·ten
diseñar *entwerfen* ent·ver·fen
disparar (arma) *schießen* shih·ssen
disponible *frei* frai
disquete *Diskette* ⓕ dis·ke·te
DIU *Intrauterinpessar* ⓝ
 in·tra·u·te·rihn·pe·ssah
diversión *Spaß* ⓜ shpahs
divertirse *sich amüsieren* sish
 a·mü·sih·ren
doble *doppelt* do·pelt
docena *Dutzend* ⓝ du·tsent
doctor/a *Doktor(in)* ⓜ/ⓕ
 dok·toh·a/dok·toh·rin
documentación del coche
 Fahrzeugpapiere ⓕ pl.
 fahr·tsoik·pa·pih·re
documental *Dokumentation* ⓕ
 do·ku·men·ta·tsion
dólar *Dollar* ⓜ do·lahr
dolor *Schmerz* ⓜ shmerts
dolor de estómago *Magenschmerzen*
 ⓜ pl. mah·guen·shmer·tsen
dolor de cabeza *Kopfschmerzen* ⓜ pl.
 kopf·shmer·tsen
dolor de garganta *Halsschmerzen* ⓜ pl.
 hals·shmer·tsen
dolor de muelas *Zahnschmerzen* ⓜ pl.
 tsahn·shmer·tsen
dolor menstrual
 Menstruationsbeschwerden ⓕ pl.
 mens·tru·a·tsions·be·shvehr·den
doloroso *schmerzhaft* shmerts·haft

domingo *Sonntag* ⓜ son·tahk
donde/dónde *wo* voh
dormido *schlafen* shlah·fen
dormir *schlafen* shlah·fen
dormitorio *Schlafzimmer* ⓝ
 shlahf·tsi·ma
dos veces *zweimal* tsvai·mahl
droga *Dope* ⓝ doup/dohp • *Droge* ⓕ
 droh·gue
drogodependencia *Drogenabhängigkeit*
 ⓕ droh·guen·ab·hen·guish·kait
ducha *Dusche* ⓕ duh·she
dulce *süß* süss
dulces *Süßigkeiten* ⓕ pl.
 süh·ssish·kai·ten
durante *während* vêhr·rent
duro *hart* hart

E

echar de menos *vermissen* fea·mi·ssen
eccema *Ekzem* ⓝ ek·tsehm
edad *Alter* ⓝ al·ta
edificio *Gebäude* ⓝ gue·boi·de
editor/a *Herausgeber(in)* ⓜ/ⓕ
 he·rauss·gueh·ba/he·rauss·ghe·be·rin
educación *Erziehung* ⓕ eh·a·tsih·ung
EEUU *USA* ⓕ pl. uh·es·ah
efectivo *Bargeld* ⓝ bahr·guelt
egoísta *egoistisch* e·go·is·tish
ejemplo *Beispiel* ⓝ bai·shpihl
él *er* eh·a
el hombre (ser humano) *Mensch* ⓜ
 mensh
elecciones *Wahlen* ⓕ pl. vah·len
electricidad *Elektrizität* ⓕ
 e·lek·tri·tsi·téht
electricista *Elektriker(in)* ⓜ/ⓕ
 e·lek·tri·ka/e·lek·tri·ke·rin
elegir (aus)wählen *(auss·)vèh·len
ella *sie* sih
ellos *sie* sih
embajada *Botschaft* ⓕ boht·shaft
embajador *Botschafter(in)* ⓜ/ⓕ
 boht·shaf·ta/boht·shaf·te·rin
embarazada *schwanger* shvan·ga
embarcar (avión, barco) *besteigen*
 be·shtai·guen
embrague *Kupplung* ⓕ ku·plung

embustero/a *Betrüger(in)*
ⓜ/ⓕ be·trü·ga/be·trü·gue·rin
emocional *emotional* e·mo·tsio·nahl
empezar *anfangen* an·fan·guen • *beginnen* be·gui·nen
empleado *Angestellte* ⓜ&ⓕ an·gue·shtel·te
empresa *Firma* ⓕ fir·ma
empresario/a *Geschäftsmann/ Geschäftsfrau* ⓜ/ⓕ gue·shefts·man/gue·shefts·frau
empujar *schieben* shih·ben
en (encima) *auf* auf
en blanco y negro *schwarzweiß* shvarts·vaiss
en el exterior *draußen* drau·ssen
en el fondo *unten* un·ten
en *in* • *an* • *auf* • *bei* • *zu* in • an • auf • bai • tsuh
en in in
en lugar de *(an)statt* (an·)shtat
en peligro de extinción (especies) *bedrohte (Art)* ⓕ be·droh·te art
en primera (clase) *erste Klasse* ⓕ ehrs·te kla·sse
encaje *Spitze* ⓕ shpi·tse
encantador *charmant* shar·mant
encendido *Zündung* ⓕ tsün·dung
enchufe *Stecker* ⓜ shte·ka
encía *Zahnfleisch* ⓕ tsahn·flaish
encima de *über* üh·ba
encontrar *finden* fin·den
energía *Energie* ⓕ e·neh·a·guih
energía nuclear *Atomenergie* ⓕ a·tohm·e·neh·a·guih
enfadado *wütend* vüh·tent
enfermedad *Krankheit* ⓕ krank·hait
enfermedad venérea *Geschlechtskrankheit* ⓕ gue·shleshts·krank·hait
enfermero/a *Krankenpfleger/ Krankenschwester* ⓜ/ⓕ kran·ken·pfleh·ga/kran·ken·shves·ta
enfermo *krank* krank
enfrente (de) *gegenüber* gueh·guen·üh·ba
enojado *wütend* vü·tent
enorme *riesig* rih·sish
ensalada *Salat* ⓜ sa·laht
entender *verstehen* fea·shteh·en

entero *ganz* gants
entrada (cine/museo) *Eintrittskarte* ⓕ ain·trits·kar·te
entrada (precio) *Eintrittspreis* ⓜ ain·trits·praiss
entrar en (ingresar) *eintreten* ain·treh·ten
entre *zwischen* tsvi·shen
entregar (aus)liefern *(aus·)lih·fern*
entrenador/a *Trainer(in)* ⓜ/ⓕ trai·na/trai·ne·rin
entrevista *Interview* ⓝ in·ter·viuh
enviar *senden* sen·den
epilepsia *Epilepsie* ⓕ e·pi·lep·sih
equipaje *Gepäck* ⓝ gue·pek
equipamiento *Ausrüstung* ⓕ auss·rüs·tung
equipo *Mannschaft* ⓕ man·shaft
equipo estéreo *Stereoanlage* ⓕ shteh·re·o·an·lah·gue
equitación *Reiten* ⓝ rai·ten
error *Fehler* ⓜ feh·la
erupción *Ausschlag* ⓜ aus·shlahk
escalada en roca *Klettern* ⓝ kle·tern
escalera mecánica *Rolltreppe* ⓕ rol·tre·pe
escalera(s) *Treppe* ⓕ tre·pe
escasez *Knappheit* ⓕ knap·hait
escena *Auftritt* ⓜ auf·trit
escenario *Bühne* ⓕ büh·ne
Escocia *Schottland* ⓝ shot·lant
escribir *schreiben* shrai·ben
escritor/a *Schriftsteller(in)* ⓜ/ⓕ shrift·shte·la/shrift·shte·le·rin
escuchar *hören* hö·ren
escuela *Schule* ⓕ shuh·le
escuela de equitación *Reitschule* ⓕ rait·shuh·le
escultura *Skulptur* ⓕ skulp·tuh·a
esgrima *Fechten* ⓝ fesh·ten
esguince *Muskelzerrung* ⓕ mus·kel·tsea·rung
esnórkel *Schnorcheln* ⓝ shnör·sheln
espacio *Raum* ⓜ raum
espalda *Rücken* ⓜ rü·ken
España *Spanien* ⓝ shpah·ni·en
espárrago *Spargel* ⓜ shpar·guel
especial *speziell* shpe·tsiel
especialista *Spezialist(in)* ⓜ/ⓕ shpe·tsia·list/shpe·tsia·lis·tin

espectáculo *Show* ⓕ shou
espejo *Spiegel* ⓜ shpíh·guel
esperar *warten* vár·ten
espinacas *Spinat* ⓜ shpi·*naht*
espiral *Feder* ⓕ feh·da
espiral antimosquitos *Moskitospirale* ⓕ mos·*kih*·to·shpi·rah·le
esposa *Ehefrau* ⓕ eh·e·frau
espuma de afeitar *Rasiercreme* ⓕ ra·sih·a·krèhm
espumoso (vino) *Schaumwein* ⓜ *shaum*·vain
esquí acuático *Wasserskifahren* ⓝ va·ssa·shih·fah·ren
esquí *Skifahren* ⓝ *shih*·fah·ren
esquiar *skifahren* shih·*fah*·ren
esquina *Ecke* ⓕ e·ke
esta noche *heute Abend* hoi·te ah·bent
estación (año) *Jahreszeit* ⓕ *yah*·res·tsait
estación de ferrocarril *Bahnhof* ⓜ *bahn*·hohf
estación de metro *U-Bahnhof* ⓜ *uh*·bahn·hohf
estación de servicio *Tankstelle* ⓕ *tank*·shte·le
estacionamiento *Parkplatz* ⓜ *park*·plats
estadio *Stadion* ⓝ *shtah*·di·on
estado *Staat* ⓜ shtaht
estado civil *Familienstand* ⓜ fa·*mih*·li·en·shtant
estado de bienestar *Sozialstaat* ⓜ so·*tsiahl*·shtaht
estafa *Abzockerei* ⓕ ab·tso·ke·*rai*
estanco *Tabakladen* ⓜ *tah*·bak·lah·den
estante *Regal* ⓝ re·*gahl*
estar resfriado *erkältet sein* eh·a·*kel*·tet sain
estatua *Statue* ⓕ *shtah*·tu·e
éste (ésta) *dieser/diese/dieses* ⓜ/ⓕ/ⓝ dih·sa/dih·se/dih·ses
este (mes) *diesen (Monat)* dih·sen (moh·nat)
este (punto cardinal) *Osten* ⓜ os·ten
estera *Matte* ⓕ ma·te
estilo *Stil* ⓜ shtihl
estómago *Magen* ⓜ *mah*·guen
estrella *Stern* ⓜ shtern

(de cuatro) estrellas *(Vier-)Sterne-* (fih·a·)*shter*·ne·
estreñimiento *Verstopfung* ⓕ fea·*shtop*·fung
estudiante *Student(in)* ⓜ/ⓕ shtu·*dent*/shtu·*den*·tin
estudiar *studieren* shtu·*dih*·ren
estudio (artístico) *Atelier* ⓝ a·te·li·*eh*
estudio (piso) *Studio* ⓝ *shtuh*·di·o
estufa *Herd* ⓜ hehrt
estúpido *dumm* dum
etiqueta para el equipaje *Adressanhänger* ⓜ a·*dress*·an·hen·ga
euro *Euro* ⓜ *oi*·ro
Europa *Europa* ⓝ oi·*roh*·pa
eutanasia *Euthanasie* ⓕ oi·ta·na·*sih*
excelente *ausgezeichnet* auss·gue·*tsaij*·net
exceso de equipaje *Übergepäck* ⓝ *ü*·ba·gue·pek
excluido *ausgeschlossen* auss·gue·shlo·ssen
existencias *Vorrat* ⓜ *foh*·a·raht
experiencia *Erfahrung* ⓕ eh·a·*fah*·rung
explotación *Ausbeutung* ⓕ *auss*·boi·tung
exposición *Ausstellung* ⓕ *aus*·shte·lung
expreso *Express-* eks·*press*
extrañar (el país/la familia) *Heimweh haben* haim·veh hah·ben
extranjero *ausländisch* auss·*len*·dish
(en el) extranjero *im Ausland* im *auss*·lant
extraño *fremd* fremt

F

fábrica *Fabrik* ⓕ fa·*brihk*
fácil *leicht* laisht
facturación (mostrador de) *Abfertigungsschalter* ⓜ ab·*fer*·ti·gunks·shal·ta
falda *Rock* ⓜ rok
falso *falsch* falsh
falta *Foul* ⓝ fohl
familia *Familie* ⓕ fa·*mih*·li·e
familiar *Verwandte* ⓜ&ⓕ fea·*van*·te
famoso *berühmt* be·*rümt*

farmacéutico *Apotheke* ① a·po·*teh*·ke
farmacia *Apotheke* ① a·po·*teh*·ke
fase *Stadium* ⓝ *shtah*·di·um
fax *Fax* ⓝ faks
fecha *Datum* ⓝ *dah*·tum
fecha de nacimiento *Geburtsdatum* ⓝ
ge·*burts*·dah·tum
feliz *glücklich* *glük*·lish
feria industrial/comercial *Messe* ①
me·sse
ferretería/mercería *Eisenwarengeschäft*
ⓝ *ai*·sen·vah·ren·gue·sheft
festividad *Fest* ⓝ fest
fideos *Nudeln* ① pl. *nuh*·deln
fiebre *Fieber* ⓝ *fih*·ba
fiesta *Feier* ① *fai*·a
filete *Filet* ⓝ fi·*leh*
filtrado *gefiltert* gue·*fil*·tert
fin *Ende* ⓝ *en*·de
fin de semana *Wochenende* ⓝ
vo·jen·en·de
finalizar *beenden* be·*en*·den
firma *Unterschrift* ① *un*·ta·shrift
física *Physik* ① fü·*sihk*
flash *Blitz* ⓜ blits
flirtear *anbaggern* *an*·ba·guern
flor *Blume* ① *bluh*·me
florista *Blumenhändler* ⓜ
bluh·men·hen·dla
folleto *Broschüre* ① bro·*shü*·re
fontanero *Installateur(in)* ⓜ/①
in·sta·la·*tör*/in·sta·la·*tö*(·rin)
forma *Form* ① form
formal *formell* for·*mel*
foto *Foto* ① *foh*·to
fotografía *Fotografie* ① fo·to·gra·*fih*
fotografiar *fotografieren*
fo·to·gra·*fih*·ren
fotógrafo/a *Fotograf(in)* ⓜ/①
fo·to·*grahf*/fo·to·*grah*·fin
fotómetro *Belichtungsmesser* ⓜ
be·*lish*·tunks·me·ssa
frágil *zerbrechlich* tsea·*brej*·lish
frambuesa *Himbeere* ① *him*·beh·re
Francia *Frankreich* ① *frank*·raish
franqueo *Porto* ⓝ *por*·to
freír *braten* *brah*·ten
frenos *Bremsen* ① pl. *brem*·sen
fresa *Erdbeere* ① *ehrt*·beh·re

frío *kalt* kalt
frontera *Grenze* ① *gren*·tse
fruta *Frucht* ① frusht
fruta seca *Trockenobst* ⓝ
tro·ken·ohbst
fuego *Feuer* ⓝ *foi*·a
fuente *Brunnen* ⓝ *bru*·nen
fuera *aus* auss
fuera de juego *abseits* *ab*·saits
fuerte *stark* shtark
fumar *rauchen* *rau*·jen
funcionario/a *Beamte/Beamtin* ⓜ/①
be·*am*·te/be·*am*·tin
funda del almohadón *Kissenbezug* ⓝ
ki·ssen·be·tsuhk
funeral *Begräbnis* ⓝ be·*greb*·niss
furgoneta *Lieferwagen* ⓜ
lih·fa·vah·guen
fusible *Sicherung* ① *si*·ja·rung
fútbol *Fußball* ⓜ *fuss*·bal
fútbol americano *American Football* ⓜ
a·*me*·ri·ken *fut*·bohl
fútbol con normativa australiana
Australian Rules Football ⓜ
aus·*trèh*·li·en ruhls *fut*·bohl
futuro *Zukunft* ① *tsuh*·kunft

G

gafas de esquí *Skibrille* ① *shih*·bri·le
gafas de sol *Sonnenbrille* ①
so·nen·*bri*·le
galería de arte *Kunstgalerie* ①
kunst·ga·le·rih
galletita *Keks* ⓜ keks
ganador *Sieger(in)* ⓜ/①
sih·ga/*sih*·gue·rin
ganar (competición) *gewinnen*
gue·*vi*·nen
ganar (dinero) *verdienen* fea·*dih*·nen
garaje *Garage* ① ga·*rah*·she
garbanzo *Kichererbse* ① *ki*·sha·erp·se
garganta *Hals* ⓜ hals
gas *Gas* ⓝ gahs
gaseosa *Limonade* ① li·mo·*nah*·de
gasolina *Benzin* ⓝ ben·*tsihn*
gastroenteritis *Magen-Darm-Katarrh* ⓜ
mah·guen·darm·ka·tar
gatito *Kätzchen* ⓝ *kets*·shen

gato *Katze* ① ka·tse
gaviota *Möwe* ① möh·ve
gay *schwul* shvuhl
gemelos *Zwillinge* ⑩ pl. tsvi·lin·gue
general *allgemein* al·gue·main
genial/estupendo *groß* grohs
gente *Menschen* ⑩ pl. men·shen
gimnasia *Gymnastik* ① güm·nas·tik
gimnasio *Fitness-Studio* ⑩
  fit·nes·shtuh·di·o
ginebra *Gin* ⑩ dzhin
ginecólogo
  Gynäkologe/Gynäkologin ⑩/①
  gü·ne·ko·loh·gue/gü·ne·ko·loh·guin
girar *abbiegen* ab·bih·guen
glaciar *Gletscher* ⑩ glet·sha
gobierno *Regierung* ① re·guih·rung
gol *Tor* ⑩ toh·a
gordo *dick* dik
gorila (discoteca) *Türsteher* ⑩
  tüh·a·shteh·a
gotas para los ojos *Augentropfen* ⑩ pl.
  au·guen·trop·fen
grabación *Aufnahme* ① auf·nah·me
grabado *Druck* ⑩ druk
gracioso *lustig* lus·tish
grado *Grad* ⑩ graht
gramo *Gramm* ⑩ gram
grande *groß* grohs
grandes almacenes *Warenhaus* ⑩
  vah·ren·hauss
granja *Bauernhof* ⑩ bau·ern·hohf
gratis *gratis* grah·tis
grifo *Wasserhahn* ⑩ va·ssa·hahn
gripe *Grippe* ① gri·pe
gris *grau* grau
gritar *schreien* shrai·en
grueso *dick* dik
grupo (de música) *Band* ① bent
grupo sanguíneo *Blutgruppe* ①
  bluht·gru·pe
guante *Handschuh* ⑩ hant·shuh
guapo *gutaussehend* guht·aus·seh·ent
guardarropa *Garderobe* ① gar·de·roh·be
guardarropa/vestuario *Garderobe* ①
  gar·de·roh·be
guerra *Krieg* ⑩ krihk
guía *Führer* ⑩ füh·ra
guía (libro) *Reiseführer* ⑩ rai·se·füh·ra

guía de conversación *Sprachführer* ⑩
  shpraj·füh·ra
guía de teléfonos *Telefonbuch* ⑩
  te·le·fohn·buj
guía del ocio *Veranstaltungskalender* ⑩
  fea·an·shtal·tunks·ka·len·da
guía telefónica *Telefonbuch* ⑩
  te·le·fohn·buj
guión (película) *Drehbuch* ⑩ dreh·buj
guisante *Erbse* ① erp·se
guitarra *Gitarre* ① gui·ta·re
gustar *mögen* möh·guen

H

habitación *Zimmer* ⑩ tsi·ma
habitación individual *Einzelzimmer* ⑩
  ain·tsel·tsi·ma
hablar *sprechen* shpre·jen
hace (tres días) *vor (drei Tagen)* foh·a
  (drai tah·guen)
hacer *machen* ma·jen • *tun* tuhn
hacer autoestop *trampen* tram·pen
hacer footing *Joggen* ⑩ dzho·guen
hacer huelga *streiken* shtrai·ken
hacer la colada *Waschlappen* ⑩
  vash·la·pen
hacer surf *surfen* ser·fen
hacer una pregunta *eine Frage stellen*
  ai·ne frah·gue shte·len
hacerse daño *sich weh tun* sish veh tuhn
hacha *Axt* ① akst
hacia *auf ... zu auf ...* tsuh
hacia arriba *nach oben* naj oh·ben
hamaca *Hängematte* ① hen·gue·ma·te
hambriento *hungrig* hun·grish
hámster *Hamster* ⑩ hams·ta
harina *Mehl* ⑥ mehl
hasta (junio) *bis (Juni)* bis (yuh·ni)
hecho a mano *handgemacht*
  hant·gue·majt
helada *Frost* ⑩ frost
heladería *Eisdiele* ① aiss·dih·le
helado *Eiscreme* ① aiss·krihm
hepatitis *Hepatitis* ① he·pa·tih·tis
herbolario *Naturheilkundige* ⑩&①
  na·tuh·a·hail·kun·di·gue
herida *Verletzung* ① fea·le·tsung
hermana *Schwester* ① shves·ta

hermano *Bruder* ⓜ *bruh·da*
heroína *Heroin* ⓕ *he·ro·ihn*
herramientas *Werkzeug* ⓝ *verk·tsoik*
hielo · helado *Eis* ⓝ *aiss*
hierbas *Kräuter* ⓝ pl. *kroi·ta*
hígado *Leber* ⓕ *leh·ba*
higo *Feige* ⓕ *fai·gue*
hija *Tochter* ⓕ *toj·ta*
hijo *Sohn* ⓜ *sohn*
hilo *Schnur* ⓕ *shnuh·a*
hindú *Hindu* ⓜ&ⓕ *hin·du*
histórico *historisch* *his·toh·rish*
hockey *Hockey* ⓝ *ho·ki*
hockey sobre hielo *Eishockey* ⓝ
  aiss·ho·ki
hogar *Heim* ⓝ *haim*
hoja *Blatt* ⓝ *blat*
hola *hallo* *ha·loh*
hombre *Mann* ⓜ *man*
hombro *Schulter* ⓕ *shul·ta*
homosexual *homosexuell*
  hoh·mo·sek·su·el
honrado *ehrlich* *ehr·lish*
hora *Zeit* ⓕ *tsait*
horario de atención al público
  Öffnungszeiten ⓕ pl.
  öf·nunks·tsai·ten
horario (trenes) *Fahrplan* ⓜ *fahr·plahn*
hormiga *Ameise* ⓕ *ah·mai·se*
horno *Ofen* ⓜ *oh·fen*
horóscopo *Horoskop* ⓝ *ho·ros·kohp*
hospital *Krankenhaus* ⓝ
  kran·ken·hauss
hospitalidad *Gastfreundschaft* ⓕ
  gast·froint·shaft
hotel *Hotel* ⓝ *ho·tel*
hoy *heute* *hoi·te*
hueso *Knochen* ⓜ *kno·jen*
huevo *Ei* ⓝ *ai*
humanidades *Geisteswissenschaften* ⓕ
  pl. *gais·tes·vi·ssen·shaf·ten*
humano *menschlich* *mensh·lish*
humedad *feucht* *foisht*

I

idea *Idee* ⓕ *i·deh*
identificación *Ausweis* ⓜ *auss·vaiss*
idioma *Sprache* ⓕ *shprah·je*

idiota *Idiot* ⓜ *i·di·oht*
iglesia *Kirche* ⓕ *kir·she*
igualdad *Gleichheit* ⓕ *glaij·hait*
igualdad de oportunidades
  Chancengleichheit ⓕ
  shahn·sen·glaij·hait
ilegal *illegal* *i·le·gahl*
imaginación *Phantasie* ⓕ *fan·ta·sih*
impedir *verhindern* *fea·hin·dern*
impermeable *wasserdicht* *va·ssa·disht*
impermeable (prenda de ropa)
  Regenmantel ⓜ *reh·guen·man·tel*
importante *wichtig* *vish·tish*
imposible *unmöglich* *un·möh·glish*
impuesto sobre la renta
  Einkommensteuer ⓕ
  ain·ko·men·shtoi·a
impuesto sobre las ventas
  Umsatzsteuer ⓕ *um·sats·shtoi·a*
impuestos *Steuer* ⓕ *shtoi·a*
incluido *inbegriffen* *in·be·gri·fen*
incómodo *unbequem* *un·be·kvehm*
incorrecto *falsch* *falsh*
India *Indien* ⓝ *in·di·en*
indigestión *Magenverstimmung* ⓕ
  mah·guen·fea·shti·mung
industria *Industrie* ⓕ *in·dus·trih*
infección *Entzündung* ⓕ
  en·tsün·dung
inflamación *Entzündung* ⓕ
  en·tsün·dung
información (telefónica)
  Telefonauskunft ⓕ
  te·le·fohn·auss·kunft
información *Auskunft* ⓕ *auss·kunft*
ingeniería *Ingenieurwesen* ⓝ
  in·zhe·niör·veh·sen
ingeniero/a *Ingenieur(in)* ⓜ/ⓕ
  in·zhe·niör /in·zhe·niö·rin
Inglaterra *England* ⓝ *en·glant*
inglés *Englisch* ⓝ *en·glish*
ingrediente *Zutat* ⓕ *tsuh·taht*
injusto *unfair* *un·feh·a*
inmediatamente *sofort* *so·fort*
inmigración *Immigration* ⓕ
  im·mi·gra·tsion
inocente *unschuldig* *un·shul·dish*
insecto *Insekt* ⓝ *in·sekt*
inseguro *nicht sicher* *nisht si·ja*

instituto (secundaria) *Hochschule* ⓕ
hoch·shuh·le

instituto *College* ⓝ ko·ledzh

intentar *versuchen* fea·suh·jen

intercambio *Umtausch* ⓜ um·taush

interesante *interessant* in·te·re·ssant

intermitente *Blinker* ⓜ bling·ka

internacional *international*
in·ter·na·tsio·nahl

Internet *Internet* ⓝ in·ter·net

intérprete *Dolmetscher(in)* ⓜ/ⓕ
dol·met·cha/dol·met·che·rin

intoxicación *Lebensmittelvergiftung* ⓕ
leh·bens·mi·tel·fea·guif·tung

inundación *Überschwemmung* ⓕ
üh·ba·shve·mung

inusual *ungewöhnlich*
un·gue·vöhn·lish

invierno *Winter* ⓜ vin·ta

invitar *einladen* ain·lah·den

inyección (coche) *Einspritzung* ⓕ
ain·shpri·tsung

inyección (médica) *Injektion* ⓕ
in·yek·tsion

inyectar *einspritzen* ain·shpri·tsen

ir (a pie) *gehen* gueh·en

ir (en algún vehículo) *fahren* fah·ren

ir a misa *einen Gottesdienst besuchen*
ai·nen go·tes·dihnst be·suh·jen

ir de caminata/excursión *wandern*
van·dern

ir de compras *einkaufen gehen*
ain·kau·fen gueh·en

ir en bicicleta *radfahren* raht·fah·ren

Irlanda *Irland* ⓝ ir·lant

irritación (por pañales)
Windeldermatitis ⓕ vin·del·deh·a·
ma·tih·tiss

irritado *schmerzhaft* shmerts·haft

isla *Insel* ⓕ in·sel

itinerario *Reiseroute* ⓕ rai·se·ruh·te

izquierda (dirección) *links* links

J

jabalí *Wildschwein* ⓝ vilt·shvain

jabón *Seife* ⓕ sai·fe

jamón *Schinken* ⓜ shing·ken

Japón *Japan* ⓝ yah·pahn

jardín *Garten* ⓜ gar·ten

jardín botánico *Botanischer Garten* ⓜ
bo·tah·ni·sha gar·ten

jardín de infancia *Kindergarten* ⓜ
kin·da·gar·ten

jeep *Jeep* ⓜ dzhihp

jefe/a *Chef(in)* ⓜ/ⓕ shef/she·fin

jengibre *Ingwer* ⓜ ing·va

jeringuilla *Spritze* ⓕ shpri·tse

jersey *Pullover* ⓜ pu·loh·va

jet lag *Jetlag* ⓜ dzhet·lag

jinete *Jockey* ⓜ dzho·ki

joven *jung* yung

joyería *Schmuck* ⓜ shmuk

jubilado/a *Rentner(in)* ⓜ/ⓕ
rent·na/rent·ne·rin

judía *Bohne* ⓕ boh·ne

judío *jüdisch* yü·dish

juego de ordenador *Computerspiel* ⓝ
kom·piu·ta·shpihl

Juegos Olímpicos *Olympische
Spiele* ⓝ pl. o·lüm·pi·she shpih·le

jueves *Donnerstag* ⓜ do·ners·tahk

juez *Richter(in)* ⓜ/ⓕ rish·ta/rish·te·rin

jugar *spielen* shpih·len

juguete *Spielzeug* ⓝ shpihl·tsoik

junto a *neben* neh·ben

juntos *zusammen* tsu·sa·men

justicia *Gerechtigkeit* ⓕ gue·resh·tish·kait

justo allí *gleich dort* glaish dort

K

ketchup *Ketchup* ⓜ ket·chap

kilogramo *Kilogramm* ⓝ ki·lo·gram

kilómetro *Kilometer* ⓜ ki·lo·meh·ta

kiwi *Kiwifrucht* ⓕ kih·vi·frusht

kosher *koscher* koh·sha

L

la píldora (anticonceptiva) *die Pille*
ⓕ dih pi·le

labios *Lippen* ⓕ pl. li·pen

lado *Seite* ⓕ sai·te

ladrón *Dieb* ⓜ dihp

lagartija *Echse* ⓕ ek·se

lager *Lager* ⓝ lah·ga

lago *See* ⓜ seh
lampistería *Elektrogeschäft* ⓝ
  e·*lek*·tro·gue·sheft
lana *Wolle* ⓕ *vo*·le
langostino *Garnele* ⓕ gar·*neh*·le
lápiz *Bleistift* ⓜ *blai*·shtift
largo *lang* lang
lastimar *verletzen* fea·*le*·tsen
lata de gasolina *Benzinkanister* ⓜ
  ben·*tsihn*·ka·nis·ta
lata *Dose* ⓕ *doh*·se
lavadero *Waschküche* ⓕ *vash*·kü·she
lavadora *Waschmaschine* ⓕ
  vash·ma·shih·ne
lavandería *Wäscherei* ⓕ ve·she·*rai*
lavar *waschen* *va*·shen
lavarse *sich waschen*
  sish *va*·shen
laxantes *Abführmittel* ⓝ *ab*·füh·a·mi·tel
leche de soja *Sojamilch* ⓕ
  so·zha·milsh
leche descremada *fettarme Milch* ⓕ
  fet·ar·me milsh
leche *Milch* ⓕ milsh
lechuga *Kopfsalat* ⓜ *kopf*·sa·laht
lectura *Lesung* ⓕ *leh*·sung
leer *lesen* *leh*·sen
legal *legal* le·*gahl*
legislación *Gesetzgebung* ⓕ
  gue·*sets*·gue·bung
legumbre *Hülsenfrucht* ⓕ *hül*·sen·frujt
lejos *weit* vait
leña *Brennholz* ⓝ *bren*·holts
lentejas *Linse* ⓕ *lin*·se
lentes *Objektiv* ⓝ ob·*yek*·tihf
lentillas *Kontaktlinsen* ⓕ pl.
  kon·*takt*·lin·sen
lento *langsam* *lang*·sahm
lesbiana *Lesbin* ⓕ *les*·bin
ley (normas) *Gesetz* ⓝ gue·*sets*
libra (dinero y peso) *Pfund* ⓝ pfunt
libre *frei* frai
librería *Buchhandlung* ⓕ *buj*·hand·lung
libreta *Notizbuch* ⓝ no·*tihts*·buj
libro *Buch* ⓝ buj
libro en rústica *Taschenbuch* ⓝ
  ta·shen·buj
líder *Anführer* ⓜ *an*·füh·ra
lima *Limone* ⓕ li·*moh*·ne

límite de equipaje *Freigepäck* ⓝ
  frai·gue·pek
límite de velocidad
  Geschwindigkeits-begrenzung ⓕ
  gue·*shvin*·dish·kaits·be·gren·tsung
limón *Zitrone* ⓕ tsi·*troh*·ne
limpieza *Reinigung* ⓕ *rai*·ni·gung
limpio *sauber* *sau*·ba
línea aérea *Fluglinie* ⓕ *fluhk*·lih·ni·e
línea *Linie* ⓕ *lih*·ni·e
lino *Leinen* ⓝ *lai*·nen
linterna *Taschenlampe* ⓕ
  ta·shen·lam·pe
lío *Haschee* ⓝ ha·*sheh*
líquido de frenos *Bremsflüssigkeit* ⓕ
  brems·flü·ssish·kait
lista de correos *postlagernd*
  post·lah·guernt
llamada a cobro revertido *R-Gespräch* ⓝ
  er·gue·*shprej*
llamar (por teléfono) *telefonieren*
  te·le·fo·*nih*·re
llamar (al timbre) *klingeln* *klin*·gueln
llanura *Ebene* ⓕ *eh*·be·ne
llave *Schlüssel* ⓜ *shlü*·ssel
llegada *Ankunft* ⓕ *an*·kunft
llegar *ankommen* *an*·ko·men
llenar *füllen* *füh*·len
lleno *voll* fol
llevar *bringen* *brin*·guen
llevar puesto *tragen* *trah*·guen
lluvia *Regen* ⓜ *reh*·guen
local *örtlich* *ört*·lish
localidades de pie *Stehplatz* ⓜ
  shteh·plats
loción para después del afeitado
  Aftershave ⓝ *af*·ta·sheif
loco *verrückt* fe·*rükt*
lombrices *Würmer* ⓜ pl. *vür*·ma
loro *Papagei* ⓜ pa·pa·*gai*
lozano *frisch* frish
lubricante *Schmiermittel* ⓝ
  shmih·a·mi·tel
luces (coche) *Scheinwerfer* ⓜ pl.
  shain·ver·fa
lucha *Kampf* ⓜ kampf
lugar *Platz* ⓜ plats
lugar de nacimiento *Geburtsort* ⓜ
  gue·*burts*·ort

lujoso *luxuriös* luk·su·ri·ös
luna (llena) *(Voll) Mond* Ⓜ
(fol·)mohnt
luna de miel *Flitterwochen* Ⓕ pl.
fli·ta·vo·jen
lunes *Montag* Ⓜ mohn·tahk
luz *Licht* Ⓝ lisht

M

madera *Holz* Ⓝ holts
madre *Mutter* Ⓕ mu·ta
mago/a *Zauberer(in)* Ⓜ/Ⓕ tsau·be·ra/
tsau·be·re·rin
maleta *Koffer* Ⓜ ko·fa
maletero *Kofferraum* Ⓜ ko·fa·raum
maletín *Aktentasche* Ⓕ ak·ten·ta·she
malo *schlecht* shlesht
mamá *Mama* Ⓕ ma·ma
mamografía *Mammogramm* Ⓝ
ma·mo·gram
mañana (6.00-10.00) *Morgen* Ⓜ
mor·guen
mañana (10.00-12.00) *Vormittag* Ⓜ
foh·a·mi·tahk
mañana *morgen* mor·guen
mañana por la mañana *morgen früh*
mor·gen früh
mandarina *Mandarine* Ⓕ
man·da·rih·ne
mandíbula *Kiefer* Ⓜ kih·fa
(de) manga corta *kurzärmelig*
kurts·ëhr·me·lish
mango *Mango* Ⓕ mang·go
manifestación *Demonstration* Ⓕ
de·mons·tra·tsion
manillar *Lenker* Ⓜ leng·ka
mano *Hand* Ⓕ hant
manopla *Waschlappen* Ⓜ
vash·la·pen
manta *Decke* Ⓕ de·ke
manteca *Schmalz* Ⓝ shmalts
mantel *Tischdecke* Ⓕ tish·de·ke
mantequilla *Butter* Ⓕ bu·ta
manzana *Apfel* Ⓜ ap·fel
mapa de carreteras *Straßenkarte* Ⓕ
shtrah·ssen·kar·te
mapa *Karte* Ⓕ kar·te
maquillaje *Schminke* Ⓕ shming·ke

máquina expendedora de
billetes *Fahrkartenautomat* Ⓜ
fahr·kar·ten·au·to·maht
máquina *Maschine* Ⓕ ma·shih·ne
maquinilla de afeitar *Rasierer* Ⓜ ra·sih·ra
mar *Meer* Ⓝ meh·a
maravilloso *wunderbar* vun·da·bahr
marcado automático *Durchwahl* Ⓕ
dursh·vahl
marcador *Anzeigetafel* Ⓕ
an·tsai·gue·tah·fel
marcapasos *Herzschrittmacher* Ⓜ
herts·shrit·ma·ja
marchar *abfahren* ab·fah·ren
marco *Rahmen* Ⓜ rah·men
mareado *schwindelig* shvin·de·lish
mareado (en el mar) *seekrank*
seh·krank
mareas *Gezeiten* pl. gue·tsai·ten
mareo (al viajar en avión)
Luftkrankheit Ⓕ luft·krank·hait
mareo *Reisekrankheit* Ⓕ
rai·se·krank·hait
margarina *Margarine* Ⓕ mar·ga·rih·ne
marido *Ehemann* Ⓜ eh·e·man
mariguana *Marihuana* Ⓕ
ma·ri·hu·ah·na
mariposa *Schmetterling* Ⓜ
shme·ta·ling
marrón *braun* braun
martes *Dienstag* Ⓜ dihns·tahk
martillo *Hammer* Ⓜ ha·ma
más *mehr* meh·a
masaje *Massage* Ⓕ ma·sah·zhe
masajista (f.) *Masseurin* Ⓕ ma·söh·rin
masajista (m.) *Masseur* Ⓜ ma·söh·a
matar *töten* töh·ten
material *Material* Ⓝ ma·te·ri·ahl
matrimonio *Ehe* Ⓕ eh·e
mayonesa *Mayonnaise* Ⓕ
ma·yo·neh·se
mecánico/a *Mechaniker(in)* Ⓜ/Ⓕ
me·jah·ni·ka/me·jah·ni·ke·rin
mechero *Feuerzeug* Ⓝ foi·a·tsoik
medianoche *Mitternacht* Ⓕ mi·ta·najt
medias *Strümpfe* Ⓜ pl. shtrümp·fe
medicina homeopática
homöopathisches Mittel Ⓝ
hoh·möh·pah·ti·shes mi·tel

medicina *Medizin* ① me·di·*tsihn*
médico *Arzt/Ärztin* ⑩/① artst/*erts*·tin
medio ambiente *Umwelt* ① *um*·velt
medio litro *ein halber Liter* ⑩ ain
   hal·ba *lih*·ta
mediodía *Mittag* ⑩ *mi*·tahk
medios de comunicación *Medien* pl.
   meh·di·en
meditación *Meditation* ① me·di·ta·*tsion*
mejillón *Muschel* ① *mu*·shel
mejor (comparativo) *besser* be·ssa
mejor (superlativo) *beste* *bes*·te
melocotón *Pfirsich* ⑩ *pfir*·sish
melodía *Melodie* ① me·lo·*dih*
melón *Melone* ① me·*loh*·ne
mendigo *Bettler(in)* ⑩/① *bet*·la/
   bet·le·rin
menos *weniger* *veh*·ni·ga
mensaje *Mitteilung* ① *mit*·tai·lung
menstruación *Menstruation* ①
   mens·tru·a·*tsion*
mentiroso *Lügner(in)* ⑩/① *lüg*·na/
   lüg·ne·rin
mercado *Markt* ⑩ markt
mermelada *Marmelade* ①
   mar·me·*lah*·de
mermelada de naranja
   Orangenmarmelade ① o·*rahn*·zhen·
   mar·me·*lah*·de
mes *Monat* ⑩ *moh*·nat
mesa *Tisch* ⑩ tish
meseta *Hochebene* ① *hoj*·eh·be·ne
metal *Metall* ⑩ me·*tal*
metro (medida) *Meter* ⑩ *meh*·ta
metro (transporte) *U-Bahn* ① *uh*·bahn
mezclar *mischen* *mi*·shen
mezquita *Moschee* ① mo·*sheh*
mi *mein/meine/mein* ⑩/①/⑩
   main/*mai*·ne/main
microondas *Mikrowelle* ①
   mih·kro·ve·le
miedo (tener) *Angst (haben)*
   ankst (*hah*·ben)
miel *Honig* ⑩ *hoh*·nik
miembro *Mitglied* ⑩ *mit*·gliht
miércoles *Mittwoch* ⑩ *mit*·voj
migraña *Migräne* ① mi·*grèh*·ne
mil *tausend* *tau*·sent
milímetro *Millimeter* ⑩ mi·li·*meh*·ta

millón *Million* ① mi·*lion*
minuto *Minute* ① mi·*nuh*·te
mirar *(an)sehen* (*an*·)seh·en
misa *Messe* ① *me*·sse
mismo *gleiche* *glai*·je
mitad *Hälfte* ① *helf*·te
mochila *Rucksack* ⑩ *ruk*·sak
módem *Modem* ⑩ *moh*·dem
mojado *nass* nass
monasterio *Kloster* ⑩ *klohs*·ta
moneda *Währung* ① *vèh*·rung
monedas *Münzen* ① pl. *mün*·tsen
monitor/a *Lehrer(in)* ⑩/①
   leh·ra/*leh*·re·rin
monja *Nonne* ① *no*·ne
mononucleosis *Drüsenfieber* ⑩
   drüh·sen·fih·ba
montaña *Berg* ⑩ berk
montañismo/alpinismo *Bergsteigen* ⑩
   berk·shtai·guen
montar (a caballo) *reiten* *rai*·ten
monumento *Denkmal* ⑩ *dengk*·mahl
morado *Schramme* ① *shra*·me
mordedura (perro) *Biss* ⑩ biss
morir *sterben* *shter*·ben
mosca *Fliege* ① *flih*·gue
mosquito *Stechmücke* ① *shtesh*·mü·ke
mostaza *Senf* ⑩ senf
mostrar *zeigen* *tsai*·guen
motocicleta *Motorrad* ①
   moh·*toh*·a·raht
motor *Motor* ⑩ mo·toh·a/mo·*toh*·a
motora *Motorboot* ⑩ mo·*toh*·a·boht
mucho *viel* fihl
muchos *viele* *fih*·le
mudo *stumm* shtum
muebles *Möbel* ① pl. *möh*·bel
muerto *tot* toht
muesli *Müsli* ⑩ *mühs*·li
mujer *Frau* ① frau
multa *Geldbuße* ① *guelt*·buh·sse
Mundial *Weltmeisterschaft* ①
   velt·mais·ta·shaft
mundo *Welt* ① velt
muñeca *Puppe* ① *pu*·pe
muro *Mauer* ① *mau*·a
músculo *Muskel* ⑩ *mus*·kel
museo *Museum* ⑩ mu·*seh*·um
música *Musik* ① mu·*sihk*

músico callejero *Straßenmusiker(in)* ⓜ/ⓕ shtrah·ssen·mu·sih·ka/ shtrah·ssen·mu·sih·ke·rin

músico *Musiker(in)* ⓜ/ⓕ muh·sik·a/muh·sih·ke·rin

muslo de pollo *Hähnchenschenkel* ⓜ hèhn·shen·sheng·kel

musulmán/ana *Moslem/Moslime* ⓜ/ⓕ mos·lem/mos·lih·me

muy *sehr* seh·a

N

nacionalidad *Staatsangehörigkeit* ⓕ shtahts·an·gue·hö·rish·kait

nada *nichts* nishts

nadar *schwimmen* shvi·men

naranja (color) *orange* o·rahn·zhe

naranja (fruta) *Orange* ⓕ o·rahn·zhe

nariz *Nase* ⓕ nah·se

narrativa *Prosa* ⓕ proh·sa

nata *Sahne* ⓕ sah·ne

naturaleza *Natur* ⓕ na·tuh·a

naturopatía *Naturheilkunde* ⓕ na·tuh·a·hail·kun·de

náusea *Übelkeit* ⓕ üh·bel·kait

náuseas del embarazo *(Schwangerschafts-)Erbrechen* ⓝ (shvan·ga·shafts·)eh·a·bre·shen

navaja *Taschenmesser* ⓝ ta·shen·me·ssa

navegación/vela *Segeln* ⓝ seh·guelln

Navidad *Weihnachten* ⓝ vai·naj·ten

nebuloso/con niebla *neblig* neh·blish

necesario *notwendig* noht·ven·dish

necesitar *brauchen* brau·jen

negocios *Geschäft* ⓝ gue·sheft

negro *schwarz* shvarts

neumático *Reifen* ⓜ rai·fen

nevera *Kühlschrank* ⓜ kühl·shrank

ni *auch nicht* auj nisht

nieto *Enkelkind* ⓝ eng·kel·kint

nieve *Schnee* ⓜ shnee

niña/chica *Mädchen* ⓝ met·shen

ninguno *keine* kai·ne

niño/joven *Junge* ⓜ yun·gue

niño *Kind* ⓝ kint

niños de la calle *Straßenkinder* ⓝ pl. shtrah·ssen·kin·da

niños *Kinder* ⓝ pl. kin·da

no *nein* nain

no (para negar un verbo) *nicht* nisht

noche *Nacht* ⓕ najt

Nochebuena *Heiligabend* ⓜ hai·lish·ah·bent

Nochevieja *Silvester* ⓜ sil·ves·ta

nombre *Name* ⓜ nah·me

nombre de pila *Vorname* ⓜ foh·a·nah·me

norma/regla *Vorschrift* ⓕ foh·a·shrift

normal *normal* nor·mahl

norte *Norden* ⓜ nor·den

nosotros *wir* vih·a

noticias *Nachrichten* ⓕ pl. naj·rish·ten

novia *Freundin* ⓕ froin·din

novio *Freund* ⓜ froint

nube *Wolke* ⓕ vol·ke

nublado *wolkig* vol·kish

nuera *Schwiegertochter* ⓕ shvih·ga·toj·ta

nuestro *unser* un·sa

nuevo *neu* noi

nuez *Nuss* ⓕ nuss

número (de teléfono) *Nummer* ⓕ nu·ma

número (numeral) *Zahl* ⓕ tsahl

número de matrícula *Auto-kennzeichen* ⓝ au·to·ken·tsai·jen

número de pasaporte *Passnummer* ⓕ pass·nu·ma

nunca *nie* nih

O

o *oder* oh·da

objetivo *Ziel* ⓝ tsihl

obra de teatro *Schauspiel* ⓝ shau·shpihl

obrero *Fabrik-arbeiter(in)* ⓜ/ⓕ fa·brihk·ahr·bai·ta/ fa·brihk·ahr·bai·te·rin

observar *beobachten* be·oh·baj·ten

obvio *offensichtlich* o·fen·sisht·lish

océano *Ozean* ⓜ oh·tse·ahn

oculista *Optiker(in)* ⓜ/ⓕ op·ti·ka/op·ti·ke·rin

ocupación *Beruf* ⓜ be·ruhf

ocupado (persona) *beschäftigt* be·shef·tikt

ocupado (teléfono) *besetzt* be·*setzt*
odiar *hassen* ha·ssen
oeste *Westen* ⓜ ves·ten
oficina *Büro* ⓝ bü·roh
oficina de correos *Postamt* ⓝ post·amt
oficina de objetos perdidos *Fundbüro*
  ⓝ funt·bü·roh
oficina de turismo
  Fremdenverkehrsbüro ⓝ frem·den·
  fea·keh·a·bü·roh
oír *hören* hö·ren
ojo *Auge* ⓝ au·gue
OK *okay* o·kei
ola *Welle* ① ve·le
olla *Topf* ⓜ topf
olor *Geruch* ⓜ gue·rush
olvidar *vergessen* fea·gue·ssen
ópera *Oper* ① oh·pa
ópera (edificio) *Opernhaus* ⓝ
  oh·pahn·hauss
operación *Operation* ① oh·pe·ra·tsion
operadora *Vermittlung* ① fea·mit·lung
opinión *Meinung* ① mai·nung
oportunidad *Zufall* ⓜ tsuh·fal
oración *Gebet* ⓝ gue·beht
ordenador *Computer* ⓜ kom·piu·ta
oreja *Ohr* ⓝ oh·a
orfanato *Kinderkrippe* ① kin·da·kri·pe
organizar *organisieren* ohr·ga·ni·sih·ren
órgano (iglesia) *Orgel* ① ohr·guel
orgasmo *Orgasmus* ⓜ or·gas·muss
Oriente Próximo *Nahe Osten* ① nah·e
  os·ten
original *Original-* o·ri·gui·nahl·
oro *Gold* ⓝ golt
orquesta *Orchester* ⓝ ohr·kes·ta
oscuro *dunkel* dung·kel
oso *Bär* ⓜ bèh·a
ostra *Auster* ① aus·ta
otoño *Herbst* ⓜ herpst
otra vez *wieder* vih·da
otro *andere* an·de·re
oveja *Schaf* ⓝ shahf
oxígeno *Sauerstoff* ⓜ sau·a·shtof

P

padre *Vater* ⓜ fah·ta
padres *Eltern* ⓝ pl. el·tern

pagar *bezahlen* be·tsah·len
pagaré *Geldschein* ⓜ guelt·shain
página *Seite* ① sai·te
pago *Zahlung* ① tsah·lung
país *Land* ⓝ lant
paisaje *Landschaft* ① lant·shaft
Países Bajos *Niederlande* pl.
  nih·da·lan·de
pájaro *Vogel* ⓜ foh·guel
pala *Spaten* ⓜ shpah·ten
palabra *Wort* ⓝ vort
palillo (de dientes) *Zahnstocher* ⓜ
  tsahn·shto·ja
pan *Brot* ⓝ broht
panadería *Bäckerei* ① be·ke·ra
pantis *Strumpfhose* ① shtrumpf·hoh·se
pañal *Windel* ① vin·del
panecillo *Brötchen* ⓝ bröht·shen
pantalla (TV/ordenador) *Bildschirm*
  ⓜ bilt·shirm
pantalones *Hose* ① hoh·se
pantalones cortos *Shorts* pl. shorts
pañuelos de papel *Papiertaschentücher*
  ⓝ pl. pa·pih·a·ta·shen·tü·sha
papá *Papa* ⓜ pa·pa
papel *Papier* ⓝ pa·pih·a
papel higiénico *Toilettenpapier* ⓝ
  tu·a·le·ten·pa·pih·a
papeleo *Schreibarbeit* ①
  shraib·ahr·bait
papelería *Schreibwarenhandlung* ①
  shraib·vah·ren·hand·lung
paquete, embalaje *Packung* ①
  pa·kung
paquete *Paket* ⓝ pa·keht
para *für* füh·a
parabrisas *Windschutzscheibe* ①
  vint·shuts·shai·be
paracaidismo *Fallschirmspringen* ⓝ
  fal·shirm·shprin·guen
parada de autobús *Bushaltestelle* ①
  bus·hal·te·shte·le
parada de taxis *Taxistand* ⓜ
  tak·si·shtant
parado *arbeitslos* ahr·baits·lohs
paraguas *Regenschirm* ⓜ
  reh·guen·shirm
parapente *Gleitschirmfliegen* ⓝ
  glait·shirm·flih·guen

paraplégico *Querschnittsgelähmte*
ⓜ&ⓕ *kveh·a·shnits·gue·lèhm·te*
pareja *Paar* ⓝ *pahr*
parking *Parkplatz* ⓜ *park·plats*
parlamentario *Abgeordnete* ⓜ&ⓕ
abgue·ord·ne·te
parlamento *Parlament* ⓝ *par·la·ment*
paro/desempleo *Arbeitslosigkeit* ⓕ
ahr·baits·lo·sish·kait
parque nacional *Nationalpark* ⓜ
na·tsio·nahl·park
parque *Park* ⓜ *park*
parte *Teil* ⓝ *tail*
participar *sich beteiligen* sish
be·tai·li·guen
partida de nacimiento *Geburtsurkunde*
ⓕ *gue·burts·uh·a·kun·de*
partido (político) *Partei* ⓕ *par·tai*
partido (deportivo) *Spiel* ⓝ *shpihl*
pasa *Rosine* ⓕ *ro·sih·ne*
pasada (semana) *letzte (Woche)*
lets·te (vo·je)
pasado *Vergangenheit* ⓕ
fea·gan·guen·hait
pasado mañana *übermorgen*
ü·ba·mor·guen
pasajero (autobús/taxi) *Fahrgast* ⓜ
fahr·gast
pasajero (avión) *Fluggast* ⓜ *fluhk·gast*
pasajero (tren) *Reisende(r)* ⓜ/ⓕ
rai·sen·de
pasaporte (Reise)Pass ⓜ *(rai·se·)pass*
Pascua *Ostern* ⓝ *ohs·tern*
pase/abono *Pass* ⓜ *pass*
pasillo *Gang* ⓜ *gang*
pasta *Nudeln* ⓕ pl. *nuh·deln*
pastel *Kuchen* ⓜ *ku·jen*
pastelería *Konditorei* ⓕ *kon·dih·to·rai*
pastillas/píldoras *Pille* ⓕ *pi·le*
patata *Kartoffel* ⓕ *kar·to·fel*
patinaje sobre hielo *Eislaufen* ⓝ
aiss·lau·fen
patinar (sobre hielo) *eislaufen*
aiss·lau·fen
patines en línea *Rollschuhfahren* ⓝ
rol·shuh·fah·ren
patio *Terrasse* ⓕ *te·ra·sse*
pato *Ente* ⓕ *en·te*
patrón *Arbeitgeber* ⓜ *ahr·bait·gueh·ba*

pavo *Truthahn* ⓜ *truht·hahn*
paz *Frieden* ⓜ *frih·den*
peatón *Fußgänger(in)* ⓜ/ⓕ
fuhs·guen·ga/fuhs·guen·gue·rin
pecho *Brust* ⓕ brust
pechuga de pollo *Hühnerbrust* ⓕ
hü·na·brust
pedal *Pedal* ⓝ pe·*dahl*
pedido (restaurante) *Bestellung* ⓕ
be·*shte*·lung
pedir (algo) *um etwas bitten* um
*et·vass bi·*ten
pedir *bestellen* be·*shte*·len
pedir prestado (aus)leihen *(auss·)lai·en*
peine *Kamm* ⓜ kam
peldaño *Stufe* ⓕ *shtuh·fe*
pelea *Streit* ⓜ shtrait
película *Film* ⓜ film
película/carrete *Film* ⓜ film
peligroso *gefährlich* gue·*fèhr·lish*
pelo *Haar* ⓝ hah
pelota *Ball* ⓜ bal
pelota de golf *Golfball* ⓜ *golf*·bal
peluquero/a *Friseur(in)* ⓜ/ⓕ fri·*suh·a*/
fri·*suh·a·rin*
pendientes *Ohrringe* ⓜ pl. *oh·a·rin·gue*
pene *Penis* ⓜ *peh*·niss
pensar *denken* *den*·ken
pensión *Pension* ⓕ pan·*sion*
pensionista *pensioniert* pan·sio·*nih*·ert
peor *schlechter* shlesh·ta
pepino *Gurke* ⓕ *gur*·ke
pequeño *klein* klain
pera *Birne* ⓕ *bir*·ne
perder (el autobús) *verpassen*
fea·*pa*·ssen
perder *verlieren* fea·*lih*·ren
perdido *verloren* fea·*loh*·ren
perdonar *verzeihen* fea·*tsai*·en
peregrinación *Pilgerfahrt* ⓕ *pil*·ga·fahrt
perejil *Petersilie* ⓕ peh·ta·*sih*·li·e
perezoso *faul* faul
perfume *Parfüm* ⓝ par·*füm*
periódico *Zeitung* ⓕ *tsai*·tung
periodista *Journalist(in)* ⓜ/ⓕ
zhur·na·*list*/zhur·na·*lis*·tin
permiso *Genehmigung* ⓕ
gue·*neh*·mi·gung
permiso de conducir *Führerschein* ⓜ

füh·ra·shain

permiso de trabajo *Arbeitserlaubnis* ①
ahr·baits·eh·a·laub·niss

permitir *erlauben* eh·a·lau·ben

pero *aber* ah·ba

perro *Hund* ⓜ hunt

perro lazarillo *Blindenhund* ⓜ
blin·den·hunt

persona *Person* ① per·sohn

personal *persönlich* per·söhn·lish

pesado *schwer* shveh·a

pesar *wiegen* vih·guen

pesca *Fischen* ⓝ fi·shen

pescadería *Fischgeschäft* ⓝ
fish·gue·sheft

pescado *Fisch* ⓜ fish

peso *Gewicht* ⓝ gue·visht

petición *Petition* ① pe·ti·tsiohn

petróleo *Öl* ⓝ öl

piano *Klavier* ① kla·vih·a

picada (insecto) *Stich* ⓜ shtish

picante *würzig* vür·tsish

picnic *Picknick* ① pik·nik

picor *Juckreiz* ⓝ yuk·raits

pie *Fuß* ⓜ fuss

piedra *Stein* ⓜ shtain

piel/epidermis *Haut* ① haut

piel/cuero *Leder* ⓝ leh·da

pierna *Bein* ⓝ bain

pimentón *Paprika* ① pa·pri·ka

pimentón dulce *Paprika* ① pa·pri·ka

pimienta *Pfeffer* ⓜ pfe·fa

piña *Ananas* ② a·na·nass

pinchazo *Reifenpanne* ① rai·fen·pa·ne

ping-pong *Tischtennis* ⓝ tish·te·niss

pintor/a *Maler(in)* ⓜ/①
mah·la/mah·le·rin

pintura (el arte) *Malerei* ⓝ mah·le·rai

pinturas *Farben* ①. far·ben

pinzas *Pinzette* ① pin·tse·te

piojos *Läuse* ①. pl. loi·se

piolet *Eispickel* ⓜ aiss·pi·kel

piqueta *Spitzhacke* ① shpits·ha·ke

piscina *Schwimmbad* ⓝ shvim·baht

piscina (cubierta) *Hallenbad* ⓝ
ha·len·baht

piscina (descubierta) *Freibad* ⓝ
frai·baht

piso (planta) *Stock* ⓜ shtok

pista (deporte) *Platz* ⓜ plats

pista de tenis *Tennisplatz* ⓜ
te·nis·plats

pistacho *Pistazie* ① pis·tah·tsih

planchar *bügeln* büh·gueln

planeta *Planet* ⓜ pla·neht

plano *flach* flaj

planta *Pflanze* ① pflan·tse

plástico *Plastik* ⓝ plas·tik

(de) plata *silbern* sil·bern

plátano *Banane* ① ba·nah·ne

plato *Teller* ⓜ te·la

playa *Strand* ⓜ shtrant

plaza *Platz* ⓜ plats

plaza del mercado *Marktplatz* ⓜ
markt·plats

plaza mayor *Hauptplatz* ⓜ haupt·plats

plaza/localidad (tren/cine) *Platz* ⓜ
plats

pobre *arm* arm

pobreza *Armut* ① ar·mut

poco (no demasiado) *wenig* veh·nish

pocos *wenige* veh·ni·gue

poder (tener permiso) *können* kö·nen

poder (verbo) *können* kö·nen

poder/fuerza *Kraft* ① kraft

poesía *Dichtung* ① dish·tung

polen *Pollen* ⓜ po·len

policía *Polizei* ① po·li·tsai

política *Politik* ① po·li·tihk

político/a *Politiker(in)* ⓜ/①
po·lih·ti·ka/po·lih·ti·ke·rin

pollo *Huhn* ⓝ huhn

pomelo *Pampelmuse* ① pam·pel·muh·se

pony *Pony* ⓝ po·ni

popular *beliebt* be·lihbt

póquer *Poker* ⓝ poh·ka

por ejemplo *zum Beispiel* tsum
bai·shpihl

por favor *bitte* bi·te

por *pro* proh

por qué *warum* va·rum

porcentaje *Prozent* ⓝ pro·tsent

porque *weil* vail

portátil *Laptop* ⓜ lep·top

portero/a *Torwart/Torhüterin* ⓜ/①
toh·a·vart/toh·a·hü·te·rin

posible *möglich* mö·glish

postal *Postkarte* ① post·kar·te

poste indicador *Wegweiser* ⓜ
vehk·vai·sa
póster *Plakat* ⓝ pla·*kaht*
práctico *praktisch* prak·tish
precio *Preis* ⓜ praiss
precio de entrada *Eintrittsgeld* ⓝ
ain·trits·guelt
preferir *vorziehen* foh·a·tsih·en
prefijo *Vorwahl* ⓕ foh·a·vahl
pregunta *Frage* ⓕ frah·gue
preocupado *besorgt* be·*sorkt*
preocuparse (por alguien) *sich kümmern um* sish kü·mern um
preparado *fertig* fer·tish
preparar *vorbereiten* foh·a·be·rai·ten
presente *Gegenwart* ⓕ gueh·guen·vart
preservativo *Kondom* ⓝ kon·*dohm*
presidente/a *Präsident(in)* ⓜ/ⓕ
pre·si·*dent*/pre·si·*den*·tin
presión *Druck* ⓜ druk
preso *Gefangene* ⓜ&ⓕ gue·*fan*·gue·ne
primavera *Frühling* ⓜ *früh*·ling
primer/a ministro/a *Premierminister(in)* ⓜ/ⓕ pre·mi·*eh*·mi·*nis*·ta/
pre·mi·*eh*·mi·*nis*·te·rin
primer/a ministro/a (en Alemania y Austria) *Bundeskanzler(in)* ⓜ/ⓕ
bun·des·kants·la/*bun*·des·kants·le·rin
primero *erste* *ehrs*·te
primo/a *Cousin(e)* ⓜ/ⓕ ku·*sah*/
ku·*sih*·ne
principal/capital *Haupt-* haupt
principio *Beginn* ⓜ be·*guin*
(con) prisa *in Eile* in *ai*·le
prismáticos *Fernglas* ⓝ *fern*·glass
privado *privat* pri·*vaht*
producir/fabricar *produzieren*
pro·du·*tsih*·ren
productos lácteos *Milchprodukte* ⓝ pl.
milsh·pro·duk·te
profesión *Beruf* ⓜ be·*ruhf*
profesor/a *Lehrer(in)* ⓜ/ⓕ
leh·ra/*leh*·re·rin
profundo *tief* tihf
programa *Programm* ⓝ pro·*gram*
prolongación (visado) *Verlängerung* ⓕ
fea·*len*·gue·rung
prometer *versprechen* fea·*shpre*·jen
prometido/a *Verlobte* ⓜ&ⓕ fea·*lop*·te

pronto *bald* balt
propietario/a *Besitzer(in)* ⓜ/ⓕ
be·*si*·tsa/be·*si*·tse·rin
propina *Trinkgeld* ⓝ tringk·guelt
propuesta *Vorschlag* ⓜ foh·a·shlaj
prostituta *Prostituierte* ⓕ
pros·ti·tu·*ihr*·te
proteger *beschützen* be·*shü*·tsen
protegido (especies animales)
geschützte gue·*shüts*·te
protesta *Protest* ⓜ pro·*test*
protestar *protestieren* pro·tes·*tih*·ren
provisiones *Verpflegung* ⓕ
fea·*pfleh*·gung
próximo *nächste* *nèhjs*·te
proyector *Projektor* ⓜ pro·*yek*·to·a
prueba de embarazo
Schwangerschaftstest ⓜ
shvan·ga·shafts·test
prueba *Test* ⓜ test
pruebas nucleares *Atomtest* ⓜ
a·*tohm*·test
psicología *Psychologie* ⓕ psü·jo·lo·*guih*
pub *Kneipe* ⓕ knai·pe
pueblo *Dorf* ⓝ dorf
puente *Brücke* ⓕ *brü*·ke
puerro *Lauch* ⓜ lauj
puerta *Tür* ⓕ *tüh*·a
puerto *Hafen* ⓜ hah·fen
puesta de sol *Sonnenuntergang* ⓜ
so·nen·un·ta·gang
pulga *Floh* ⓜ floh
pulmones *Lungen* ⓕ pl. *lun*·guen
punto *Punkt* ⓜ punkt
puro *rein* rain

Q

qué *was* vass
quedarse *bleiben* blai·ben
quedarse sin *ausgehen* auss·gueh·en
quemadura de sol *Sonnenbrand* ⓜ
so·nen·brant
quemar (ver)brennen (fea·)*bre*·nen
querer *wollen* vo·len
queso *Käse* ⓜ *kèh*·se
queso para untar *Frischkäse* ⓜ
frish·kèh·se
quien/quién *wer* veh·a

quiosco *Kiosk* ⓜ kih·osk
quiste ovárico *Eierstockzyste* ⓕ
ai·a·shtok·tsüs·te
quizá *vielleicht* fi·*laisht*

R

rábano picante *Meerrettich* ⓜ
meh·a·re·tish
rábano *Rettich* ⓜ re·tish
racismo *Rassismus* ⓜ ra·*ssis*·muss
radiador *Heitskörper* ⓜ heits·kör·pa
radio *Radio* ⓝ rah·di·o
rally *Rallye* ⓕ rèh·li
rana *Frosch* ⓜ frosh
rápido *schnell* shnel
rápidos *Stromschnellen* ⓕ pl.
shtrohm·shne·len
raqueta *Schläger* ⓜ shlèh·ga
raro *selten* sel·ten
rastro (mercado) *Flohmarkt* ⓜ
floh·markt
rata *Ratte* ⓕ ra·te
ratón *Maus* ⓕ mauss
rayo (rueda) *Speichen* ⓕ pl. shpai·shen
razón *Grund* ⓜ grunt
realista *realistisch* re·a·*lis*·tish
recargar *aufladen* auf·lah·den
rechazar *ablehnen* ab·leh·nen
recibir *erhalten* eh·a·hal·ten
recibo *Quittung* ⓕ kvi·tung
reciclar *recyceln* ri·*sai*·keln
reclamar *sich beschweren* sish
besh·*veh*·ren
recoger (a alguien) *einholen*
ein·hoh·len
recogida de equipajes *Gepäckausgabe*
ⓕ gue·*pek*·auss·gah·be
recogida de fruta *Obsternte* ⓕ
ohbst·ern·te
recomendar *empfehlen* emp·*feh*·len
recto *gerade* gue·*rah*·de
recuerdo (souvenir) *Souvenir* ⓝ
su·ve·*nihr*
red *Netz* ⓝ nets
redondo *rund* runt
referéndum *Volksentscheid* ⓜ
folks·ent·shait
refresco *alkoholfreies Getränk* ⓝ

al·ko·hohl·frai·es gue·*trengk*
refugiado *Flüchtling* ⓜ flüsht·ling
refugio de montaña *Berghütte* ⓕ
berk·hü·te
regalo de boda *Hochzeitsgeschenk* ⓝ
hoj·tsaits·gue·shenk
regalo *Geschenk* ⓝ re·*shenk*
región *Region* ⓕ re·*guion*
reglas *Regeln* ⓕ pl. reh·gueln
regresar *zurückkommen*
tsu·*rük*·ko·men
reina *Königin* ⓕ köh·ni·guin
reir *lachen* la·jen
relación de pareja *Beziehung* ⓕ
be·*tsih*·ung
relajarse *sich entspannen* sish
ent·*shpa*·nen
relámpago *Blitz* ⓜ blits
relato *Geschichte* ⓕ gue·*shish*·te
religión *Religion* ⓕ re·li·*guion*
religioso *religiös* re·li·*guiös*
reliquia *Reliquie* ⓕ re·*lih*·kvi·e
reloj de cuco *Kuckucksuhr* ⓕ
ku·kuks·uh·a
reloj *Uhr* ⓕ uh·a
remedio para la tos *Hustensaft* ⓜ
hus·ten·saft
remo *Rudern* ⓝ ruh·dern
remolacha *rote Beete* ⓕ roh·te beh·te
remoto *abgelegen* ab·gue·leh·guen
reparar *reparieren* re·pa·*rih*·ren
repartir (cartas) *austeilen* aus·tai·len
repelente de insectos
Insektenschutzmittel ⓝ
in·sek·ten·shuts·mi·tel
repetir *wiederholen* vih·da·*hoh*·len
representación *Aufführung* ⓕ
auf·füh·rung
república *Republik* ⓕ re·pu·*blihk*
requerimiento *Forderung* ⓕ
foh·de·rung
requesón *Hüttenkäse* ⓜ hü·ten·keh·se
resbaladizo *glatt* glat
reserva natural *Naturreservat* ⓝ
na·*tuh*·a·re·seh·a·vaht
reserva *Reservierung* ⓕ re·sa·*vih*·rung
reservar (una plaza, una habitación)
buchen bu·jen
reservar *reservieren* re·sa·*vih*·ren

residir *wohnen* voh·nen
residuos nucleares *Atommüll* ⓜ
a·tohm·mül
residuos tóxicos *Giftmüll* ⓜ guift·mül
respirar *atmen* aht·men
responder *antworten* ant·vor·ten
respuesta *Antwort* ⓕ ant·vort
restaurante *Restaurant* ⓝ res·to·rahnt
retraso *Verspätung* ⓕ fea·shpèh·tung
retroceder *zurück* tsuh·rük
reutilizable *wiederverwertbar*
vih·da·fea·vert·bahr
revisar (cuenta) *Rechnung* ⓕ rej·nung
revisor/a (en medios de transporte)
Fahrkartenkontrolleur/in ⓜ/ⓕ
fahr·kar·ten·kon·tro·lör/
fahr·kar·ten·kon·tro·lö·rin
revista *Zeitschrift* ⓕ tsait·shrift
rey *König* ⓜ köh·nish
rico *reich* raish
riesgo *Risiko* ⓝ rih·si·ko
riñonera *Hüfttasche* ⓕ hüft·ta·she
río *Fluss* ⓜ fluss
ritmo *Rhythmus* ⓜ rüt·muss
robar *stehlen* shteh·len
robo *Raub* ⓜ raub
roca *Fels* ⓜ fels
rock (música) *Rockmusik* ⓕ
rok·mu·sihk
rodilla *Knie* ⓝ knih
rojo *rot* roht
romántico *romantisch* ro·man·tish
romper (zer)brechen (tsea·)bre·shen
ron *Rum* ⓜ rum
ropa *Kleidung* ⓕ klai·dung
ropa de cama *Bettwäsche* ⓕ bet·ve·she
ropa interior *Unterwäsche* ⓕ
un·ta·ve·she
rosa *rosa* roh·sa
roto *kaputt* ka·put
rotonda *Kreisverkehr* ⓜ krais·fea·keh·a
rueda *Rad* ⓝ raht
rueda de recambio *Reservereifen* ⓜ
re·seh·a·ve·rai·fen
rugby *Rugby* ⓝ rag·bi
ruidoso *laut* laut
ruinas *Ruinen* ⓕ pl. ru·ih·nen
ruta *Route* ⓕ ruh·te

S

sábado *Samstag* ⓜ sams·tahk
sábana *Bettlaken* ⓝ bet·lah·ken
Sabbath *Sabbat* ⓜ sa·bat
saber (ser capaz) *können* kö·nen
saber (tener conocimiento) *wissen*
vi·ssen
sabroso *schmackhaft* shmak·haft
sacacorchos *Flaschenöffner* ⓜ
fla·shen·öf·na
sacerdote *Priester* ⓜ prihs·ta
saco de dormir *Schlafsack* ⓜ shlahf·sak
sagrado/santo *heilig* hai·lish
sal *Salz* ⓝ salts
sala de espera (estación de tren)
Wartesaal ⓝ var·te·sahl
sala de espera (médico) *Wartezimmer*
ⓝ var·te·tsi·ma
sala de tránsito *Transitraum* ⓜ
tran·siht·raum
salami *Salami* ⓕ sa·lah·mi
salchicha *Wurst* ⓕ vurst
salida *Start* ⓜ shtart
salida del sol *Sonnenaufgang* ⓜ
so·nen·auf·gang
salida (para coches) *Abfahrt* ⓕ
ab·fahrt
salida (para peatones) *Ausgang* ⓜ
auss·gang
salir *abfahren* ab·fah·ren
salir con *ausgehen mit*
auss·gueh·en mit
salir (con alguien)
mit jemandem ausgehen
mit yeh·man·dem auss·gueh·en
salmón *Lachs* ⓜ lajs
salón de belleza *Schönheitssalon* ⓜ
shöhn·haits·sa·lohn
salsa de soja *Sojasauce* ⓕ
so·zha·soh·sse
salsa de tomate *Tomatensauce* ⓕ
to·mah·ten·soh·sse
salsa *Sauce/Soße* ⓕ soh·sse
saltar *springen* shprin·guen
salud *Gesundheit* ⓕ gue·sunt·hait
salvaje/silvestre *wild* vilt
salvar *retten* re·ten

sandalias *Sandalen* ① pl. san·*dah*·len
sandía *Wassermelone* ① va·ssa·me·loh·ne
sangre *Blut* ⑩ bluht
santo *Heilige* ⑩&① *hai*·li·gue
santuario *Schrein* ⑩ shrain
sarampión *Masern* pl. *mah*·sern
sardina *Sardine* ① sar·*dih*·ne
sartén *Bratpfanne* ① *braht*·pfa·ne
sastre *Schneider(in)* ⑩/①
  shnai·da/*shnai*·de·rin
sauna *Sauna* ① *sau*·na
secar *trocknen* *trok*·nen
seco (vino) *trocken* *tro*·ken
secretaria *Sekretär(in)* ⑩/①
  se·kre·*tèh*(·rin)
secreto *Geheimnis* ⑩ gue·*haim*·niss
seda *Seide* ① *sai*·de
seda dental *Zahnseide* ① *tsahn*·sai·de
sede *Veranstaltungsort* ⑩
  fea·an·*shtal*·tunks·ort
sediento *durstig* *durs*·tish
seguidor (deporte) *Fan* ⑩ fen
seguidores/hinchas *Anhänger* ⑩ pl.
  an·hen·ga
seguir *folgen* *fol*·guen
segundo (medida temporal) *Sekunde*
  ① se·*kun*·de
segundo (posición) *zweite* *tsvai*·te
seguridad *Sicherheit* ① *si*·ja·hait
seguro *sicher* *si*·ja
seguro (de vida, del coche)
  Versicherung ① fea·*si*·je·rung
sello *Briefmarke* ① *brihf*·mar·ke
semáforo *Ampel* ① *am*·pel
(esta) semana (diese) *Woche* ①
  (*dih*·se) *vo*·je
Semana Santa *Ostern* ① *os*·tern
señal *Schild* ⑩ shilt
señalar *zeigen* *tsai*·guen
senda *Pfad* ⑩ pfaht
senderismo *Wandern* ⑩ *van*·dern
sendero *Weg* ⑩ vehk
sendero/ruta *Wanderweg* ⑩
  van·da·vehk
sendero de montaña *Bergweg* ⑩
  berk·vehk
sensato *vernünftig* fea·*nünf*·tish
sensibilidad *Empfindlichkeit* ①
  emp·*fint*·lish·kait

sensual *sinnlich* *sin*·lish
sentarse *sitzen* *si*·tsen
sentimientos *Gefühle* ⑩ pl.
  gue·*füh*·le
sentir *fühlen* *füh*·len
separar *getrennt* gue·*trent*
ser/estar *sein* sain
serie *Serie* ① *seh*·ri·e
series televisivas *Fernsehserie* ①
  fern·seh·seh·ri·e
serio *ernst* ernst
seropositivo *HIV-positiv*
  hah·ih·fau·*poh*·si·tihf
serpiente *Schlange* ① *shlan*·gue
servicio (baño) *Toilette* ① tu·a·*le*·te
servicio (restaurante)
  Bedienungszuschlag ⑩
  be·*dih*·nunks·tsuh·shlak
servicio de asistencia en carretera
  Abschleppdienst ⑩ *ab*·shlep·dihnst
servicio militar *Wehrdienst* ⑩
  veh·a·dihnst
servilleta *Serviette* ① *serv*·i·e·te
sesión de ejercicio *Training* ⑩
  trei·ning
setas *Pilz* ⑩ pilts
sexismo *Sexismus* ⑩ sek·*sis*·muss
sexo *Sex* ⑩ seks
sexo seguro *Safe Sex* ⑩ seif seks
sexy *sexy* *sek*·si
shorts *Shorts* pl. shorts
sí *ja* yah
si *wenn* ven
sida *AIDS* ⑩ aids
sidra *Apfelmost* ⑩ *ap*·fel·most
siempre *immer* *i*·ma
signo del zodíaco *Sternzeichen* ⑩
  shtern·tsai·jen
silla *Stuhl* ⑩ shtuhl
silla de ruedas *Rollstuhl* ⑩ *rol*·shtuhl
sillín *Sattel* ⑩ *sa*·tel
similar *ähnlich* *èhn*·lish
simpático *freundlich* *froint*·lish
simple *einfach* *ain*·faj
sin apetito *appetitlos* a·pe·*tit*·loss
sin plomo *bleifrei* *blai*·frai
sin techo *obdachlos* *ob*·daj·lohs
sinagoga *Synagoge* ① sü·na·*goh*·gue

síndrome premenstrual *prämenstruelle Störung* ⓕ
prèh·mens·tru·*eh*·le shtöh·rung

Singapur *Singapur* ⓜ sin·ga·*pu*·a

sintético *synthetisch* sün·*teh*·tish

situación *Lage* ⓕ *lah*·gue

skateboard *Skateboarden* ⓝ
skeit·bohr·den

snowboard *Snowboarden* ⓝ
snou·bohr·den

sobornar *bestechen* be·*shte*·shen

sobre (de carta) *Briefumschlag* ⓜ
brihf·um·shlahk

sobredosis *Überdosis* ⓕ *üh*·ba·doh·sis

sobrina *Nichte* ⓕ *nish*·te

sobrino *Neffe* ⓜ *ne*·fe

socialista *sozialistisch* so·tsia·*lis*·tish

sol *Sonne* ⓕ *so*·ne

soleado *sonnig* *so*·nish

solicitante de asilo *Asylant(in)* ⓜ/ⓕ
a·sü·*lant*/a·sü·*lan*·tin

sólido *fest* fest

solo (solitario) *einsam* *ain*·sahm

solo *allein* a·*lain*

sólo *nur* *nuh*·a

soltero *ledig* *leh*·dish

sombra *Schatten* ⓜ *sha*·ten

sombrero *Hut* ⓜ huht

somníferos *Schlaftabletten* ⓕ pl.
shlahf·ta·ble·ten

soñoliento *schläfrig* *shle*·frish

sonreír *lächeln* *le*·jeln

sopa *Suppe* ⓕ *su*·pe

sordo *taub* taup

sorpresa *Überraschung* ⓕ
üh·ba·*ra*·shung

stop *Halt* ⓜ halt

su (de él) *sein* sain

su (de ellos) *ihr* *ih*·a

su (sing./pl./for.) *Ihr* *ih*·a

su (de ella) *ihr* *ih*·a

submarinismo *Tauchen* ⓝ *tau*·shen

subsidio de desempleo *Arbeitslosengeld* ⓝ
ahr·baits·loh·sen·guelt

subtítulos *Untertitel* ⓜ pl. *un*·ta·tih·tel

sucesos de actualidad *Aktuelles* ⓝ
ak·tu·e·les

sucio *schmutzig* *shmu*·tsish

suegra *Schwiegermutter* ⓕ
shvih·ga·mu·ta

suegro *Schwiegervater* ⓜ
shvih·ga·fah·ta

sueldo *Gehalt* ⓝ gue·*halt* • *Lohn* ⓜ lohn

suelo *Boden* ⓜ *boh*·den

sueño *träumen* *troi*·men

suerte *Glück* ⓝ glük

suficiente *genug* gue·*nuhk*

Suiza *Schweiz* ⓕ shvaits

sujetador *BH* ⓜ beh·*hah*

supermercado *Supermarkt* ⓜ
suh·pa·markt

superstición *Aberglaube* ⓜ
ah·ba·glau·be

sur *Süden* ⓜ *süh*·den

T

tabaco *Tabak* ⓜ *tah*·bak

tabla de surf *Surfbrett* ⓝ *serf*·bret

tablón *Brett* ⓝ bret

tacaño *geizig* *gai*·tsish

talco para bebés *Babypuder* ⓝ
bei·bi·puh·da

taller *Werkstatt* ⓕ *verk*·shtat

tamaño *Größe* ⓕ *gröh*·se

también *auch* auj

tampones *Tampons* ⓜ pl. *tam*·pons

tapón para el oído *Ohrenstöpsel* ⓜ
oh·ren·shtöp·sel

tapón *Stöpsel* ⓜ *shtöp*·ssel

taquilla *Theaterkasse* ⓕ te·*ah*·ta·ka·sse

tarde *spät* shpèht

(esta) tarde *(heute) Nachmittag* ⓜ
(*hoi*·te) naj·mi·tahk

tarde/noche *Abend* ⓜ *ah*·bent

tareas domésticas *Hausarbeit* ⓕ
hauss·ahr·bait

tarjeta de crédito *Kreditkarte* ⓕ
kreh·*diht*·kar·te

tarjeta de embarque *Bordkarte* ⓕ
bort·kar·te

tarjeta telefónica *Telefonkarte* ⓕ
te·le·*fohn*·kar·te

tarro *Glas* ⓝ glahs

tarta nupcial *Hochzeitstorte* ⓕ
hoj·tsaits·tor·te

tasa de aeropuerto *Flughafengebühr* ①
flughk·hah·fen·gue·büh·a

taxi *Taxi* ⓝ tak·si

taza *Tasse* ① ta·sse

té *Tee* ⓝ teh

teatro *Theater* ⓝ te·ah·ta

techo *Dach* ⓝ daj

teclado *Tastatur* ① tas·ta·tuh·a

técnica *Technik* ① tej·nik

tejido *Gewebe* ⓝ gue·veh·be

tejón *Dachs* ⓝ dajs

teleférico *Seilbahn* ① sail·bahn

teléfono de monedas *Münztelefon* ⓝ
münts·te·le·fohn

teléfono móvil *Handy* ⓝ hen·di

teléfono público *öffentliches Telefon* ⓝ
ö·fent·li·shes te·le·fohn

teléfono *Telefon* ⓝ te·le·fohn

telegrama *Telegramm* ⓝ te·le·gram

telescopio *Teleskop* ⓝ te·les·kohp

telesilla *Sessellift* ⓝ se·sse·lift

televisor *Fernseher* ⓜ fern·seh·a

temperatura *Temperatur* ①
tem·pe·ra·tuh·a

templo *Tempel* ⓜ tem·pel

temprano *früh* früh

tenedor *Gabel* ① gah·bel

tener *haben* hah·ben

tener cuidado *aufpassen* auf·pa·ssen

tenis *Tennis* ⓝ te·niss

tensión arterial *Blutdruck* ⓜ
bluht·druk

tentempié *Snack* ⓜ snak

tercer(o) *dritte* dri·te

terminal (transporte) *Endstation* ①
ent·shta·tsion

terminal de autobuses *Busbahnhof* ⓜ
bus·bahn·hohf

termo *Thermosflasche* ①
ter·mos·fla·she

ternera *Kalbfleisch* ⓝ kalb·flaish •
Rindfleisch ⓝ rint·flaish

terremoto *Erdbeben* ⓝ ehrt·beh·ben

terrible *schrecklich* shrek·lish

testarudo *stur* shtuh·a

testigo *Zeugnis* ⓝ tsoik·niss

tetera *Kessel* ⓜ ke·ssel

TI *Informationstechnologie* ①
in·for·ma·tsions·tej·no·lo·guih

tía *Tante* ① tan·te

tiempo (meteorológico) *Wetter* ⓝ ve·ta

tienda *Geschäft* ⓝ gue·sheft

tienda (de campaña) *Zelt* ⓝ tselt

**tienda de artículos de segunda
mano** *Secondhandgeschäft* ⓝ
se·kond·hend·gue·sheft

tienda de comestibles
Lebensmittelladen ⓜ
leh·bens·mi·tel·lah·den

tienda de recuerdos *Souvenirladen* ⓜ
su·ve·nihr·lah·den

tienda de ropa *Bekleidungsgeschäft* ⓝ
be·klai·dunks·gue·sheft

tienda de vinos y licores
Getränkehandel ⓜ
gue·treng·ke·han·del

Tierra *Erde* ① ehr·de

tierra *Land* ⓝ lant

tijeras *Schere* ① sheh·re

tímido *schüchtern* shüsh·tern

tintorería *chemische Reinigung* ①
sheh·mi·she rai·ni·gung

tío *Onkel* ⓜ ong·kel

típico *typisch* tü·pish

tipo de cambio *Wechselkurs* ⓜ
vej·ssel·kurs

tipo *Typ* ⓜ tüp

tirabeque *Zuckererbse* ① tsu·ka·erp·se

tirar *ziehen* tsih·en

tirita *Pflaster* ⓝ pflas·ta

título *Qualifikationen* ① pl.
kva·li·fi·ka·tsioh·nen

toalla *Handtuch* ⓝ hant·tuhj

toalla de baño *Badetuch* ⓝ bah·de·tuhj

toallita protectora *Slipeinlage* ①
slip·ain·lah·gue

tobillo *Knöchel* ⓜ knö·jel

tocar (instrumento) *spielen* shpih·len

tocar *berühren* be·rüh·ren

todavía *noch* noj

todavía no *noch nicht* noj nisht

todo *alles* a·les

todos *jeder* yeh·da

tofu *Tofu* ⓝ toh·fu

tomate *Tomate* ① to·mah·te

tono de marcado *Wählton* ⓜ
vèhl·tohn

tormenta *Sturm* ⓜ shturm

torre *Turm* ⓜ turm
tos *husten* hus·ten
tostada *Toast* ⓜ toust
tostadora *Toaster* ⓜ *tous*·ta
trabajador/a *Arbeiter(in)* ⓜ/ⓕ
ahr·bai·ta/ahr·bai·te·rin
trabajar *arbeiten* ahr·bai·ten
trabajo *Arbeit* ⓕ ahr·bait
(puesto de) trabajo *Arbeitsstelle* ⓕ
ahr·baits·shte·le
trabajo eventual *Gelegenheitsarbeit* ⓕ
gue·leh·guen·haits·ahr·bait
traducir *übersetzen* üh·ba·se·tsen
traer *bringen* brin·guen
traficante de droga *Drogenhändler* ⓜ
droh·guen·hen·dla
tráfico *Verkehr* ⓜ fea·keh·a
tranquilo *ruhig* ruh·ish
transbordo (trenes) *umsteigen*
um·shtai·guen
transporte *Transport* ⓜ trans·port
tranvía *Straßenbahn* ⓕ
shtrah·ssen·bahn
tregua *Pause* ⓕ pau·se
tren *Zug* ⓜ tsuhk
trepar *klettern* kle·tern
tribunal *Gericht* ⓝ gue·risht
triste *traurig* trau·rish
trozo *Stück* ⓝ shtük
trueno *Donner* ⓜ do·na
tu (posesivo) *dein* dain
tú *du* duh
tubería *Pfeife* ⓕ pfai·fe
tubo de escape *Auspuff* ⓜ auss·puf
tumba *Grab* ⓝ grahp
tumbarse *liegen* lih·guen
turista *Tourist/in* ⓜ/ⓕ tu·rist/tu·ris·tin

U

últimamente *vor kurzem* foh·a
kur·tsem
ultrasonido *Ultraschall* ⓜ ul·tra·shal
un par *ein paar* ain pahr
un poco *ein bisschen* ain bis·shen
una vez *einmal* ain·mahl
uniforme *Uniform* ⓕ u·ni·form
universidad *Universität* ⓕ
u·ni·ver·si·tèht

universo *Universum* ⓝ u·ni·ver·sum
uno *ein(s)* ain(s)
urgencia *Notfall* ⓜ noht·fal
urgente *dringend* drin·guent
usted/ustedes *Sie* sih
útil *nützlich* nüts·lish
uvas *Weintrauben* ⓕ pl. vain·trau·ben

V

vaca *Kuh* ⓕ kuh
vacaciones *Ferien* pl. feh·rien
vacío *leer* leh·a
vacunación *Schutzimpfung* ⓕ
shuts·im·pfung
vagina *Vagina* ⓕ vad·zhih·na
vagón (de tren) *Wagen* ⓜ vah·guen
vagón restaurante *Speisewagen* ⓜ
shpai·se·vah·guen
vale/cupón *Coupon* ⓜ ku·pong
validar (billete) *entwerten* ent·ver·ten
valiente *mutig* muh·tig
valioso *wertvoll* vert·fol
valla *Zaun* ⓜ tsaun
valle *Tal* ⓝ tahl
valor (precio) *Wert* ⓜ vert
vaqueros *Jeans* ⓕ pl. dzhihns
varios *einige* ai·ni·gue
vaso/cristal *Glas* ⓝ glahs
vegetariano/a *Vegetarier(in)* ⓜ/ⓕ
ve·gue·tah·ri·a/ve·gue·tah·ri·e·rin
vela *Kerze* ⓕ ker·tse
velocidad *Geschwindigkeit* ⓕ
gue·shvin·dish·kait
vena *Vene* ⓕ veh·ne
vendaje *Verband* ⓜ fe·a·bant
vender *verkaufen* fea·kau·fen
venenoso *giftig* guif·tish
venir *kommen* ko·men
venta (Sonder)Angebot ⓝ
(son·da·)an·gue·boht
ventana *Fenster* ⓝ fens·ta
ventanilla *Fahrkartenverkauf* ⓜ
fahr·kar·ten·fea·kauf
ventilador *Ventilator* ⓜ ven·ti·lah·tor
ventoso *windig* vin·dish
ver (TV) *fernsehen* fern·seh·en
ver *sehen* seh·en
verano *Sommer* ⓜ so·ma

V

español-alemán

223

verde *grün* grün
verdulero *Lebensmittelhändler* ⓜ
  leh·bens·mi·tel·hen·dla
verdura *Gemüse* ⓝ gue·müh·se
vestíbulo *Foyer* ⓝ fo·yeh
vestido *Kleid* ⓝ klait
vestuario *Umkleideraum* ⓜ
  um·klai·de·raum
viajar *reisen* rai·sen
viaje de negocios *Geschäftsreise* ⓕ
  gue·shefts·rai·se
viaje/trayecto *Reise* ⓕ rai·se
vid *Rebe* ⓕ reh·be
vida *Leben* ⓝ leh·ben
viejo *alt* alt
viento *Wind* ⓜ vint
viernes *Freitag* ⓜ frai·tahk
vinagre *Essig* ⓜ e·ssish
viñedo *Weinberg* ⓜ vain·berk
vino *Wein* ⓜ vain
vino blanco *Weißwein* ⓜ vaiss·vain
vino tinto *Rotwein* ⓜ roht·vain
violar *vergewaltigen*
  fea·gue·val·ti·guen
violeta *lila* lih·la
virus *Virus* ⓜ vih·rus
visa *Visum* ⓝ vih·sum
visita guiada *Führung* ⓕ füh·rung
visitar *besuchen* be·suh·jen
vista *Aussicht* ⓕ aus·sisht
vitaminas *Vitamine* ⓝ pl. vi·ta·mih·ne
vivir *leben* leh·ben
vodka *Wodka* ⓜ vot·ka
volar *fliegen* flih·guen
volumen (cantidad) *Volumen* ⓝ
  vo·luh·men
volumen (libro) *Band* ⓜ bant

volumen (sonido) *Lautstärke* ⓕ
  laut·shtèhr·ke
vomitar *errechen* bre·jen
votar *wählen* vèh·len
voz *Stimme* ⓕ shti·me
vuelo con ala delta *Drachenfliegen* ⓝ
  dra·jen·flih·guen
vuelo *Flug* ⓜ fluhk
vuelta/paseo (a caballo) *Ritt* ⓜ rit

W

whisky *Whisky* ⓝ vis·ki
windsurf *Windsurfen* ⓝ vint·ser·fen

Y

y *und* unt
ya *schon* shohn
yerno *Schwiegersohn* ⓜ shvih·ga·sohn
yo *ich* ish
yoga *Joga* ⓝ yoh·ga
yogur *Joghurt* ⓜ yoh·gurt

Z

zanahoria *Mohrrübe* ⓕ mohr·rü·be
zapatería *Schuhgeschäft* ⓝ
  shuh·gue·sheft
zapatos *Schuhe* ⓜ pl. shuh·e
zodiaco *Sternzeichen* ⓝ shtern·tsai·jen
zona de acampada *Campingplatz* ⓜ
  kam·ping·plats
zoo *Zoo* ⓜ tsoh
zumo *Saft* ⓜ saft
zumo de naranja *Orangensaft* ⓜ
  o·rahn·zhen·saft

En los sustantivos y los adjetivos del diccionario que tienen marca de género, éste se indica como ⓕ, ⓜ o ⓝ. Si se trata de un sustantivo plural, se indica con pl. Cuando una palabra que podría ser tanto un sustantivo como un verbo no tiene indicación de género, se trata de un verbo.

A

abbiegen *ab·bih·guen girar*
Abend ⓜ *ah·bent tarde-noche*
Abendessen ⓝ *ah·bent·e·ssen cena*
aber *ah·ba pero*
Aberglaube ⓜ *ah·ba·glau·be superstición*
abfahren *ab·fah·ren salir/marcharse*
Abfahrt ⓕ *ab·fahrt salida*
Abfall ⓜ *ab·fal basura*
Abfertigungsschalter ⓜ *ab·fer·ti·gunks·shal·ta mostrador de facturación*
Abflug ⓜ *ab·fluhk despegue*
Abführmittel ⓝ *ab·füh·a·mi·tel laxantes*
abgelegen *ab·gue·leh·guen remoto*
Abgeordnete ⓜ&ⓕ *ab·gue·ord·ne·te parlamentario*
abgeschlossen *ab·gue·shlo·ssen cerrado con llave*
abhängig *ab·hen·guish adicto*
Abholzung ⓕ *ab·hol·tsung deforestación*
Abkürzung ⓕ *ab·kür·tsung atajo*
ablehnen *ab·leh·nen rechazar*
Abschleppdienst ⓜ *ab·shlep·dihnst servicio de asistencia en carretera*
abseits *ab·saits fuera de juego*
Abstrich ⓜ *ab·shtrish citología*
Abtreibung ⓕ *ab·trai·bung aborto*
abwärts *ab·verts cuesta abajo*
Abzockerei ⓕ *ab·tso·ke·rai estafa*
Abzug ⓜ *ab·tsuhk copia (fotografía)*
Adapter ⓜ *a·dap·ta adaptador*
Adressanhänger ⓜ *a·dress·an·hen·ga etiqueta para el equipaje*
Adresse ⓕ *a·dre·sse dirección*
Aerobics pl. *ei·ro·biks aerobic*

Aerogramm ⓝ *ei·roh·gram aerograma*
Afrika ⓝ *a·fri·kah África*
Aftershave ⓝ *ahf·ta·sheif loción para después del afeitado*
ähnlich *ehn·lish similar*
AIDS ⓝ *aidz sida*
Aktentasche ⓕ *ak·ten·ta·she maletín*
Aktivist(in) ⓜ/ⓕ *ak·ti·vist/ak·ti·vis·tin activista*
Aktuelles ⓝ *ak·tu·e·les sucesos de actualidad*
Akupunktur ⓕ *a·ku·punk·tuh·a acupuntura*
Alkohol ⓜ *al·ko·hohl alcohol*
alkoholfreies Getränk ⓝ *al·ko·hohl·frai·es gue·trengk refresco*
Alkoholiker(in) ⓜ/ⓕ *al·ko·hoh·li·ka/ al·ko·hoh·li·ke·rin alcohólico/a (persona)*
alkoholisch *al·ko·hoh·lish alcohólico (bebida)*
alle *a·le todo*
Allee ⓕ *a·leh avenida*
allein *a·lain solo*
Allergie ⓕ *a·lehr·guih alergia*
alles *a·les todo*
allgemein *al·gue·main general*
alltäglich *al·tek·lish cada día*
alt *alt viejo • antiguo*
Altar ⓜ *al·tah altar*
Alter ⓝ *al·ta edad*
Amateur(in) ⓜ/ⓕ *a·ma·tör(·rin) amateur*
Ameise ⓕ *ah·mai·se hormiga*
Ampel ⓕ *am·pel semáforo*
sich amüsieren *sish a·mü·sih·ren divertirse*
an *an a • al*
Anarchist(in) ⓜ/ⓕ *a·nar·jist/ a·nar·jis·tin anarquista*

anbaggern *an·ba·guern ligar*
andere *an·de·re otro • diferente*
anfangen *an·fan·guen empezar*
Anführer ⓜ *an·füh·ra líder*
Angel ① *an·guel caña de pescar*
Angestellte ⓜ&① *an·gue·shtel·te empleado/a*
Angst (haben) ankst *(hah·ben) (estar) asustado*
anhalten *an·hal·ten detenerse*
Anhänger ⓜ pl. *an·hen·ga seguidores/hinchas*
ankommen *an·ko·men llegar*
Ankunft ① *an·kunft llegadas*
ansehen *an·seh·en mirar/considerar*
(an)statt *an·shtat (en) lugar de*
Antibiotika ⓝ pl. *an·ti·bi·oh·ti·ka antibióticos*
Antiquariat ⓝ *an·ti·kva·ri·aht librería de libros de segunda mano*
Antiquität ① *an·ti·kvi·têht antigüedad*
Antiseptikum ⓝ *an·ti·sep·ti·kum antiséptico*
Antwort ① *ant·vort respuesta*
antworten *ant·vor·ten responder*
Anzahlung ① *an·tsah·lung depósito (piso)*
Anzeige ① *an·tsai·gue anuncio*
Apfel ⓜ *ap·fel manzana*
Apfelmost ⓜ *ap·fel·most sidra*
Apotheke ① *a·po·teh·ke farmacia*
Aprikose ① *a·pri·koh·se albaricoque*
Arbeit ① *ahr·bait trabajo*
arbeiten *ahr·bai·ten trabajar*
Arbeiter(in) ⓜ/① *ahr·bai·ta/ahr·bai·te·rin trabajador/a*
Arbeitgeber ⓜ *ahr·bait·gueh·ba patrón*
Arbeitserlaubnis ① *ahr·baits·eh·a·laub·niss permiso de trabajo*
arbeitslos *ahr·baits·lohs parado*
Arbeitslosengeld ① *ahr·baits·loh·sen·guelt subsidio de desempleo*
Arbeitslosigkeit ① *ahr·baits·loh·sish·kait paro*
Arbeitsstelle ① *ahr·baits·shte·le puesto de trabajo*

archäologisch *ar·je·o·loh·guish arqueológico*
Architektur ① *ar·ji·tek·tuh·a arquitectura*
Arm ⓜ *arm brazo*
arm *arm pobre*
Armut ① *ar·muht pobreza*
Arzt ⓜ *artst médico (hombre)*
Ärztin ① *erts·tin médico (mujer)*
Aschenbecher ⓜ *a·shen·be·ja cenicero*
Asien ① *ah·si·en Asia*
Asthma ⓝ *ast·ma asma*
Asylant(in) ⓜ/① *a·sü·lant/a·sü·lan·tin solicitante de asilo*
Atelier ⓝ *a·te·li·eh estudio (arte)*
atmen *aht·men respirar*
Atmosphäre ① *at·mos·fêh·re atmósfera*
Atomenergie ① *a·tohm·e·neh·a·guih energía nuclear*
Atommüll ⓜ *a·tohm·mül residuos nucleares*
Aubergine ① *oh·ba·zhih·ne berenjena*
auch *auj también*
auch nicht *auj nisht ni*
auf *auf en*
auf ... zu *auf ... tsuh hacia*
Aufführung ① *auf·füh·rung representación*
aufheben *auf·heh·ben recoger (objeto)*
Aufnahme ① *auf·nah·me grabación*
aufpassen *auf·pa·ssen prestar atención • tener cuidado*
Auftritt ⓜ *auf·trit concierto*
aufwärts *auf·verts cuesta arriba*
Auge ⓝ *au·gue ojo*
Augenblick ① *au·guen·blik momento*
Augentropfen ⓜ pl. *au·guen·trop·fen gotas para los ojos*
aus auss *de • en*
aus (Baumwolle) auss *(baum·vo·le) hecho de (algodón)*
Ausbeutung ① *auss·boi·tung explotación*
Ausgang ⓜ *auss·gang salida*
ausgebucht *auss·gue·bujt completo*
ausgehen *auss·gueh·en salir • quedarse sin*
mit jemandem ausgehen *mit yeh·man·dem auss·gueh·en salir con alguien*

ausgeschlossen *auss·gue·shlo·ssen* *excluido*

ausgezeichnet *auss·gue·tsaij·net* *excelente*

Auskunft ① *auss·kunft* *información*

im Ausland *im auss·lant* *en el extranjero*

ausländisch *auss·len·dish* *extranjero*

Auspuff ⑩ *auss·puf* *tubo de escape*

Ausrüstung ① *auss·rüs·tung* *equipamiento*

Ausschlag ⑩ *aus·shlahk* *erupción*

außer *au·ssa* *aparte de • además de*

Aussicht ① *aus·sisht* *vista*

Ausstellung ① *aus·shte·lung* *exposición*

austeilen *aus·tai·len* *repartir (cartas)*

Auster ① *aus·ta* *ostra*

Australien ⑩ *aus·trah·li·en* *Australia*

ausverkauft *auss·fea·kauft* *agotado (localidades)*

Ausweis ⑩ *auss·vaiss* *identificación*

Auto ⑩ *au·to* *coche*

Autobahn ① *au·to·bahn* *autopista (de peaje)*

Autokennzeichen ⑩ *au·to·ken·tsai·jen* *número de matrícula*

automatisch *au·to·mah·tish* *automático*

Autor(in) ⑩/① *au·to·a/au·toh·rin* *autor/a*

Autoverleih ⑩ *au·to·fea·lai* *alquiler de coches*

Avokado ① *a·vo·kah·do* *aguacate*

Axt ① *akst* *hacha*

B

Baby ⑩ *bei·bi* *bebé*

Babynahrung ① *bei·bi·nah·rung* *comida para bebés*

Babypuder ⑩ *bei·bi·puh·da* *talco para bebés*

Babysitter ⑩ *bei·bi·si·ta* *canguro*

Bach ⑩ *baj* *arroyo*

Bäckerei ① *be·ke·rai* *panadería*

Backpflaume ① *bak·pflau·me* *ciruela pasa*

Bad ⑩ *baht* *baño*

Badeanzug ⑩ *bah·de·an·tsuhk* *bañador*

Badetuch ⑩ *bah·de·tuhj* *toalla de baño*

Badezimmer ⑩ *bah·de·tsi·ma* *(cuarto de) baño*

Bahn ① *bahn* *pista (deportes) •* *vía férrea*

Bahnhof ⑩ *bahn·hohf* *estación de trenes*

Bahnsteig ⑩ *bahn·shtaik* *andén*

bald *balt* *pronto*

Balkon ⑩ *bal·kohn* *balcón*

Ball ⑩ *bal* *pelota*

Ballett ⑩ *ba·let* *ballet*

Banane ① *ba·nah·ne* *plátano*

Band ① *bent* *grupo (música)*

Band ⑩ *bant* *volumen (libro)*

Bank ① *bank* *banco*

Bankauszug ⑩ *bank·aus·tsuhk* *extracto bancario*

Bankkonto ⑩ *bank·kon·to* *cuenta bancaria*

Bär ⑩ *beh·a* *oso*

Bargeld ⑩ *bahr·guelt* *efectivo*

Batterie ① *ba·te·rih* *batería*

bauen *bau·en* *construir*

Bauer ⑩ *bau·a* *agricultor/a*

Bäuerin ① *boi·e·rin* *agricultor*

Bauernhof ⑩ *bau·ern·hohf* *granja*

Baum ⑩ *baum* *árbol*

Baumwolle ① *baum·vo·le* *algodón*

bedrohte *be·droh·te* *en peligro de extinción*

beenden *be·en·den* *terminar*

Beginn ⑩ *be·guin* *principio*

beginnen *be·gui·nen* *empezar*

Begleiter(in) ⑩/① *be·glai·ta/ be·glai·te·rin* *compañero/a*

Begräbnis ⑩ *be·greb·niss* *entierro*

behindert *be·hin·dert* *discapacitado*

bei *bai* *en*

Beichte ① *baish·te* *confesión*

beide *bai·de* *ambos*

Bein ⑩ *bain* *pierna*

Beispiel ⑩ *bai·shpihl* *ejemplo*

Bekleidungsgeschäft ⑩ *be·klai·dunks·gue·sheft* *tienda de ropa*

Belästigung ① *be·les·ti·gung* *acoso*

beliebt *be·lihbt* *popular*

Benzin ⑩ *ben·tsihn* *gasolina*

Benzinkanister ⑩ *ben·tsihn·ka·nis·ta* *lata de gasolina*

beobachten *be·oh·baj·ten* *mirar/observar*

bequem be·*kvehm* cómodo
berauben be·*rau*·ben robar/atracar
Berg ⓜ berk *montaña*
Berghütte ⓕ *berk*·hü·te refugio de montaña
Bergsteigen ⓝ *berk*·shtai·guen montañismo/alpinismo
Bergweg ⓜ *berk*·vehk sendero de montaña
Beruf ⓜ be·*ruhf* profesión
berühmt be·*rümt* famoso
berühren be·*rüh*·ren tocar
beschäftigt be·*shef*·tikt ocupado (persona)
beschützen be·*shü*·tsen proteger
sich beschweren sish be·*shveh*·ren quejarse/reclamar
besetzt be·*setst* ocupado (teléfono)
Besitzer(in) ⓜ/ⓕ be·*si*·tsa/be·*si*·tse·rin propietario/a
besorgt be·*sorkt* preocupado
besser be·ssa mejor (comparativo)
bestätigen be·*shtèh*·ti·guen confirmar (reserva)
beste bes·te mejor (superlativo)
bestechen be·*shte*·jen sobornar
Besteck ⓝ be·*shtek* cubiertos
besteigen be·*shtai*·guen embarcar (avión, barco)
bestellen be·*shte*·len pedir
Bestellung ⓕ be·*shte*·lung pedido (restaurante)
bestrafen be·*shtrah*·fen castigar
besuchen be·*suh*·jen visitar
Betäubung ⓕ be·*toi*·bung anestésico
sich beteiligen sish be·*tai*·li·guen participar
Betrag ⓜ be·*trahk* cantidad
Betrüger(in) ⓜ/ⓕ be·*trü*·ga/be·*trü*·gue·rin estafador/a
betrunken be·*trung*·ken borracho
Bett ⓝ bet cama
Bettlaken ⓝ bet·lah·ken sábana
Bettler(in) ⓜ/ⓕ bet·la/bet·le·rin mendigo/a
Bettwäsche ⓕ bet·ve·she ropa de cama
Bettzeug ⓝ bet·tsoik ropa de cama
bezahlen be·*tsah*·len pagar
Beziehung ⓕ be·*tsih*·ung relación

BH ⓜ beh·hah sujetador
Bibel ⓕ bih·bel Biblia
Bibliothek ⓕ bi·bli·o·*tehk* biblioteca
Biene ⓕ bih·ne abeja
Bier ⓝ bih·a cerveza
Bildschirm ⓜ bilt·shirm pantalla (TV, ordenador)
Billard ⓝ bi·liart billar americano
billig bi·lish barato
Birne ⓕ bir·ne pera
bis (Juni) bis (yuh·ni) hasta (junio)
Biss ⓜ bis mordedura (perro)
ein bisschen ain bis·shen un poco
bitte bi·te por favor
um etwas bitten um et·vass bi·ten pedir algo
bitter bi·ta amargo
Blase ⓕ blah·se ampolla
Blasenentzündung ⓕ blah·sen·en·tsün·dung cistitis
Blatt ⓝ blat hoja
blau blau azul
bleiben blai·ben quedarse
bleifrei blai·frai sin plomo
Bleistift ⓜ blai·shtift lápiz
blind blint ciego
Blinddarm ⓜ blint·darm apéndice
Blindenhund ⓜ blin·den·hunt perro lazarillo
Blindenschrift ⓕ blin·den·shrift Braille
Blinker ⓜ bling·ka intermitente
Blitz ⓜ blits relámpago
blockiert blo·kih·ert obstruido
Blume ⓕ bluh·me flor
Blumenhändler ⓜ bluh·men·hen·dla florista
Blumenkohl ⓜ bluh·men·kohl coliflor
Blut ⓝ bluht sangre
Blutdruck ⓜ bluht·druk tensión
Blutgruppe ⓕ bluht·gru·pe grupo sanguíneo
Bluttest ⓜ bluht·test análisis de sangre
Boden ⓜ boh·den suelo/piso
Bohne ⓕ boh·ne judía(s)
Bonbon ⓜ bon·bon caramelo
Boot ⓝ boht barco
an Bord an bort a bordo
Bordkarte ⓕ bort·kar·te tarjeta de embarque

Botanischer Garten ⓜ bo·*tah*·ni·sha gar·ten *jardín botánico*

Botschaft ⓕ boht·shaft *embajada*

Botschafter(in) ⓜ/ⓕ boht·shaf·ta/ boht·shaf·te·rin *embajador/a*

Boxen ⓝ bok·sen *boxeo*

braten brah·ten *freír*

Bratpfanne ⓕ braht·pfa·ne *sartén*

brauchen brau·jen *necesitar*

braun braun *marrrón*

erbrechen eh·a·bre·shen *vomitar*

breit brait *ancho*

Bremsen ⓕ pl. brem·sen *frenos*

Bremsflüssigkeit ⓕ brems·flü·sish·kait *líquido de frenos*

Brennholz ⓝ bren·holts *leña*

Brennstoff ⓜ bren·shtof *combustible*

Brett ⓝ bret *tabla/tablón*

Brief ⓜ brihf *carta*

Briefkasten ⓜ brihf·kas·ten *buzón*

Briefmarke ⓕ brihf·mar·ke *sello*

Briefumschlag ⓜ brihf·um·shlahk *sobre*

brillant bri·*llant* *fenomenal*

Brille ⓕ bri·le *anteojos*

bringen brin·guen *traer*

Brokkoli ⓜ pl. bro·ko·li *brócoli*

Bronchitis ⓕ bron·*jih*·tis *bronquitis*

Broschüre ⓕ bro·*shü*·re *folleto*

Brot ⓝ broht *pan*

Brötchen ⓝ *bröht*·shen *panecillo*

Brücke ⓕ brü·ke *puente*

Bruder ⓜ bruh·da *hermano*

Brunnen ⓜ bru·nen *fuente*

Brust ⓕ brust *pecho (seno)*

Buch ⓝ buj *libro*

buchen bu·jen *reservar*

Buchhalter(in) ⓜ/ⓕ buj·hal·ta/ buj·hal·te·rin *contable*

Buchhandlung ⓕ buj·hand·lung *librería*

Buddhist(in) ⓜ/ⓕ bu·*dist*/bu·*dis*·tin *budista*

Buffet ⓝ bü·*feh* *buffet*

bügeln bü·gueln *planchar*

Bühne ⓕ büh·ne *escenario*

Bundeskanzler(in) ⓜ/ⓕ bun·des·kants·la/bun·des·kants·le·rin *primer/a ministro/a (en Alemania y Austria)*

Burg ⓕ burk *castillo*

Bürgermeister(in) ⓜ/ⓕ bür·ga·mais·ta/ bür·ga·mais·te·rin *alcalde/sa*

Bürgerrechte ⓝ pl. *bür*·ga·resh·te *derechos civiles*

Büro ⓝ bü·*roh oficina*

Büroangestellte ⓜ&ⓕ bü·*roh*·an·gue·shtel·te *administrativo*

Bus ⓜ buss *autobús (urbano)*

Busbahnhof ⓜ bus·bahn·hohf *terminal de autobuses*

Bushaltestelle ⓕ bus·hal·te·shte·le *parada de autobús*

Butter ⓕ bu·ta *mantequilla*

C

Café ⓝ ka·*feh café (establecimiento)*

Campingplatz ⓜ kam·ping·plats *zona de acampada*

Cashewnuss ⓕ *kah*·shiu·nuss *anacardo*

CD ⓕ tseh·*deh* *CD*

Celsius ⓜ *tsel*·si·us *centígrado*

Chancengleichheit ⓕ shahn·sen·glaij·hait *igualdad de oportunidades*

charmant shar·*mant* *encantador*

Chef(in) ⓜ/ⓕ shef/she·fin *jefe/a*

chemische Reinigung ⓕ *sheh*·mi·she rai·ni·gung *tintorería*

Chili(sauce) ⓕ *chi*·li(·soh·sse) *salsa de chile*

Christ(in) ⓜ/ⓕ krist/*kris*·tin *cristiano/a*

Computerspiel ⓝ kom·*piuh*·ta·shpihl *juego de ordenador*

Coupon ⓜ ku·*pong* *vale/cupón*

Couscous ⓜ *kus*·kus *cuscús*

Cousin(e) ⓜ/ⓕ ku·*sah*/ku·*sih*·ne *primo/a*

Cracker ⓜ kre·ka *cracker*

Cricket ⓝ *kri*·ket *cricket*

Curry(pulver) ⓝ *kar*·ri(·pul·va) *curry (en polvo)*

D

Dach ⓝ daj *tejado*

Dachboden ⓜ *daj*·boh·den *desván*

Dachs ⓜ dajs *tejón*

Damenbinden ⓕ pl. *dah*·men·bin·den *compresas*

Dämmerung ① *de*·me·rung
  crepúsculo • anochecer
danken dan·ken *dar las gracias*
Datum ⓝ *dah*·tum *fecha*
Decke ① *de*·ke *manta*
dein dain *tu* (sing./inf.)
Demokratie ① de·mo·kra·*tih*
  democracia
Demonstration ① de·mon·stra·*tsion*
  manifestación
denken *den*·ken *pensar*
Denkmal ⓝ *dengk*·mahl *monumento*
Deo ⓜ *deh*·o *desodorante*
Detail ⓝ de·*tail* *detalle*
Deutsch ⓝ doich *alemán*
Deutschland ⓝ *doich*·lant *Alemania*
Dia ⓝ *dih*·a *diapositiva*
Diabetis ① di·a·*beh*·tis *diabetes*
Diät ① di·*et* *régimen*
Dichtung ① *dish*·tung *poesía*
dick dik *grueso* • *gordo*
Dieb ⓜ dihp *ladrón*
Dienstag ⓜ *dihns*·tahk *martes*
dieser ⓜ *dih*·sa *éste*
direkt di·*rekt* *directo*
Diskette ① dis·*ke*·te *disquete*
Disko(thek) ① *dis*·ko(·*tehk*) *discoteca*
Diskriminierung ① dis·kri·mi·*nih*·rung
  discriminación
Dokumentation ① do·ku·men·ta·*tsion*
  documental
Dollar ⓜ *do*·lahr *dólar*
Dolmetscher(in) ⓜ/① *dol*·met·cha/
  dol·met·che·rin *intérprete*
Dom ⓜ dohm *catedral*
Donner ⓜ *do*·na *trueno*
Donnerstag ⓜ *do*·ners·tahk *jueves*
Dope ⓝ doup/dohp *drogas*
Doppelbett ⓝ *do*·pel·bet *cama de
  matrimonio*
doppelt *do*·pelt *doble*
Doppelzimmer ⓝ *do*·pel·tsi·ma
  habitación doble
Dorf ⓝ dorf *pueblo*
dort dort *allí*
Dose ① *doh*·se *lata*
Dosenöffner ⓜ *doh*·sen·öf·na *abrelatas*
Dozent(in) ⓜ/① do·*tsent*/do·*tsen*·tin
  catedrático/a

Drachenfliegen ⓝ *dra*·jen·flih·guen
  vuelo con ala delta
Draht ⓜ draht *alambre*
draußen *drau*·ssen *exterior*
dringend *drin*·guent *urgente*
dritte *dri*·te *tercero*
Droge ① *droh*·gue *droga*
Drogenabhängigkeit ① *droh*·guen·ab·
  hen·guish·kait *drogadicción*
Drogenhändler ⓜ *droh*·guen·hen·dla
  traficante de drogas
Druck ⓜ druk *presión* • *grabado (arte)*
du duh *tú* sing. inf.
dumm dum *estúpido*
dunkel *dung*·kel *oscuro*
dünn dün *delgado*
durch dursh *a través*
Durchfall ⓜ *dursh*·fal *diarrea*
Durchwahl ① *dursh*·vahl *marcado
  automático*
durstig *durs*·tish *sediento*
Dusche ① *duh*·she *ducha*
Dutzend ⓝ *du*·tsent *docena*

E

Ebene ① *eh*·be·ne *llanura*
Echse ① *ek*·se *lagarto*
Ecke ① *e*·ke *esquina*
egoistisch e·go·*is*·tish *egoísta*
Ehe ① *eh*·e *matrimonio/enlace*
Ehefrau ① *eh*·e·frau *esposa*
Ehemann ⓜ *eh*·e·man *marido*
ehrlich *eh*·a·lish *honrado*
Ei ⓝ ai *huevo*
Eierstockzyste ① *ai*·a·shtok·tsüs·te
  quiste ovárico
eifersüchtig *ai*·fa·süsh·tish *celoso*
in Eile in *ai*·le *con prisas*
Eimer ⓜ *ai*·ma *cubo*
ein(s) ain(s) *uno*
einfach *ain*·faj *simple*
einfache Fahrkarte ① *ain*·fa·je
  fahr·kar·te *billete de ida*
einige *ai*·ni·gue *algunos* • *varios*
einkaufen gehen *ain*·kau·fen gueh·en *ir
  de compras*
Einkaufszentrum ⓝ *ain*·kaufs·tsen·trum
  centro comercial

Einkommensteuer ⓜ *ain·ko·men·shtoi·a* *impuesto sobre la renta*
einladen *ain·lah·den invitar*
einlassen *ain·la·ssen admitir (dejar entrar)*
einlösen *ain·löh·sen cobrar (un cheque)*
einmal *ain·mahl una vez*
Einschreiben ⓝ *ain·shrai·ben correo certificado*
eintreten *ain·treh·ten entrar*
Eintrittskarte ⓕ *ain·trits·kar·te entrada*
Eintrittspreis ⓜ *ain·trits·praiss precio de la entrada*
einzeln aufgeführt *ain·tseln auf·gue·fürt detallado · desglosado*
Einzelzimmer ⓝ *ain·tsel·tsi·ma habitación individual*
Eis ⓝ *aiss hielo*
Eiscreme ⓕ *aiss·krèhm helado*
Eisdiele ⓕ *aiss·dih·le heladería*
Eisenwarengeschäft ⓝ *ai·sen·vah·ren·gue·sheft ferretería/mercería*
Eishockey ⓝ *aiss·ho·ki hockey sobre hielo*
eislaufen *aiss·lau·fen patinaje sobre hielo*
Ekzem ⓝ *ek·tsehm eczema*
Elektrizität ⓕ *e·lek·tri·tsi·teht electricidad*
Eltern ⓝ pl. *el·tern padres*
emotional *e·mo·tsio·nahl emocional*
empfehlen *emp·feh·len recomendar*
Empfindlichkeit ⓕ *emp·fint·lish·kait sensibilidad (carrete)*
(am) Ende (am) *en·de (al) final*
Endstation ⓕ *ent·shta·tsion terminal*
Energie ⓕ *e·neh·a·guih energía*
eng *eng ajustado*
Englisch ⓝ *en·glish inglés*
Enkelkind ⓝ *eng·kel·kint nieto*
Ente ⓕ *en·te pato*
entscheiden *ent·shai·den decidir*
sich entspannen *sish ent·shpa·nen relajarse*
entwerfen *ent·ver·fen diseñar*
entwerten *ent·ver·ten validar (billete)*
Entzündung ⓕ *en·tsün·dung infección • inflamación*
er *eh·a él*
erbrechen *eh·a·bre·shen vomitar*
Erbse ⓕ *erp·se guisante*

Erdbeben ⓝ *ehrt·beh·ben terremoto*
Erdbeere ⓕ *ehrt·beh·re fresa*
Erde ⓕ *ehr·de Tierra*
Erdnuss ⓕ *ehrt·nuss cacahuete*
Erfahrung ⓕ *eh·a·fah·rung experiencia*
erhalten *eh·a·hal·ten recibir*
erkältet sein *eh·a·kel·tet sain estar resfriado*
Erlaubnis ⓕ *eh·a·laub·niss permiso*
ermüden *eh·a·müh·den cansarse*
ernst *ernst serio*
erstaunlich *eh·a·shtaun·lish asombroso*
erste *ehrs·te primero*
Erwachsene ⓜ&ⓕ *eh·a·vak·se·ne adulto*
erzählen *eh·a·tseh·len decir/contar*
Erziehung ⓕ *eh·a·tsih·ung educación*
Essen ⓝ *e·ssen comida*
essen *e·ssen comer*
Essig ⓜ *e·ssish vinagre*
etwas *et·vass algo*
Euro ⓜ *oi·ro euro*
Europa ⓝ *oi·roh·pa Europa*
Euthanasie ⓕ *oi·ta·na·sih eutanasia*
Express- *eks·pres· expreso*
Expresspost ⓕ *eks·pres·post correo urgente*

F

Fabrik ⓕ *fa·brihk fábrica*
fahren *fah·ren viajar en coche*
Fahrgast ⓜ *fahr·gast pasajero (autobús/taxi)*
Fahrkarte ⓕ *fahr·kar·te billete*
Fahrkartenautomat ⓜ *fahr·kar·ten·au·to·maht máquina expendedora de billetes*
Fahrkartenkontrolleur(in) ⓜ/ⓕ *fahr·kar·ten·kon·tro·lö·(rin) revisor/a*
Fahrkartenverkauf ⓜ *fahr·kar·ten·fea·kauf ventanilla*
Fahrplan ⓜ *fahr·plahn horario*
Fahrrad ⓝ *fahr·raht bicicleta*
Fahrradkette ⓕ *fahr·raht·ke·te cadena de bicicleta*
Fahrzeugpapiere ⓝ pl. *fahr·tsoik·pa·pih·re documentación del coche*

Fallschirmspringen ⓝ
  fal·shirm·shprin·guen *paracaidismo*
falsch falsh *erróneo• mal*
Familie ⓕ fa·*mih*·li·e *familia*
Familienname ⓜ fa·*mih*·li·en·nah·me
  apellido
Familienstand ⓜ fa·*mih*·li·en·shtant
  estado civil
Fan ⓜ fen *seguidor (deportes)*
Farbe ⓕ *far*·be *color*
Farben pl. *far*·ben *pintura*
fast fast *casi*
Fastenzeit ⓕ *fas*·ten·tsait *lentillas*
faul faul *holgazán*
Fechten ⓝ *fesh*·ten *esgrima*
Feder ⓕ *feh*·da *espiral*
Fehler ⓜ *feh*·la *error*
fehlerhaft *feh*·la·haft *defectuoso*
Fehlgeburt ⓕ *fehl*·gue·burt *aborto*
  espontáneo
Feier ⓕ *fai*·a *fiesta*
Feige ⓕ *fai*·gue *higo*
Feinkostgeschäft ⓝ *fain*·kost·gue·sheft
  tienda de delicatessen
Feld ⓝ felt *campo*
Feldfrucht ⓕ *felt*·frujt *cosecha*
Fels ⓜ fels *roca*
Fenster ⓝ *fens*·ta *ventana*
Ferien pl. *feh*·rien *vacaciones*
Fern- *fern*· *de largo recorrido*
Fernbedienung ⓕ *fern*·be·dih·nung
  control remoto
Fernbus ⓜ *fern*·buss *autobús*
  (interurbano)
Fernglas ⓝ *fern*·glahs *prismáticos*
fernsehen *fern*·seh·en *ver la televisión*
Fernseher ⓜ *fern*·seh·a *televisor*
Fernsehserie ⓕ *fern*·seh·seh·ri·e
  serie televisiva
fertig *fer*·tish *listo • terminado*
Fest ⓝ fest *festival • fiesta*
fest fest *sólido*
fettarme Milch ⓕ *fet*·ar·me milsh *leche*
  descremada
feucht foisht *húmedo*
Feuchtigkeitscreme ⓕ *foish*·tish·
  kaits·krehm *crema hidratante*
Feuer ⓝ *foi*·a *fuego*
Feuerzeug ⓝ *foi*·a·tsoik *mechero*

Fieber ⓝ *fih*·ba *fiebre*
Filet ⓝ fi·*leh* *filete*
Film ⓜ film *película (cine) • carrete*
  (cámara)
finden *fin*·den *encontrar*
Finger ⓜ *fin*·ga *dedo*
Firma ⓕ *fir*·ma *empresa*
Fisch ⓜ fish *pescado*
Fischen ⓝ *fi*·shen *pesca*
Fitness-Studio ⓝ *fit*·nes·shtuh·di·o
  gimnasio
flach flaj *llano*
Flagge ⓕ *fla*·gue *bandera*
Flasche ⓕ *fla*·she *botella*
Flaschenöffner ⓜ *fla*·shen·öf·na
  abrebotellas
Fleisch ⓝ flaish *carne*
Fliege ⓕ *flih*·gue *mosca*
fliegen *flih*·guen *volar*
Flitterwochen pl. *fli*·ta·vo·jen *luna de*
  miel
Floh ⓜ floh *pulga*
Flohmarkt ⓜ *floh*·markt *rastro*
  (mercado)
Flüchtling ⓜ *flüsht*·ling *refugiado*
Flug ⓜ fluhk *vuelo*
Flügel ⓜ pl. *flüh*·guel *alas*
Fluggast ⓜ *fluhk*·gast *pasajero*
  (avión)
Flughafen ⓜ *fluhk*·hah·fen
  aeropuerto
Flughafengebühr ⓕ
  fluhk·hah·fen·gue·büh·a *tasa de*
  aeropuerto
Fluglinie ⓕ *fluhk*·lih·ni·e *línea aérea*
Flugticket ⓝ *fluhk*·ti·ket *billete de*
  avión
Flugzeug ⓝ *fluhk*·tsoik *avión*
Fluss ⓜ fluss *río*
folgen *fol*·guen *seguir*
Forderung ⓕ *foh*·de·rung *exigencia*
Form ⓕ form *forma*
formell for·*mel* *formal*
Foto ⓝ *foh*·to *foto*
Fotogeschäft ⓝ *foh*·to·gue·sheft
  tienda de fotografía
Fotograf(in) ⓜ/ⓕ *fo*·to·grahf/
  fo·to·grah·fin *fotógrafo/a*
Fotografie ⓕ *fo*·to·gra·*fih* *fotografía*

fotografieren fo·to·gra·*fíh*·ren *hacer una fotografía*

Foul Ⓝ faul *falta*

Foyer Ⓝ foh·*yeh* foyer

Frage Ⓕ *frah*·gue *pregunta*

eine Frage stellen *ai*·ne *frah*·gue *shte*·len *preguntar*

Frankreich Ⓝ *frank*·raish *Francia*

Frau Ⓕ frau *mujer*

frei frai *suelto • libre*

Freibad Ⓝ *frai*·baht *piscina (descubierta)*

Freigepäck Ⓝ *frai*·gue·pek *límite de equipaje*

Freitag Ⓜ *frai*·tahk *viernes*

fremd fremt *raro*

Fremde Ⓜ&Ⓕ *frem*·de *desconocido/a (persona)*

Fremdenverkehrsbüro Ⓝ *frem*·den·fea·keh·a·bü·roh *oficina de turismo*

Freund Ⓜ froint *amigo • novio*

Freundin Ⓕ *froin*·din *amiga • novia*

freundlich *froint*·lish *simpático*

Frieden Ⓜ *frih*·den *paz*

Friedhof Ⓜ *friht*·hohf *cementerio*

frisch frish *fresco*

Frischkäse Ⓜ *frish*·keh·se *queso para untar*

Friseur(in) Ⓜ/Ⓕ fri·*suh*·a/fri·*suh*·a·rin *peluquero/a*

Frosch Ⓜ frosh *rana*

Frost Ⓜ frost *helada/escarcha*

Frucht Ⓕ frusht *fruta*

früh früh *temprano*

Frühling Ⓜ *früh*·ling *primavera*

Frühstück Ⓝ *früh*·shtük *desayuno*

Frühstücksflocke Ⓕ *früh*·shtüks·flo·ke *cereales para el desayuno*

fühlen *füh*·len *sentir*

Führer Ⓜ *füh*·ra *guía (persona) • guía (libro)*

Führerschein Ⓜ *füh*·ra·shain *permiso de conducir*

Führung Ⓕ *füh*·rung *visita guiada*

füllen *füh*·len *llenar/rellenar*

Fundbüro Ⓝ *funt*·bü·roh *oficina de objetos perdidos*

für *füh*·a *para*

Fuß Ⓜ fuss *pie*

Fußball Ⓜ *fuss*·bal *fútbol*

Fußgänger(in) Ⓜ/Ⓕ *fuss*·guen·ga/ *fuss*·guen·gue·rin *peatón*

füttern *fü*·tern *alimentar*

G

Gabel Ⓕ *gah*·bel *tenedor*

Gang Ⓜ gang *pasillo*

Gänge Ⓜ pl. *guen*·gue *bártulos*

ganz gants *entero*

Garage Ⓕ ga·*rah*·zhe *parking (particular)*

Garderobe Ⓕ gar·de·*roh*·be *guardarropa*

Garnele Ⓕ gar·*neh*·le *langostino*

Garten Ⓜ *gar*·ten *jardín*

Gas Ⓝ gahs *gas (para cocinar)*

Gasflasche Ⓕ *gahs*·fla·she *bombona*

Gaskartusche Ⓕ *gahs*·kar·tu·she *cartucho de gas*

Gastfreundschaft Ⓕ *gast*·froint·shaft *hospitalidad*

Gebäude Ⓝ gue·*boi*·de *edificio*

geben *gueh*·ben *dar*

Gebet Ⓝ gue·*beht* *oración*

Gebirgszug Ⓜ gue·*birks*·tsuhk *cordillera*

gebraucht gue·*braujt* *de segunda mano*

Geburtsdatum Ⓝ gue·*burts*·dah·tum *fecha de nacimiento*

Geburtsort Ⓜ gue·*burts*·ort *lugar de nacimiento*

Geburtstag Ⓜ gue·*burts*·tahk *cumpleaños*

Geburtsurkunde Ⓕ gue·*burts*·uh·a·kun·de *partida de nacimiento*

gefährlich gue·*fëhr*·lish *peligroso*

Gefangene Ⓜ&Ⓕ gue·*fan*·gue·ne *cárcel*

Gefängnis Ⓝ gue·*feng*·niss *preso*

gefiltert gue·*fil*·tert *filtrado*

gefrieren gue·*frih*·ren *congelar*

Gefühle Ⓝ pl. gue·*füh*·le *sentimientos*

gegen *gueh*·guen *contra*

gegenüber gueh·guen·*üh*·ba *enfrente*

Gegenwart Ⓕ *gueh*·guen·vart *presente*

Gehacktes Ⓝ gue·*hak*·tes *carne picada*

Gehalt Ⓝ gue·*halt* *sueldo*

Geheimnis Ⓝ gue·*haim*·niss *secreto*

gehen gueh·en *andar*

Gehweg ⓜ gueh·vehk *sendero/acera*

Geisteswissenschaften ⓕ pl. *gais*·tes·vi·ssen·shaf·ten *humanidades*

geizig *gai*·tsish *tacaño*

gelangweilt gue·*lang*·vailt *aburrido*

gelb guelb *amarillo*

Geld ⓝ guelt *dinero*

Geldautomat ⓜ guelt·au·to·maht *cajero automático*

Geldbuße ⓕ guelt·buh·se *multa*

Geldschein ⓜ guelt·shain *billete (de banco)*

Geldwechsel ⓜ guelt·vej·ssel *cambio de divisas*

Gelegenheitsarbeit ⓕ gue·*leh*·guen·haits·ahr·bait *trabajo eventual*

Gemüse ⓝ gue·*müh*·se *verdura*

Genehmigung ⓕ gue·*neh*·mi·gung *permiso*

genug gue·*nuhk* *suficiente*

Gepäck ⓝ gue·*pek* *equipaje*

Gepäckaufbewahrung ⓕ gue·*pek*·auf·be·vah·rung *consigna*

Gepäckausgabe ⓕ gue·*pek*·auss·gah·be *recogida de equipajes*

gerade gue·*rah*·de *recto*

Gerechtigkeit ⓕ gue·*resh*·tish·kait *justicia*

Gericht ⓝ gue·*risht* *tribunal*

Geruch ⓜ gue·*rush* *olor*

Geschäft ⓝ gue·*sheft* *tienda • negocio*

Geschäftsfrau ⓕ gue·*shefts*·frau *mujer de negocios*

Geschäftsmann ⓜ gue·*shefts*·man *hombre de negocios*

Geschäftsreise ⓕ gue·*shefts*·rai·se *viaje de negocios*

Geschenk ⓝ gue·*shenk* *regalo*

Geschichte ⓕ gue·*shish*·te *relato*

Geschlechtskrankheit ⓕ gue·*shlehts*·krank·hait *enfermedad venérea*

geschlossen gue·*shlo*·ssen *cerrado*

geschützte (Tierarten) ⓕ pl. gue·*shüts*·te (tih·a·ar·ten) *protegidas (especies)*

Geschwindigkeit ⓕ gue·*shvin*·dish·kait *velocidad*

Geschwindigkeitsbegrenzung ⓕ gue·*shvin*·dish·kaits·be·gren·tsung *límite de velocidad*

Gesetz ⓝ gue·*sets* *ley/derecho*

Gesetzgebung ⓕ gue·*sets*·gueh·bung *legislación*

Gesicht ⓝ gue·*sisht* *cara*

gestern gues·tern *ayer*

Gesundheit ⓕ gue·*sunt*·hait *salud*

Getränk ⓝ gue·*trengk* *bebida*

Getränkehandel ⓜ gue·*treng*·ke·han·del *tienda de vinos y licores*

getrennt gue·*trent* *aparte*

Gewebe ⓝ gue·*veh*·be *tela/tejido*

Gewicht ⓝ gue·*visht* *peso*

Gewinn ⓜ gue·*vin* *beneficios*

gewinnen gue·*vi*·nen *ganar*

Gewürznelke ⓕ gue·*vürts*·nel·ke *clavo (especia)*

Gezeiten pl. gue·*tsai*·ten *mareas*

giftig *guif*·tish *venenoso*

Giftmüll ⓜ *guift*·mül *residuos tóxicos*

Gin ⓜ dzhin *ginebra*

Gipfel ⓜ *guip*·fel *cima*

Gitarre ⓕ gui·*ta*·re *guitarra*

Glas ⓝ glahs *vaso • tarro*

glatt glat *resbaladizo*

gleich dort glaish dort *justo allí*

gleiche *glai*·je *mismo*

Gleichheit ⓕ *glaish*·hait *igualdad*

Gleis ⓝ glaiss *andén*

Gleitschirmfliegen ⓝ *glait*·shirm·flih·guen *parapente*

Gletscher ⓜ *glet*·sha *glaciar*

Glück ⓝ glük *suerte • felicidad*

glücklich *glük*·lish *afortunado • feliz*

Glückwunsch ⓜ *glük*·vunsh *felicidades*

Glühbirne ⓕ *glü*·bir·ne *bombilla*

Gold ⓝ golt *oro*

Golfplatz ⓜ *golf*·plats *campo de golf*

Gott ⓜ got *Dios*

Gottesdienst ⓜ go·tes·dihnst *oficio religioso*

Grab ⓝ grahp *tumba*

Grad ⓜ graht *grado*

grafische Kunst ⓕ *grah*·fi·she kunst *artes gráficas*

Gramm ⓝ gram *gramo*

gratis grah·tis *gratis*

grau grau *gris*
Grenze ① *gren*·tse *frontera*
Grippe ① *gri*·pe *gripe*
groß grohs *grande* • *enorme* • *alto*
Größe ① *gröh*·sse *tamaño (general)*
Großeltern ⓟ pl. *grohs*·el·tern *abuelos*
Großmutter ① *grohs*·mu·ta *abuela*
Großvater ⓜ *grohs*·fah·ta *abuelo*
grün grün *verde*
Grund ⓜ grunt *razón*
Gurke ① *gur*·ke *pepino*
Gürtel ⓜ *gür*·tel *cinturón*
gut guht *bueno* • *bien*
gutaussehend guht·auss·seh·ent *guapo*
Gymnastik ① güm·*nas*·tik *gimnasia*
Gynäkologe ⓜ gü·ne·ko·*loh*·gue
  ginecólogo
Gynäkologin ① gü·ne·ko·*loh*·guin
  ginecóloga

H

Haar ⓝ hah *pelo*
Haarbürste ① hah·bürs·te *cepillo*
haben *hah*·ben *tener*
Hafen ⓜ *hah*·fen *puerto*
Hafer(flocken) ⓟ pl. *hah*·fa(·flo·ken)
  avena
Hähnchenschenkel ⓜ *hèhn*·shen·
  sheng·kel *muslo de pollo*
Hälfte ① *helf*·te *mitad*
Hallenbad ⓝ *ha*·len·baht *piscina
  (cubierta)*
hallo *ha*·lo/ha·*loh* *hola*
halluzinieren ha·lu·tsi·*nih*·ren *alucinar*
Hals ⓜ hals *garganta*
Halskette ① *hals*·ke·te *collar*
Halsschmerzen pl. *hals*·shmer·tsen
  dolor de garganta
Halt ⓜ halt *stop*
Hammer ⓜ *ha*·ma *martillo*
Hamster ⓜ *hams*·ta *hámster*
Hand ① hant *mano*
Handel ⓜ *han*·del *comercio*
handgemacht *hant*·gue·majt *hecho
  a mano*
Handschuh ⓜ *hant*·shuh *guante*
Handtasche ① *hant*·ta·she *bolso*
Handtuch ⓝ *hant*·tuhj *toalla*

Handwerk ⓝ *hant*·verk *artesanía*
Handy ① *hen*·di *teléfono móvil*
Hang ⓜ hang *pista de esquí*
Hängematte ① *hen*·gue·ma·te *hamaca*
hart hart *duro*
Haupt- *haupt*· *principal*· *capital*
Hauptplatz ⓜ *haupt*·plats *plaza mayor*
Haus ⓝ hauss *casa*
Hausarbeit ① *hauss*·ahr·bait *tareas
  domésticas*
nach Hause naj *hau*·se *(ir) a casa*
Hausfrau ① *hauss*·frau *casera*
Hausmann ⓜ *hauss*·man *casero*
Haut ① haut *piel*
heilig hai·lish *santo/sagrado*
Heiligabend ⓜ hai·lish·ah·bent
  Nochebuena
Heilige ⓜ&① *hai*·li·gue *santo*
Heim ⓝ haim *hogar*
Heimweh haben haim·veh hah·ben
  extrañar a la familia, al país
heiraten hai·rah·ten *casarse*
heiß haiss *caliente*
Heizgerät ⓝ haits·gue·reht *calentador*
helfen hel·fen *ayudar*
hell hel *ligero (peso)*
Helm ⓜ helm *casco*
Hemd ⓝ hemt *camisa*
Herausgeber(in) ⓜ/① he·rauss·gueh·ba/
  he·rauss·gueh·be·rin *editor/a*
Herbst ⓜ herpst *otoño*
Herd ⓜ hehrt *estufa*
Hering ⓜ *heh*·ring *arenque*
Heroin ⓝ he·ro·*ihn* *heroína*
Herz ⓝ herts *corazón*
Herzleiden ⓝ herts·lai·den
  afección cardíaca
Herzschrittmacher ⓜ herts·shrit·ma·ja
  marcapasos
Heuschnupfen ⓜ hoi·shnup·fen
  alergia al polen
heute hoi·te *hoy*
heute Abend hoi·te ah·bent *esta tarde-
  noche*
hier hih·a *aquí*
Hilfe ① hil·fe *ayuda*
Himbeere ① him·beh·re *frambuesa*
Himmel ⓜ hi·mel *cielo*
hinten hin·ten *al fondo*

hinter *hin·ta detrás*
hinüber *hih·nüh·ba desde el otro lado*
historisch *his·toh·rish histórico*
Hitze ① *hi·tse calor*
HIV-positiv *hah·ih·fau·poh·si·tihf seropositivo*
hoch *hoj alto*
Hochebene ① *hoj·eh·be·ne meseta*
Hochzeit ① *hoj·tsait boda*
Hochzeitsgeschenk ⑥ *hoj·tsaits·gue·shenk regalo de boda*
Hochzeitstorte ① *hoj·tsaits·tor·te tarta nupcial*
Hockey ⑥ *ho·ki hockey*
Höhe ① *hö·e altitud*
Höhle ① *hö·le cueva*
Holz ⑥ *holts madera*
homöopathisches Mittel ⑥ *hoh·möh·pah·ti·shes mi·tel medicina homeopática*
homosexuell *hoh·mo·sek·su·el homosexual*
Honig ⑥ *hoh·nik miel*
hören *hö·ren oír • escuchar*
Hörgerät ⑥ *hö·a·gue·ret audífono*
Horoskop ⑥ *ho·ros·kohp horóscopo*
Hose ① *hoh·se pantalones*
Hotel ⑥ *ho·tel hotel*
hübsch *hüpsh bonito*
Hüfttasche ① *hüft·ta·she riñonera*
Hügel ⑥ *hü·guel colina*
Huhn ⑥ *huhn pollo*
Hühnerbrust ① *hü·na·brust pechuga de pollo*
Hülsenfrucht ① *hül·sen·frujt legumbre*
Hund ⑥ *hunt perro*
hundert *hun·dert cien*
hungrig *hun·grish hambriento*
husten *hus·ten toser*
Hustensaft ⑥ *hus·ten·saft medicina para la tos*
Hut ⑥ *huht sombrero*
Hütte ① *hü·te cabaña*
Hüttenkäse ⑥ *hü·ten·keh·se requesón*

I

ich *ish yo*
Idee ① *i·deh idea*

Idiot ⑥ *i·di·oht idiota*
ihr *ih·a su (ella) • su (ellos)*
Ihr *ih·a su (usted)*
illegal *i·le·gahl ilegal*
immer *i·ma siempre*
Immigration ① *i·mi·gra·tsion inmigración*
in *in en*
inbegriffen *in·be·gri·fen incluido*
Indien ⑥ *in·di·en India*
Industrie ① *in·dus·trih industria*
Ingenieuer(in) ⑥/① *in·zhe·nih·a(·rin) ingeniero/a*
Ingenieurwesen ⑥ *in·zhe·nih·a·veh·sen ingeniería*
Ingwer ⑥ *ing·va jengibre*
Injektion ① *in·yek·tsion inyección*
injizieren *in·yi·tsih·ren inyectar*
innen *i·nen dentro*
Innenstadt ① *i·nen·shtat centro de la ciudad*
innerhalb (einer Stunde) *i·na·halp (ai·na shtun·de) dentro de (una hora)*
Insekt ⑥ *in·sekt insecto*
Insektenschutzmittel ⑥ *in·sek·ten·shuts·mi·tel repelente de insectos*
Insel ① *in·sel isla*
Installateur(in) ⑥/① *in·sta·la·tör/ in·sta·la·tö·rin fontanero*
interessant *in·te·re·sant interesante*
international *in·ter·na·tsio·nahl internacional*
Internet ⑥ *in·ter·net Internet*
Interview ⑥ *in·ter·viuh entrevista*
Intrauterinpessar ⑥ *in·tra·u·te·rihn·pe·ssah DIU*
irgendein *ir·guend·ain cualquier/algún*
irgendetwas *ir·guend·et·vass algo/nada*
irgendwo *ir·guent·voh cualquier lugar*

J

ja *yah sí*
Jacke ① *ya·ke chaqueta*
Jagd ① *yajt caza*
Jahr ⑥ *yahr año*
Jahreszeit ① *yah·res·tsait estación*

Japan ⓝ *yah*·pahn *Japón*
Jeans ⓟ pl. dzhihns *vaqueros*
jeder ⓜ *yeh*·da *cada*
jemand *yeh*·mant *alguien*
jetzt yetst *ahora*
Jockey ⓜ *dzho*·ki *jinete*
Joga ⓝ *yoh*·ga *yoga*
Joghurt ⓜ *yoh*·gurt *yogur*
Journalist(in) ⓜ/ⓕ zhur·na·*list*/
zhur·na·*lis*·tin *periodista*
Juckreiz ⓜ *yuk*·raits *picor*
jüdisch *yü*·dish *judío*
Jugendherberge ⓕ
yuh·guent·*heh*·a·bea·gue *albergue de juventud*
jung yung *joven*
Junge ⓜ *yun*·gue *chico*
Jura ⓝ *yuh*·ra *derecho (estudios)*

K

Kabel ⓝ *kah*·bel *cable*
Kaffee ⓜ *ka*·feh *café (bebida)*
Kakao ⓜ *ka*·kau *cacao*
Kakerlake ⓕ *kah*·ka·lah·ke *cucaracha*
Kalbfleisch ⓝ *kalp*·flaish *ternera*
Kalender ⓜ ka·*len*·da *calendario*
kalt kalt *frío*
Kamera ⓕ *ka*·me·ra *cámara*
Kamm ⓜ kam *peine*
Kampf ⓜ kampf *lucha*
Kampfsport ⓜ *kampf*·shport *artes marciales*
Kanarienvogel ⓜ ka·*nah*·ri·en·foh·guel *canario*
Kaninchen ⓝ ka·*nihn*·shen *conejo*
Kantine ⓕ kan·*tih*·ne *comedor*
Kapelle ⓕ ka·*pe*·le *capilla • grupo (música)*
Kapitalismus ⓜ ka·pi·ta·*lis*·muss *capitalismo*
kaputt ka·*put roto*
Karte ⓕ *kar*·te *mapa • billete*
Karten ⓕ pl. *kar*·ten *cartas*
Kartoffel ⓕ kar·*to*·fel *patata*
Karton ⓜ kar·*ton* *caja • cartón*
Ostern ⓝos·tern *Semana Santa*
Käse ⓜ *keh*·se *queso*
Kasino ⓝ ka·*sih*·no *casino*

Kasse ⓕ *ka*·sse *caja registradora • caja*
Kassette ⓕ ka·*sse*·te *casete*
Kassierer(in) ⓜ/ⓕ ka·*sih*·ra/
ka·*sih*·re·rin *cajero/a*
Katholik(in) ⓜ/ⓕ ka·to·*lihk*/
ka·to·*lih*·kin *católico/a*
Kätzchen ⓝ *kets*·shen *gatito*
Katze ⓕ *ka*·tse *gato*
kaufen *kau*·fen *comprar*
Kaugummi ⓝ *kau*·gu·mi *chicle*
Kaviar ⓜ *kah*·vi·ahr *caviar*
Keilriemen ⓜ *kail*·rih·men *correa del ventilador*
keine *kai*·ne *ninguno*
Keks ⓜ keks *galleta*
Keller ⓜ *ke*·la *bodega*
Kellner(in) ⓜ/ⓕ *kel*·na/*kel*·ne·rin *camarero/a*
Kennen(-lernen) *ke*·nen·ler·nen *conocer (a alguien)*
Keramik ⓕ ke·*rah*·mik *cerámica*
Kerze ⓕ *ker*·tse *vela*
Kessel ⓜ *ke*·ssel *tetera*
Ketchup ⓜ *ket*·chap *ketchup*
Kette ⓕ *ke*·te *cadena*
Kichererbse ⓕ *ki*·sha·erp·se *garbanzo*
Kiefer ⓕ *kih*·fa *mandíbula*
Kilogramm ⓝ *kih*·lo·gram *kilogramo*
Kilometer ⓜ ki·lo·*meh*·ta *kilómetro*
Kind ⓝ kint *niño*
Kinder ⓟ pl. *kin*·da *niños*
Kinderbetreuung ⓕ *kin*·da·be·troi·ung *cuidado de niños*
Kindergarten ⓜ *kin*·da·gar·ten *jardín de infancia*
Kinderkrippe ⓕ *kin*·da·kri·pe *orfanato*
Kindersitz ⓜ *kin*·da·sits *silla para niños (coche)*
Kino ⓝ *kih*·no *cine*
Kiosk ⓜ *kih*·osk *quiosco*
Kirche ⓕ *kir*·she *iglesia*
Kissen ⓝ *ki*·ssen *almohada*
Kiwifrucht ⓕ *kih*·vi·frujt *kiwi*
Klasse ⓕ *kla*·sse *clase*
klassisch *kla*·ssish *clásico*
Klavier ⓝ kla·*vih*·a *piano*
Kleid ⓝ klait *vestido*
Kleidung ⓕ *klai*·dung *ropa*
klein klain *pequeño • bajo (altura)*

Kleingeld ⓝ *klain*·guelt *calderilla*
klettern *kle*·tern *escalar/trepar*
Klima ⓝ *klih*·ma *clima*
Klimaanlage ⓕ *klih*·ma·an·lah·gue
aire acondicionado
klingeln *klin*·gueln *sonar (el teléfono)*
Klippe ⓕ *kli*·pe *acantilado*
Kloster ⓝ *klohs*·ta *convento •
monasterio*
Knappheit ⓕ *knap*·hait *escasez*
Kneipe ⓕ *knai*·pe *pub*
Knie ⓝ *knih rodilla*
Knoblauch ⓜ *kno*·blauj *ajo*
Knöchel ⓜ *knö*·jel *tobillo*
Knochen ⓜ *kno*·jen *hueso*
Knopf ⓜ *knopf botón*
Koch ⓜ koj *chef • cocinero*
kochen *ko*·jen *cocinar*
Kocher ⓜ *ko*·ja *cocina de camping gas*
Köchin ⓕ *kö*·jin *chef • cocinero*
Köder ⓜ *kö*·da *cebo*
Koffer ⓜ *ko*·fa *maleta*
Kofferraum ⓜ *ko*·fa·raum *maletero*
Kohl ⓜ kohl *col*
Kokain ⓝ *ko*·ka·ihn *cocaína*
Kollege ⓜ ko·*leh*·gue *colega* (m.)
Kollegin ⓕ ko·*leh*·guin *colega* (f.)
kommen *ko*·men *venir*
Kommunion ⓕ ko·mu·*nion comunión*
Komödie ⓕ ko·*mö*·di·e *comedia*
Kompass ⓜ *kom*·pass *brújula*
Konditorei ⓕ kon·dih·to·*rai pastelería*
Kondom ⓝ kon·*dohm preservativo*
König ⓜ *köh*·nish *rey*
Königin ⓕ *köh*·ni·guin *reina*
können *kö*·nen *poder • tener permiso
para*
konservativ kon·ser·va·*tihf conservador*
Konsulat ⓝ kon·su·*laht consulado*
Kontaktlinsen ⓕ pl. kon·*takt*·lin·sen
lentillas
Kontostand ⓜ *kon*·to·shtant
situación de la cuenta bancaria
Kontrollstelle ⓕ kon·*trol*·shte·le *control*
Konzert ⓝ kon·*tsert concierto*
Konzerthalle ⓕ kon·*tsert*·ha·le
auditorio
Kopf ⓜ kopf *cabeza*
Kopfsalat ⓜ *kopf*·sa·laht *lechuga*

Kopfschmerzen pl. *kopf*·shmer·tsen
dolor de cabeza
Kopfschmerztablette ⓕ
kopf·shmerts·ta·ble·te *aspirina*
Korb ⓜ korp *cesto*
Körper ⓜ *kör*·pa *cuerpo*
korrupt ko·*rupt corrupto*
kosten *kos*·ten *costar*
köstlich *köst*·lish *delicioso*
Kraft ⓕ kraft *poder*
Krampf ⓜ krampf *rampa*
krank krank *enfermo/mareado*
Krankenhaus ⓝ *kran*·ken·haus *hospital*
Krankenpfleger ⓜ *kran*·ken·pfleh·ga
enfermero
Krankenschwester ⓕ *kran*·ken·shves·ta
enfermera
Krankenwagen ⓜ *kran*·ken·vah·guen
ambulancia
Krankheit ⓕ *krank*·hait *enfermedad*
Kräuter ⓝ pl. *kroi*·ta *hierbas*
Krebs ⓜ kreps *cáncer*
Kreditkarte ⓕ *kreh*·diht·kar·te
tarjeta de crédito
Kreisverkehr ⓜ *krais*·fea·keh·a *rotonda*
Kreuz ⓝ kroits *cruz*
Krieg ⓜ krehk *guerra*
Kritik ⓕ kri·*tihk críticas (arte)*
Küche ⓕ *kü*·she *cocina*
Kuchen ⓜ *kuh*·jen *pastel/tarta*
Kuckucksuhr ⓕ *ku*·kuks·uh·a
reloj de cuco
Kugelschreiber ⓜ *kuh*·guel·shrai·ba
bolígrafo
Kuh ⓕ kuh *vaca*
Heitskörper ⓜ *heits*·kör·pa *radiador*
Kühlschrank ⓜ *kül*·shrank *nevera*
sich kümmern um sish *kü*·mern um
cuidar
Kunde ⓜ *kun*·de *cliente* (m.)
kündigen *kün*·di·guen *dimitir*
Kundin ⓕ *kun*·din *cliente* (f.)
Kunst ⓕ kunst *arte*
Kunstgalerie ⓕ *kunst*·ga·le·rih
galería de arte
Kunstgewerbe ⓝ *kunst*·gue·ver·be
artesanía
Kunsthandwerk ⓝ *kunst*·hant·verk
artesanía

Künstler(in) ⓜ/ⓕ *künst·la/künst·le·rin artista*
Kunstsammlung ⓕ *kunst·sam·lung colección de arte*
Kunstwerk ⓝ *kunst·verk obra de arte*
Kupplung ⓕ *ku·plung embrague*
Kürbis ⓜ *kür·bis calabaza*
kurz *kurts corto*
kurzärmelig *kurts·ehr·me·lish de manga corta*
Kuss ⓜ *kuss beso*
küssen *kü·ssen besar*
Küste ⓕ *küs·te costa*

L

lächeln *le·jeln sonreír*
lachen *la·jen reír*
Lachs ⓜ *lajs salmón*
Lage ⓕ *lah·gue situación*
Lamm ⓝ *lam cordero*
Land ⓝ *lant país • campo*
Landschaft ⓕ *lant·shaft paisaje*
Landwirtschaft ⓕ *lant·virt·shaft agricultura*
lang *lang largo*
langärmelig *lang·ehr·me·lish de manga larga*
langsam *lang·sahm lento • despacio*
langweilig *lang·vai·lish aburrido*
Laptop ⓜ *lep·top ordenador portátil*
Lastwagen ⓜ *last·vah·guen camión*
Lauch ⓜ *lauj puerro*
laufen *lau·fen correr*
Läuse ⓕ pl. *loi·se piojos*
laut *laut fuerte (sonido)• ruidoso*
Lautstärke ⓕ *laut·shtehr·ke volumen (sonido)*
Lawine ⓕ *la·vih·ne alud*
leben *leh·ben vivir*
Leben ⓝ *leh·ben vida*
Lebenslauf ⓜ *leh·bens·lauf currículum (CV)*
Lebensmittelladen ⓜ *leh·bens·mi·tel·lah·den tienda de comestibles*
Lebensmittelvergiftung ⓕ *leh·bens·mi·tel·fea·guif·tung intoxicación*
Leber ⓕ *leh·ba hígado*

Leder ⓝ *leh·da piel (cuero)*
ledig *leh·dish soltero*
leer *leh·a vacío*
legen *leh·guen colocar horizontalmente*
Lehrer(in) ⓜ/ⓕ *leh·ra/leh·re·rin profesor/a • monitor/a*
leicht *laisht fácil*
Leichtathletik ⓕ *laisht·at·leh·tik atletismo*
leihen *lai·en tomar prestado*
Leinen ⓝ *lai·nen lino*
Leitungswasser ⓝ *lai·tunks·va·ssa agua del grifo*
Lenker ⓜ *leng·ka manillar*
lernen *ler·nen aprender*
Lesbierin ⓕ *les·bin lesbiana*
lesen *leh·sen leer*
letzte *lets·te último*
Licht ⓝ *lisht luz*
lieben *lih·ben amor*
liebevoll *lih·be·fol afectuoso*
Liebhaber(in) ⓜ/ⓕ *lihb·hah·ba/ lihb·hah·be·rin amante*
Lied ⓝ *liht canción*
liefern *lih·fern entregar*
Lieferwagen ⓜ *lih·fea·vah·guen furgoneta*
liegen *lih·guen tumbado*
Lift ⓜ *lift ascensor*
lila *lih·la violeta*
Limonade ⓕ *li·mo·nah·de gaseosa*
Limone ⓕ *li·moh·ne lima*
Linie ⓕ *lih·ni·e línea*
links *links izquierda (dirección)*
linksgerichtet *links·gue·rish·tet de izquierdas*
Linse ⓕ *lin·se lentejas*
Lippen ⓕ pl. *li·pen labios*
Lippenbalsam ⓜ *li·pen·bal·sahm bálsamo labial*
Lippenstift ⓜ *li·pen·shtift barra de labios*
Liter ⓜ *lih·ta litro*
Löffel ⓜ *lö·fel cuchara*
Lohn ⓜ *lohn sueldo*
Lohnsatz ⓜ *lohn·sats sueldo*
Lokal ⓝ *lo·kahl bar*
Luft ⓕ *luft aire*

Luftkrankheit ① *luft*·krank·hait *mareo (por viajar en avión)*
Luftpost ① *luft*·post *correo aéreo*
Luftpumpe ① *luft*·pum·pe *bomba*
Luftverschmutzung ①
  luft·fea·shmu·tsung *contaminación ambiental*
Lügner(in) ⑩/① *lüg*·na/*lüg*·ne·rin *mentiroso/a*
Lungen ① pl. *lun*·guen *pulmones*
lustig *lus*·tish *gracioso*
luxuriös luk·su·ri·ös *lujoso*

M

machen *ma*·jen *hacer*
Mädchen ① *met*·shen *niña*
Magen ⑩ *mah*·guen *estómago*
Magen-Darm-Katarrh ⑩
  mah·guen·*darm*·ka·tar *gastroenteritis*
Magenschmerzen ⑩ pl.
  mah·guen·shmer·tsen *dolor de barriga*
Magenverstimmung ①
  mah·guen·fea·shti·mung *indigestión*
Mayonnaise ① ma·yo·*neh*·se *mayonesa*
Makler(in) ⑩/① *mah*·kla/*mah*·kle·rin
  agente de la propiedad inmobiliaria
Maler(in) ⑩/① *mah*·la/*mah*·le·rin
  pintor/a
Malerei ① mah·le·*rai* *pintura (el arte)*
Mama ① *ma*·ma *mamá*
Mammogramm ① ma·mo·*gram*
  mamografía
manchmal *manch*·mahl *a veces*
Mandarine ① man·da·*rih*·ne *mandarina*
Mandel ① *man*·del *almendra*
Mann ⑩ *man* *hombre*
Mannschaft ① *man*·shaft *equipo*
Mantel ⑩ *man*·tel *abrigo* • *capa*
Margarine ① mar·ga·*rih*·ne *margarina*
Marihuana ① ma·ri·hu·*ah*·na
  marihuana
Markt ⑩ *markt* *mercado*
Marktplatz ⑩ *markt*·plats
  plaza del mercado
Marmelade ① mar·me·*lah*·de
  mermelada
Maschine ① ma·*shih*·ne *máquina*
Masern pl. *mah*·sern *sarampión*

Massage ① ma·*ssah*·zhe *masaje*
Masseur(in) ⑩/① ma·*söh*·a(·rin)
  masajista
Material ① ma·te·ri·*ahl* *material*
Matratze ① ma·*tra*·tse *colchón*
Matte ① *ma*·te *estera*
Mauer ① *mau*·a *muro*
Maurer(in) ⑩/① *mau*·ra/*mau*·re·rin
  albañil
Maus ① *mauss* *ratón*
Mechaniker(in) ⑩/① me·*jah*·ni·ka/
  me·*jah*·ni·ke·rin *mecánico*
Medien pl. *meh*·di·en *medios de comunicación*
Meditation ① me·di·ta·*tsion*
  meditación
Medizin ① me·di·*tsihn* *medicina*
Meer ⑩ *meh*·a *mar*
Meeresküste ① *meh*·res·küs·te *costa*
Meerrettich ⑩ *meh*·a·re·tish *rábano picante*
Mehl ⑩ *mehl* *harina*
mehr *meh*·a *más*
nicht mehr nisht *meh*·a *ya no*
mein *main* *mío* • *mi*
Meinung ① *mai*·nung *opinión*
Meisterschaften ① pl. *mais*·ta·shaf·ten
  campeonatos
Melodie ① me·lo·*dih* *melodía*
Melone ① me·*loh*·ne *melón*
Mensch ⑩ *mensh* *persona*
Menschen ⑩ pl. *men*·shen *gente*
Menschenrechte ⑩ pl. *men*·shen·resh·te
  derechos humanos
menschlich *mensh*·lish *humano*
Menstruation ① mens·tru·a·*tsion*
  menstruación
Menstruationsbeschwerden ① pl. mens·
  tru·a·*tsions*·be·shvehr·den *dolores menstruales*
Messe ① me·*sse* *misa (católica)* • *feria comercial*
Messer ⑩ me·*ssa* *cuchillo*
Metall ⑩ me·*tal* *metal*
Meter ⑩ *meh*·ta *metro*
Metzgerei ① mets·gue·*rai* *carnicería*
mieten *mih*·ten *alquilar*
Mietvertrag ⑩ *miht*·fea·trahk *contrato de arrendamiento*

Migräne ⓕ mi·grèh·ne *migraña*
Mikrowelle ⓕ mih·kro·ve·le *microondas*
Milch ⓕ milsh *leche*
Milchprodukte ⓜ pl. milsh·pro·duk·te *productos lácteos*
Militär ⓝ mi·li·teh·a *ejército*
Millimeter ⓜ mi·li·meh·ta *milímetro*
Million ⓕ mi·lion *millón*
Mineralwasser ⓝ mi·ne·rahl·va·ssa *agua mineral*
Minute ⓕ mi·nuh·te *minuto*
mischen mi·shen *mezclar*
mit mit *con*
Mitglied ⓝ mit·gliht *miembro*
Mittag ⓜ mi·tahk *mediodía*
Mittagessen ⓝ mi·tahk·e·ssen *almuerzo*
Mitteilung ⓕ mit·tai·lung *mensaje*
Mitternacht ⓕ mi·ta·najt *medianoche*
Mittwoch ⓜ mit·voj *miércoles*
Möbel ⓜ pl. mö·bel *muebles*
Modem ⓜ moh·dem *módem*
mögen möh·guen *gustar*
möglich mö·glish *posible*
Mohrrübe ⓕ mohr·rü·be *zanahoria*
Monat ⓜ moh·nat *mes*
Montag ⓜ mohn·tahk *lunes*
Morgen ⓜ mor·guen *mañana (día siguiente)*
morgen mor·guen *mañana*
morgen früh mor·guen früh *mañana por la mañana*
Moschee ⓕ mo·sheh *mezquita*
Moslem ⓜ mos·lem *musulmán* (m.)
Moslime ⓕ mos·lih·me *musulmán* (f.)
Motor ⓜ moh·to·a/mo·toh·a *motor*
Motorboot ⓝ moh·toh·a·boht *motora*
Motorrad ⓝ moh·toh·a·raht *motocicleta*
Möwe ⓕ möh·ve *gaviota*
müde müh·de *cansado*
Müll ⓜ mül *basura*
Mülleimer ⓜ mül·ai·ma *cubo de la basura*
Mund ⓜ munt *boca*
Mundfäule ⓕ munt·foi·le *aftas (estomatitis ulcerosa)*
Münzen ⓕ pl. mün·tsen *monedas*
Muschel ⓕ mu·shel *mejillón*
Museum ⓝ mu·seh·um *museo*

Musik ⓕ mu·sihk *música*
Musiker(in) ⓜ/ⓕ muh·si·ka/muh·si·ke·rin *músico*
Muskel ⓜ mus·kel *músculo*
Muskelzerrung ⓕ mus·kel·tsea·rung *esguince*
Müsli ⓝ müs·li *muesli*
mutig muh·tish *valiente*
Mutter ⓕ mu·ta *madre*

N

nach naj *después • hacia*
Nachkomme ⓜ naj·ko·me *descendiente*
Nachmittag ⓜ naj·mi·tahk *tarde*
Nachname ⓜ naj·nah·me *apellido*
Nachrichten pl. naj·rish·ten *noticias*
nächste nèhjs·te *al lado de • más cercano*
Nacht ⓕ najt *noche*
Nadel ⓕ nah·del *aguja de coser • jeringuilla*
Nagelknipser ⓜ pl. nah·guel·knip·sa *cortaúñas*
nahe nah·e *próximo (cercano)*
in der Nähe in deh·a neh·e *cercano*
nähen nèh·en *coser*
Name ⓜ nah·me *nombre*
Nase ⓕ nah·se *nariz*
nass nass *mojado*
Natur ⓕ na·tuh·a *naturaleza*
Naturheilkunde ⓕ na·tuh·a·hail·kun·de *naturopatía*
Naturreservat ⓝ na·tuh·a·re·seh·a·vaht *reserva natural*
neben neh·ben *al lado de*
neblig neh·blish *nebuloso*
Neffe ⓜ ne·fe *sobrino*
nehmen neh·men *llevar/tomar*
nein nain *no*
nett net *amable*
Netz ⓝ nets *red*
neu noi *nuevo*
Neujahrstag ⓜ noi·yahrs·tahk *Día de Año Nuevo*
nicht nisht *no*
Nichte ⓕ nish·te *sobrina*
Nichtraucher- nisht·rau·ja· de no fumadores

nichts nishts *nada*
nie nih *nunca*
Niederlande pl. *nih·*da·lan·de *Países Bajos*
niedrig *nih·*drish *bajo*
noch nicht noj nisht *todavía no*
Nonne ⓕ *no·*ne *monja*
Norden ⓜ *nor·*den *norte*
normal nor·*mahl* *normal*
normale Post ⓕ nor·*mah·*le *post correo de superficie*
Notfall ⓜ *noht·*fal *urgencia*
Notizbuch ⓝ no·*tihts·*buj *libreta*
notwendig noht·*ven·*dish *necesario*
Nudeln pl. *nuh·*deln *fideos • pasta*
null nul *cero*
Nummer ⓕ *nu·*ma *number*
nur nuh·a *sólo*
Nuss ⓕ nuss *fruto seco*
nützlich *nüts·*lish *útil*

O

obdachlos *ob·*daj·lohs *sin techo*
oben *oh·*ben *piso de arriba*
Objektiv ⓝ ob·yek·*tihf* *lentes (cámara)*
Obsternte ⓕ *ohbst·*ern·te *recogida de fruta*
oder *oh·*da *o*
Ofen ⓜ *oh·*fen *horno*
offen o·fen *abierto*
offensichtlich o·fen·*sisht·*lish *obvio*
öffentlich ö·*fent·*lish *público*
öffnen *öf·*nen *abrir*
Öffnungszeiten ⓕ pl. *öf·*nunks·tsai·ten *horario de atención al público*
oft oft *a menudo*
ohne *oh·*ne *sin*
Ohr ⓝ *oh·*a *oído/oreja*
Ohrenstöpsel ⓜ *oh·*ren·shtöp·sel *tapones para el oído*
Ohrringe ⓜ pl. *oh·*a·rin·gue *pendientes*
Öl ⓝ öl *petróleo*
Olive ⓕ o·*lih·*ve *aceituna*
Olivenöl ⓝ o·*lih·*ven·öl *aceite de oliva*
Olympische Spiele ⓝ pl. o·*lüm·*pi·she *shpih·*le *Juegos Olímpicos*
Oma ⓕ *oh·*ma *abuela*
Onkel ⓜ *on·*kel *tío*

Opa ⓜ *oh·*pa *abuelo*
Oper ⓕ *oh·*pa *ópera*
Operation ⓕ o·pe·ra·*tsion* *operación*
Opernhaus ⓝ *oh·*pern·hauss *ópera (edificio)*
Optiker(in) ⓜ/ⓕ *op·*ti·ka/*op·*ti·ke·rin *óptico/a*
orange o·*rahn·*zhe *naranja (color)*
Orange ⓕ o·*rahn·*zhe *naranja (fruta)*
Orangenmarmelade ⓕ o·*rahn·*zhen·mar·me·*lah·*de *mermelada de naranja*
Orangensaft ⓜ o·*rahn·*zhen·saft *zumo de naranja*
Orchester ⓝ ohr·*kes·*ta *orquesta*
organisieren or·ga·ni·*sih·*ren *organizar*
Orgasmus ⓜ or·*gas·*muss *orgasmo*
Orgel ⓕ ohr·guel *órgano (iglesia)*
Original- o·ri·gui·*nahl-* *original (ejemplar)*
örtlich *ört·*lish *local*
Osten ⓜ *os·*ten *este*
der Nahe Osten ⓜ *deh·*a *nah·*e *os·*ten *Oriente Medio*
Ostern ⓝ *os·*tern *Pascua*
Österreich ⓝ *ös·*ta·raish *Austria*
Ozean ⓜ *oh·*tse·ahn *océano*
Ozonschicht ⓕ o·*tsohn·*shisht *capa de ozono*

P

Paar ⓝ pahr *pareja*
ein paar ain pahr *un par*
Packung ⓕ *pa·*kung *paquete (general)*
Paket ⓝ pa·*keht* *paquete*
Pampelmuse ⓕ pam·pel·*muh·*se *pomelo*
eine Panne haben *ai·*ne *pa·*ne *hah·*ben *averiarse*
Papa ⓜ *pa·*pa *papá*
Papagei ⓜ pa·pa·*gai* *loro*
Papier ⓝ pa·*pih·*a *papel*
Papiertaschentücher ⓝ pl. pa·*pih·*a·ta·shen·*tü·*sha *pañuelos de papel*
Paprika ⓕ *pa·*pri·kah *pimentón dulce • pimentón*
Parfüm ⓝ par·*füm* *perfume*
Park ⓜ park *parque*

Parkplatz ⓜ *park*·plats *parking*
Parlament ⓜ par·la·*ment* *parlamento*
Partei ⓕ par·*tai* *partido (político)*
Pass ⓜ pass *pasaporte*
Passnummer ⓕ *pass*·nu·ma
 número de pasaporte
Pause ⓕ *pau*·se *pausa*
eine Pause machen *ai*·ne *pau*·se *ma*·jen
 descansar
Pedal ⓝ pe·*dahl* *pedal*
Penis ⓜ *peh*·niss *pene*
Pension ⓕ pan·*sion* *pensión*
pensioniert pan·sio·*nih*·ert *jubilado*
Person ⓕ per·*sohn* *persona*
Personalausweis ⓜ
 per·so·*nahl*·auss·vaiss
 identificación (documento)
persönlich per·*söhn*·lish *personal*
Petersilie ⓕ peh·ta·*sih*·li·e *perejil*
Petition ⓕ pe·ti·*tsion* *petición/demanda*
Pfad ⓜ pfaht *camino • sendero*
Pfanne ⓕ *pfa*·ne *cacerola*
Pfeffer ⓜ *pfe*·fa *pimienta*
Pfefferminzbonbons ⓜ pl. pfe·fa·*mints*·
 bon·bons *caramelos de menta*
Pfeife ⓕ *pfai*·fe *tubería*
Pferd ⓝ pfehrt *caballo*
Pfirsich ⓜ *pfir*·sish *melocotón*
Pflanze ⓕ *pflan*·tse *planta*
Pflaster ⓝ *pflas*·ta *tirita*
Pflaume ⓕ *pflau*·me *ciruela*
pflücken *pflü*·ken *coger (flores)*
Pfund ⓝ pfunt *libra (peso)*
Phantasie ⓕ fan·ta·*sih* *imaginación*
Physik ⓕ fü·*sihk* *física*
Picknick ⓝ *pik*·nik *picnic*
Pilgerfahrt ⓕ *pil*·ga·fahrt *peregrinación*
Pille ⓕ *pi*·le *píldora/pastilla*
die Pille dih *pi*·le *la píldora*
Pilz ⓜ pilts *setas*
Pinzette ⓕ pin·*tse*·te *pinzas*
PKW-Zulassung ⓕ
 peh·kah·veh·*tsuh*·la·ssung
 matrícula de coche
Plakat ⓝ pla·*kaht* *póster*
Planet ⓜ pla·*neht* *planeta*
Plastik ⓝ *plas*·tik *plástico*
Platz ⓜ plats *lugar • asiento (tren, cine)*
 • plaza (ciudad) • pista (tenis)

Platz ⓜ **am Gang** plats am gang
 asiento al lado del pasillo
Poker ⓝ *poh*·ka *póquer*
Politik ⓕ po·li·*tihk* *política*
Politiker(in) ⓜ/ⓕ po·*lih*·ti·ka/
 po·*lih*·ti·ke·rin *político/a*
Polizei ⓕ po·li·*tsai* *policía*
Polizeirevier ⓝ po·li·*tsai*·re·vih·a
 comisaría
Pollen ⓜ *po*·len *polen*
Pony ⓝ *po*·ni *pony*
Porto ⓝ *por*·to *franqueo*
Post ⓕ post *correo*
Postamt ⓝ *post*·amt *oficina de correos*
Postkarte ⓕ *post*·kar·te *postal*
postlagernd *post*·lah·guernt
 lista de correos
Postleitzahl ⓕ *post*·lai·tsahl *código*
 postal
praktisch *prak*·tish *práctico*
prämenstruelle Störung ⓕ
 prèh·mens·tru·*eh*·le *shtöh*·rung
 síndrome premenstrual
Präsident(in) ⓜ/ⓕ pre·si·*dent*/
 pre·si·*den*·tin *presidente/a*
Preis ⓜ praiss *precio*
Premierminister(in) ⓜ/ⓕ pre·mi·*eh*·
 mi·*nis*·ta/pre·mi·*eh*·mi·*nis*·te·rin
 primer/a ministro/a
Priester ⓜ *prihs*·ta *cura*
privat pri·*vaht* *privado*
Privatklinik ⓕ pri·*vaht*·klih·nik
 clínica
pro pro *por*
produzieren pro·du·*tsih*·ren *producir*
Programm ⓝ pro·*gram* *programa*
Projektor ⓜ pro·*yek*·to·a *proyector*
Prosa ⓕ *proh*·sa *ficción*
Prostituierte ⓕ pros·ti·tu·*ihr*·te
 prostituta
Protest ⓜ pro·*test* *protesta*
protestieren pro·tes·*tih*·ren *protestar*
Prozent ⓝ pro·*tsent* *porcentaje*
prüfen *prü*·fen *comprobar*
Psychologie ⓕ psü·jo·lo·*guih* *psicología*
Pullover ⓜ pu·*loh*·va *jersey*
Pumpe ⓕ *pum*·pe *bomba*
Punkt ⓜ punkt *punto*
Puppe ⓕ *pu*·pe *muñeca*

Q

Qualifikationen ① pl.
kva·li·fi·ka·*tsio*·nen titulación
Qualität ① kva·li·*teht* calidad
Quarantäne ① ka·ran·*tèh*·ne
cuarentena
Querschnittsgelähmte ⑩&① kveh·a·
shnits·gue·lèhm·te paraplégico
Quittung ① kvi·tung recibo

R

Rabatt ⑩ ra·*bat* descuento
Rad ⑪ raht rueda
radfahren raht·fah·ren ir en bicicleta
Radfahrer(in) ⑩/① raht·fah·ra/
raht·fah·re·rin ciclista
Radio ⑪ rah·di·o radio
Radsport ⑪ raht·shport ciclismo
Radweg ⑩ raht·vehk carril bici
Rahmen ⑪ rah·men marco
Rallye ① rèh·li rally
Rasiercreme ① ra·*sih*·a·krèhm
espuma de afeitar
rasieren ra·*sih*·ren afeitar
Rasierer ⑩ ra·*sih*·ra maquinilla de
afeitar
Rasierklingen ① pl. ra·*sih*·a·klin·guen
cuchillas de afeitar
Rassismus ⑩ ra·*ssis*·muss racismo
Rat ⑩ raht consejo
raten rah·ten aconsejar • adivinar
Ratte ① ra·te rata
Raub ⑩ raub robo/atraco
rauchen rau·jen fumar
Raum ⑩ raum espacio
realistisch re·a·*lis*·tish realista
Rebe ① reh·be vid
Rechnung ① rej·nung cuenta
rechts rejts derecha (dirección)
rechtsgerichtet rejts·gue·rish·tet de
derechas
Rechtsanwalt ⑩ rejts·an·valt abogado (m.)
Rechtsanwältin ① rejts·an·vel·tin
abogado (f.)
recyklieren ri·*sih*·keln reciclar
Regal ⑪ re·*gahl* estante

Regeln ① pl. reh·gueln reglas/normas
Regen ⑩ reh·guen lluvia
Regenmantel ⑩ reh·guen·man·tel
impermeable
Regenschirm ⑩ reh·guen·shirm
paraguas
Regierung ① re·*guih*·rung gobierno
Region ① re·*guion* región
Regisseur(in) ⑩/① re·zhi·*söh*·a/
re·zhi·*söh*·rin director/a
reich raish adinerado
Reifen ⑩ rai·fen neumático
Reifenpanne ① rai·fen·pa·ne
pinchazo
rein rain puro
Reinigung ① rai·ni·gung limpieza
Reis ⑩ raiss arroz
Reise ① rai·se viaje • excursión
Reisebüro ⑪ rai·se·bü·roh
agencia de viajes
Reiseführer ⑩ rai·se·füh·ra guía
Reisekrankheit ① rai·se·krank·hait
mareo
reisen rai·sen viajar
Reisende ⑩/① rai·sen·de
pasajero/a (tren)
Reisepass ⑩ rai·se·pass pasaporte
Reiseroute ① rai·se·ruh·te itinerario
Reisescheck ⑩ rai·se·chek
cheque de viaje
Reiseziel ⑪ rai·se·tsihl destino
Reißverschluss ⑩ raiss·fea·shluss
cremallera
Reiten ⑪ rai·ten equitación
reiten rai·ten montar (a caballo)
Reitweg ⑩ rait·vehk camino de
herradura
Religion ① re·li·guion religión
religiös re·li·guiös religioso
Reliquie ① re·*lih*·kvi·e reliquia
Rennbahn ① ren·bahn circuito/pista
rennen re·nen correr
Rennen ⑪ re·nen carrera (deporte)
Rennrad ⑪ ren·raht bicicleta de
carreras
Rentner(in) ⑩/① rent·na/rent·ne·rin
pensionista
reparieren re·pa·*rih*·ren reparar
Republik ① re·pu·*blihk* república

Reservereifen ⓜ re·*seh*·a·ve·rai·fen *rueda de recambio*
reservieren re·sa·*vih*·ren *reservar*
Reservierung ① re·sa·*vih*·rung *reserva*
Restaurant ⓝ res·to·*rahnt restaurante*
retten *re*·ten *salvar (a alguien)*
Rettich ⓜ *re*·tish *rábano*
R-Gespräch ⓝ *er*·gue·shprej *llamada a cobro revertido*
Rhythmus ⓜ *rüt*·muss *ritmo*
Richter(in) ⓜ/① *rish*·ta/*rish*·te·rin *juez*
richtig *rish*·tish *correcto*
riesig *rih*·sish *enorme*
Rindfleisch ⓝ *rint*·flaish *ternera/buey*
Ring ⓜ ring *anillo*
Risiko ⓝ *rih*·si·ko *riesgo*
Ritt ⓜ rit *vuelta*
Rock ⓜ rok *falda*
Rockgruppe ① *rok*·gru·pe *banda de rock*
Rockmusik ① *rok*·mu·sihk *rock (música)*
Roggenbrot ⓝ *ro*·guen·broht *pan de centeno*
roh roh *crudo*
Rollschuhfahren ⓝ *rol*·shuh·fah·ren *patinaje sobre patines en línea*
Rollstuhl ⓜ *rol*·shtuhl *silla de ruedas*
Rolltreppe ① *rol*·tre·pe *escalera mecánica*
romantisch ro·*man*·tish *romántico*
rosa *roh*·sa *rosa*
Rosenkohl ⓜ *roh*·sen·kohl *coles de Bruselas*
Rosine ① ro·*sih*·ne *pasas*
rot roht *rojo*
Rotwein ⓜ *roht*·vain *vino tinto*
Route ① *ruh*·te *ruta*
Rücken ⓜ *rü*·ken *espalda*
Rückfahrkarte ① *rük*·fahr·kar·te *billete de ida y vuelta*
Rucksack ⓜ *ruk*·sak *mochila*
Rückzahlung ① *rük*·tsah·lung *reembolso*
Rudern ⓝ *ruh*·dern *remo*
Rugby ⓝ *rag*·bi *rugby*
ruhig *ruh*·ish *tranquilo*
Ruinen ① pl. ru·*ih*·nen *ruinas*
Rum ⓜ rum *ron*
rund runt *redondo*

S

Saft ⓜ saft *zumo*
sagen *sah*·guen *decir*
Sahne ① *sah*·ne *nata/crema de leche*
Salami ① sa·*lah*·mi *salami*
Salat ⓜ sa·*laht ensalada*
Salz ⓝ salts *sal*
Samstag ⓜ *sams*·tahk *sábado*
Sand ⓜ sant *arena*
Sandalen ① pl. san·*dah*·len *sandalias*
Sänger(in) ⓜ/① *sen*·ga/*sen*·gue·rin *cantante*
Sardine ① sar·*dih*·ne *sardina*
Sattel ⓜ *sa*·tel *sillín*
sauber *sau*·ba *limpio*
Sauce ① *soh*·sse *salsa*
Sauerstoff ⓜ *sau*·a·shtof *oxígeno*
Sauerteigbrot ⓝ *sau*·a·taik·broht *pan de masa fermentada*
Sauna ① *sau*·na *sauna*
Schach ⓝ shaj *ajedrez*
Schaf ⓝ shahf *oveja*
Schaffner(in) ⓜ/① *shaf*·na/*shaf*·ne·rin *cobrador/a*
Schal ⓜ shahl *bufanda*
Schatten ⓜ *sha*·ten *sombra*
einen Schaufensterbummel machen *ai*·nen *shau*·fens·ta·bu·mel *ma*·jen *ir a mirar escaparates*
Schaumwein ⓜ *shaum*·vain *vino espumoso*
Schauspiel ⓝ *shau*·shpihl *obra de teatro*
Schauspieler(in) ⓜ/① *shau*·shpih·la/*shau*·shpih·le·rin *actor, actriz*
Scheck ⓜ chek *cheque*
einen Scheck einlösen *ai*·nen chek *ain*·löh·sen *cobrar un cheque*
Scheckkarte ① *chek*·kar·te *tarjeta bancaria*
Scheinwerfer ⓜ pl. *shain*·ver·fa *luces cortas*
Schere ① *shehr*·re *tijeras*
schieben *shih*·ben *empujar*
Schiedsrichter(in) ⓜ/① *shihts*·rish·ta/*shihts*·rish·te·rin *árbitro*
schießen *shih*·ssen *disparar (pistola)*
Schiff ⓝ shif *barco*
Schild ⓝ shilt *señal*

Schinken ⓜ *shing*·ken *jamón*
schlafen *shlah*·fen *dormir*
schläfrig *shlèh*·frish *soñoliento*
Schlafsack ⓜ *shlahf*·sak *saco de dormir*
Schlaftabletten ⓕ pl. *shlahf*·ta·ble·ten *somnífero*
Schlafwagen ⓜ *shlahf*·vah·guen *coche cama*
Schlafzimmer ⓝ *shlahf*·tsi·ma *dormitorio*
Schläger ⓜ *shleh*·ga *raqueta*
Schlamm ⓜ *shlam barro*
Schlange ⓕ *shlan*·gue *cola • serpiente*
Schlauch ⓜ *shlauj cámara (neumático)*
schlecht *shlejt malo • caducado (comida)*
schlechter *shlesh*·ta *peor*
schließen *shlih*·ssen *cerrar*
Schließfächer ⓕ pl. *shliss*·fe·sha *consignas*
Schloss ⓝ *shloss cerradura • palacio*
Schlucht ⓕ *shlujt cañón/garganta*
Schlüssel ⓜ *shlü*·ssel *llave*
schmackhaft *shmak*·haft *sabroso*
Schmalz ⓝ *shmalts manteca*
Schmand ⓜ *shmant crema agria*
Schmerz ⓜ *shmerts dolor*
schmerzhaft *shmerts*·haft *doloroso*
Schmerzmittel ⓝ *shmerts*·mi·tel *calmante*
Schmetterling ⓜ *shme*·ta·ling *mariposa*
Schmiermittel ⓝ *shmih*·a·mi·tel *lubricante*
Schminke ⓕ *shming*·ke *maquillaje*
Schmuck ⓜ *shmuk joyas*
schmutzig *shmu*·tsish *sucio*
Schnecke ⓕ *shne*·ke *caracol*
Schnee ⓜ *shnee nieve*
schneiden *shnai*·den *cortar*
Schneider/in ⓜ/ⓕ *shnai*·da/ *shnai*·de·rin *sastre*
schnell *shnel rápido*
Schnorcheln ⓝ *shnör*·sheln *snorkelling*
Schnuller ⓜ *shnu*·la *chupete*
Schnur ⓕ *shnuh*·a *cordón/cuerda*
Schokolade ⓕ *sho*·ko·*lah*·de *chocolate*
schon *shohn ya*
schön *shöhn hermoso*
Schönheitssalon ⓜ *shöhn*·haits·sa·lohn

salón de belleza
Schramme ⓕ *shra*·me *morado*
Schrank ⓜ *shrank armario*
Schraubenzieher ⓜ *shrau*·ben·tsih·a *destornillador*
schrecklich *shrek*·lish *terrible*
Schreibarbeit ⓕ *shraib*·ahr·bait *papeleo*
schreiben *shrai*·ben *escribir*
Schreibwarenhandlung ⓕ *shraib*·vah·ren·hand·lung *dueño de una papelería*
schreien *shrai*·en *gritar*
Schrein ⓜ *shrain santuario*
Schreiner(in) ⓜ/ⓕ *shrai*·na/*shrai*·ne·rin *carpintero/a*
Schriftsteller(in) ⓜ/ⓕ *shrift*·shte·la/ *shrift*·shte·le·rin *escritor/a*
schüchtern *shüsh*·tern *tímido*
Schuhe ⓜ pl. *shuh*·e *zapatos*
Schuld ⓕ *shult culpa*
schulden *shul*·den *deber*
schuldig *shul*·dish *culpable*
Schule ⓕ *shuh*·le *escuela*
Schulter ⓕ *shul*·ta *hombro*
Schüssel ⓕ *shü*·ssel *cuenco*
Schutzimpfung ⓕ *shuts*·im·pfung *vacunación*
schwach *shvaj débil*
schwanger *shvan*·ga *embarazada*
Schwangerschaftserbrechen ⓝ *shvan*·ga·shafts·eh·a·bre·shen *náuseas*
Schwangerschaftstest ⓜ *shvan*·ga·shafts· test *prueba del embarazo*
Schwanz ⓜ *shvants cola*
schwarz *shvarts negro*
schwarzer Pfeffer ⓜ *shvar*·tsa pfe·fa *pimienta negra*
schwarzweiß *shvarts*·vaiss *en blanco y negro (carrete)*
Schwein ⓝ *shvain cerdo*
Schweinefleisch ⓝ *shvai*·ne·flaish *carne de cerdo*
Schweiz ⓕ *shvaits Suiza*
schwer *shveh*·a *difícil • arduo*
Schwester ⓕ *shves*·ta *hermana*
Schwiegermutter ⓕ *shvih*·ga·mu·ta *suegra*

Schwiegersohn m *shvih·ga·sohn* yerno

Schwiegertochter f *shvih·ga·toj·ta* nuera

Schwiegervater m *shvih·ga·fah·ta* suegro

schwierig *shvih·rish* difícil

Schwimmbad n *shvim·baht* piscina

schwimmen *shvi·men* nadar

Schwimmweste f *shvim·ves·te* chaleco salvavidas

schwindelig *shvin·de·lish* mareado

schwul *shvuhl* gay

schwül *shvül* bochornoso

Secondhandgeschäft n *se·kond·hend·gue·sheft* tienda de artículos de segunda mano

See m *seh* lago

seekrank *seh·krank* mareado

Segeln n *seh·gueln* navegación/vela

segnen *seg·nen* bendecir

sehen *seh·en* ver • mirar

sehr *seh·a* muy

Seide f *sai·de* seda

Seife f *sai·fe* jabón

Seifenoper f *sai·fen·oh·pa* culebrón

Seil n *sail* cuerda

Seilbahn f *sail·bahn* teleférico

sein *sain* su (él)

sein *sain* ser/estar

seit (Mai) *sait (mai)* desde (mayo)

Seite f *sai·te* lado • página

Sekretär(in) m/f *se·kre·tèh·a/se·kre·tèh·rin* secretario/a

Sekunde f *se·kun·de* segundo

Selbstbedienung f *selbst·be·dih·nung* autoservicio

selbstständig *selbst·shten·dish* autónomo

selten *sel·ten* excepcional

senden *sen·den* enviar

Senf m *senf* mostaza

Serie f *seh·ri·e* serie

Serviette f *ser·vi·e·te* servilleta

Sessellift m *se·sse·lift* telesilla

Sex m *seks* sexo

Sexismus m *sek·sis·muss* sexismo

sexy *sek·si* sexy

Shampoo n *sham·puh* champú

Shorts pl. shorts *shorts* • calzoncillos

Show f *shou* espectáculo

sicher *si·ja* seguro

Sicherheit f *si·ja·hait* seguridad

Sicherheitsgurt m *si·ja·haits·gurt* cinturón de seguridad

Sicherung f *si·ja·rung* fusible

sie *sih* ella • ellos

Sie *sih* usted (sing./pl./for.)

Sieger(in) m/f *sih·ga/sih·gue·rin* ganador

silbern *sil·bern* de plata

Silvester n *sil·ves·ta* Nochevieja

Singapur n *sin·ga·pu·a* Singapur

singen *sin·guen* cantar

Single m *singuel* soltero

sinnlich *sin·lish* sensual

Sitz m *sits* asiento (coche)

sitzen *si·tsen* sentarse

Skibrille f *shih·bri·le* gafas de esquí

skifahren *shih·fah·ren* esquiar

Skulptur f *skulp·tuh·a* escultura

Slipeinlage f *slip·ain·lah·gue* toallita protectora

Snack m *snak* tentempié

Snowboarden n *snou·bohr·den* snowboard

Socken f pl. *so·ken* calcetines

sofort *so·fort* inmediatamente

Sohn m *sohn* hijo

Sojamilch f *so·zha·milsh* leche de soja

Sojasauce f *so·zha·soh·sse* salsa de soja

Sommer m *so·ma* verano

Sonne f *so·ne* sol

Sonnenaufgang m *so·nen·auf·gang* salida del sol

Sonnenbrand m *so·nen·brant* quemadura de sol

Sonnenbrille f *so·nen·bri·le* gafas de sol

Sonnencreme f *so·nen·krèhm* filtro solar

Sonnenuntergang m *so·nen·un·ta·gang* puesta de sol

sonnig *so·nish* soleado

Sonntag m *son·tahk* domingo

S

Soße ⓕ *soh*·sse *salsa*
Souvenir ⓝ su·ve·*nihr* *recuerdo (souvenir)*
Souvenirladen ⓜ su·ve·*nihr*·lah·den *tienda de recuerdos*
Sozialhilfe ⓕ so·*tsiahl*·hil·fe *bienestar*
sozialistisch so·tsia·*lis*·tish *socialista*
Sozialstaat ⓜ so·*tsiahl*·shtaht *estado de bienestar*
Spanien ⓝ *shpah*·ni·en *España*
sparen *shpah*·ren *ahorrar*
Spargel ⓜ *shpar*·guel *espárrago*
Spaß ⓜ shpahs *diversión*
Spaß haben shpahs *hah*·ben *divertirse*
spät shpèht *tarde*
Spaten ⓜ *shpah*·ten *pala*
Speisekarte ⓕ *shpai*·se·kar·te *carta*
Speisewagen ⓜ *shpai*·se·vah·guen *vagón restaurante*
Spezialist(in) ⓜ/ⓕ shpe·tsia·*list*/shpe·tsia·*lis*·tin *especialista*
speziell shpe·*tsiel* *especial*
Spiegel ⓜ *shpih*·guel *espejo*
Spiel ⓝ shpihl *partido (deportes)*
spielen *shpih*·len *jugar (juego)* • *tocar (instrumento)*
Spielzeug ⓝ *shpihl*·tsoik *juguete*
Spinat ⓜ shpi·*naht* *espinacas*
Spinne ⓕ *shpi*·ne *araña*
Spitze ⓕ *shpi*·tse *encaje*
Spitzhacke ⓕ *shpits*·ha·ke *piqueta*
Spitzname ⓜ *shpits*·nah·me *apodo*
Sport ⓜ shport *deporte*
Sportler(in) ⓜ/ⓕ *shport*·la/*shport*·le·rin *deportista*
Sprache ⓕ *shprah*·je *idioma/lengua*
Sprachführer ⓜ *shpraj*·füh·ra *guía de conversación*
sprechen *shpre*·jen *hablar*
springen *shprin*·guen *saltar*
Spritze ⓕ *shpri*·tse *jeringuilla*
Spülung ⓕ *shpü*·lung *acondicionador*
Staat ⓜ shtaht *estado*
Staatsangehörigkeit ⓕ *shtahts*·an·gue·hö·rish·kait *nacionalidad*
Staatsbürgerschaft ⓕ *shtahts*·bür·ga·shaft *ciudadanía*
Stadion ⓝ *shtah*·di·on *estadio*
Stadium ⓝ *shtah*·di·um *fase*
Stadt ⓕ shtat *ciudad*
Standby-Ticket ⓝ stand·*bai*·ti·ket *billete stand-by*
stark shtark *fuerte*
Start ⓜ shtart *salida*
statt shtat *en lugar de*
Statue ⓕ *shtah*·tu·e *estatua*
Steak ⓝ steik *bisté (ternera)*
Stechmücke ⓕ *shtesh*·mü·ke *mosquito*
Stecker ⓜ *shte*·ka *enchufe*
stehlen *shteh*·len *robar*
Stehplatz ⓜ *sheh*·plats *localidades de pie*
steil shtail *abrupto*
Stein ⓜ shtain *piedra*
stellen *shte*·len *colocar vertical*
sterben *shter*·ben *morir*
Stereoanlage ⓕ *shteh*·re·o·an·lah·gue *estéreo*
Sterne ⓜ pl. *shter*·ne *estrellas*
Sternzeichen ⓝ *shtern*·tsai·jen *zodíaco*
Steuer ⓕ *shtoi*·a *impuesto*
Stich ⓜ shtish *picada* (insecto)
Stickerei ⓕ shti·ke·*rai* *bordado*
Stiefel ⓜ *shtih*·fel *bota*
Stil ⓜ shtihl *estilo*
stilles Wasser ⓝ *shti*·les *va*·ssa *aguas mansas*
Stimme ⓕ *shti*·me *voz*
Stock ⓜ shtok *piso*
stoned stound *colocado (drogado)*
stoppen *shto*·pen *detenerse*
Stöpsel ⓜ *shtöp*·sel *tapón*
stornieren shtor·*nih*·ren *cancelar*
Strand ⓜ shtrant *playa*
Straße ⓕ *shtrah*·sse *calle*
Straßenbahn ⓕ *shtrah*·ssen·bahn *tranvía*
Straßenkarte ⓕ *shtrah*·ssen·kar·te *mapa de carreteras*
Straßenkinder ⓝ pl. *shtrah*·ssen·kin·da *niños de la calle*
Straßenmusiker(in) ⓜ/ⓕ *shtrah*·ssen·muh·si·ka/*shtrah*·ssen·muh·si·ke·rin *músico callejero*
Streichhölzer ⓝ pl. *shtraish*·höl·tsa *cerillas*
streiken *shtrai*·ken *(estar) en huelga*

Streit ⑩ shtrait *pelea*
streiten *shtrai*·ten *discutir*
Strom ⑩ shtrohm *corriente*
Stromschnellen ① pl. *shtrohm*·shne·len *rápidos*
Strümpfe ⑩ pl. *shtrümp*·fe *medias*
Strumpfhose ① *shtrumpf*·hoh·se *panti (medias)*
Stück ⑩ shtük *trozo*
Student(in) ⑩/① shtu·*dent*/ shtu·*den*·tin *estudiante*
Studentenausweis ⑩ shtu·*den*·ten·auss·vaiss *carné de estudiante*
studieren shtu·*dih*·ren *estudiar*
Studio ⑩ *shtuh*·di·o *estudio*
Stufe ① *shtuh*·fe *peldaño*
Stuhl ⑩ shtuhl *silla*
stumm shtum *mudo*
stur shtuh·a *testarudo*
Sturm ⑩ shturm *tormenta*
suchen nach suh·jen naj *buscar*
Süchtige ⑩/① *süsh*·ti·gue *adicto*
Süden ⑩ sü·den *sur*
Supermarkt ⑩ suh·pa·markt *supermercado*
Suppe ① su·pe *sopa*
Surfbrett ⑥ serf·bret *tabla de surf*
surfen ser·fen *hacer surf*
süß süss *caramelo*
Süßigkeiten ① pl. *süh*·ssish·kai·ten *dulces*
Synagoge ① sü·na·goh·gue *sinagoga*
synthetisch sün·*teh*·tish *sintético*

T

Tabak ⑩ *tah*·bak *tabaco*
Tabakladen ⑩ *tah*·bak·lah·den *estanco*
Tag ⑩ tahk *día*
Tagebuch ⑥ *tah*·gue·buj *diario*
täglich *tëh*·lish *diario*
Tal ⑥ tahl *valle*
Tampons ⑩ pl. *tam*·pons *tampones*
Tankstelle ① tank·shte·le *estación de servicio*
Tante ① tan·te *tía*
tanzen tan·tsen *bailar*
Tasche ① ta·she *bolsa • bolsillo*
Taschenbuch ⑩ ta·shen·buj *libro en rústica*

Taschenlampe ① ta·shen·lam·pe *linterna*
Taschenmesser ⑥ ta·shen·me·ssa *navaja*
Taschenrechner ⑩ ta·shen·rej·na *calculadora*
Tasse ① ta·sse *taza*
Tastatur ① tas·ta·*tuh*·a *teclado*
taub taup *sordo*
Tauchen ⑥ tau·shen *submarinismo*
Taufe ① tau·fe *bautismo*
tausend tau·sent *mil*
Taxi ⑥ tak·si *taxi*
Taxistand ⑩ tak·si·shtant *parada de taxis*
Technik ① tej·nik *técnica*
Tee ⑩ teh *té*
Teelöffel ⑩ *teh*·lö·fel *cucharilla*
Teil ⑥ tail *parte*
teilen tai·len *compartir*
Teilzeit ① tail·tsait *a tiempo parcial*
Telefon ⑥ te·le·*fohn* *teléfono*
Telefonauskunft ①
te·le·*fohn*·auss·kunft *información telefónica*
Telefonbuch ⑥ le·le·*fohn*·buj *guía telefónica*
telefonieren te·le·fo·*nih*·ren *telefonear*
Telefonkarte ① te·le·*fohn*·kar·te *tarjeta telefónica*
Telefonzelle ① te·le·*fohn*·tse·le *cabina telefónica*
Telefonzentrale ① te·le·*fohn*·tsen·trah·le *central telefónica*
Telegramm ⑥ te·le·*gram* *telegrama*
Teleskop ⑥ te·les·*kohp* *telescopio*
Teller ⑩ te·la *plato*
Tempel ⑩ *tem*·pel *templo*
Temperatur ① tem·pe·ra·*tuh*·a *temperatura*
Tennis ⑥ te·niss *tenis*
Tennisplatz ⑩ te·nis·plats *pista de tenis*
Teppich ⑩ te·pish *alfombra*
Termin ⑩ ter·*mihn* *cita*
Terminkalender ⑩ ter·*mihn*·ka·len·da *agenda*
Terrasse ① te·ra·sse *patio*
Test ⑥ test *prueba*
teuer toi·a *caro*

Theater ⓝ te·*ah*·ta *teatro*
Theaterkasse ⓕ te·*ah*·ta·ka·sse *taquilla (teatro)*
Theke ⓕ *teh*·ke *barra (bar)*
Thermosflasche ⓕ *ter*·mos·fla·she *termo*
Thunfisch ⓜ *tuhn*·fish *atún*
tief tihf *profundo*
Tier ⓝ *tih*·a *animal*
Tisch ⓜ tish *mesa*
Tischdecke ⓕ *tish*·de·ke *mantel*
Tischtennis ⓝ *tish*·te·niss *ping pong*
Toast ⓜ toust *tostada*
Toaster ⓜ *tous*·ta *tostadora*
Tochter ⓕ *toj*·ta *hija*
Tofu ⓜ *toh*·fu *tofu*
Toilette ⓕ tu·a·*le*·te *baño/servicio*
Toilettenpapier ⓝ tu·a·*le*·ten·pa·*pih*·a *papel higiénico*
toll tol *estupendo*
Tomate ⓕ to·*mah*·te *tomate*
Tomatensauce ⓕ to·*mah*·ten·soh·sse *salsa de tomate*
Topf ⓜ topf *vasija*
Töpferwaren ⓕ pl. *töp*·fa·vah·ren *cerámica*
Tor ⓝ *toh*·a *puerta* • *portería*
Torhüterin ⓕ *toh*·a·hü·te·rin *portero/a* (f.)
Torwart ⓜ *toh*·a·vart *portero* (m.)
ein Tor schießen ain *toh*·a *shih*·ssen *marcar un gol*
tot toht *muerto*
töten *töh*·ten *matar*
Tour ⓕ tuhr *recorrido*
Tourist(in) ⓜ/ⓕ tu·*rist*/tu·*ris*·tin *turista*
Touristenklasse ⓕ tu·*ris*·ten·kla·sse *clase turista*
tragen *trah*·guen *llevar* • *llevar puesto*
Training ⓝ *trei*·ning *sesión de ejercicio*
trampen *tram*·pen *hacer autostop*
Transitraum ⓜ tran·*siht*·raum *sala de tránsito*
Transport ⓜ trans·*port transporte*
trauen *trau*·en *confiar en*
träumen *troi*·men *soñar*
traurig *trai*·rish *triste*
treffen *tre*·fen *conocer*
Treppe ⓕ *tre*·pe *escalera(s)*
trinken *tring*·ken *beber*

Trinkgeld ⓝ *tringk*·guelt *propina*
trocken *tro*·ken *seco*
Trockenobst ⓝ *tro*·ken·ohbst *fruta seca*
trocknen *trok*·nen *secar (ropa)*
Truthahn ⓜ *truht*·hahn *pavo*
T-Shirt ⓝ *tih*·shirt *camiseta*
tun tuhn *hacer*
Tür ⓕ *tüh*·a *puerta*
Turm ⓜ turm *torre*
Tüte ⓕ *tü*·te *cartón (leche)*
Typ ⓜ tüp *tipo*
typisch *tü*·pish *típico*

U

U-Bahn ⓕ *uh*·bahn *metro*
U-Bahnhof ⓜ *uh*·bahn·hohf *estación de metro*
Übelkeit ⓕ *üh*·bel·kait *náusea*
über *üh*·ba *acerca de* • *encima de*
Überbrückungskabel ⓝ *üh*·ba·*brü*·kunks·kah·bel *cables de arranque*
Überdosis ⓕ *üh*·ba·doh·sis *sobredosis*
überfüllt üh·ba·*fült abarrotado*
Übergepäck ⓝ *üh*·ba·gue·pek *exceso de equipaje*
übermorgen *üh*·ba·mor·guen *pasado mañana*
übernachten üh·ba·*naj*·ten *alojarse (en un hotel)*
Überraschung ⓕ üh·ba·*ra*·shung *sorpresa*
Überschwemmung ⓕ üh·ba·*shve*·mung *inundación*
übersetzen üh·ba·se·tsen *traducir*
Uhr ⓕ *uh*·a *reloj*
Ultraschall ⓜ *ul*·tra·shal *ultrasonido*
umarmen um·*ar*·men *abrazar*
Umfrage ⓕ *um*·frah·gue *urnas (elecciones)*
Umkleideraum ⓜ *um*·klai·de·raum *vestuario*
Umsatzsteuer ⓕ *um*·sats·shtoi·a *impuesto sobre las ventas*
umsteigen *um*·shtai·guen *hacer transbordo (trenes)*
Umtausch ⓜ *um*·taush *cambio de moneda*

Umwelt ① *um*·velt *medio ambiente*
Umweltverschmutzung ①
um·velt·fea·shmu·tsung
contaminación
unbequem *un*·be·kvehm *incómodo*
und unt *y*
unfair *un*·feh·a *injusto*
Unfall ⓜ *un*·fal *accidente*
ungefähr un·gue·*feh*·a
aproximadamente
ungewöhnlich un·gue·*vöhn*·lish *inusual*
Ungleichheit ① *un*·glaij·hait
desigualdad
Uniform ① u·ni·*form uniforme*
Universität ① u·ni·ver·si·*teht*
universidad
Universum ⓜ u·ni·*ver*·sum *universo*
unmöglich un·*mö*·glish *imposible*
unschuldig un·*shul*·dish *inocente*
unser *un*·sa *nuestro*
unten *un*·ten *abajo • en el fondo*
unter *un*·ta *entre • debajo de • bajo*
Unterhemd ⓝ *un*·ta·hemt *camiseta*
Unterkunft ① *un*·ta·kunft *alojamiento*
Unterschrift ① *un*·ta·shrift *firma*
Untertitel ⓜ pl. *un*·ta·tih·tel *subtítulos*
Unterwäsche ① *un*·ta·ve·she *ropa
interior*
Urlaub ⓜ *uh*·a·laub *vacaciones*

V

Vagina ① vad·*zhih*·na *vagina*
Vater ⓜ *fah*·ta *padre*
Vegetarier(in) ⓜ/① ve·gue·*tah*·ri·a/
ve·gue·*tah*·ri·e·rin *vegetariano/a*
Vene ① *veh*·ne *vena*
Ventilator ⓜ ven·ti·*lah*·tor
ventilador
Verabredung ① fea·*ab*·reh·dung *cita*
Veranstaltungskalender ⓜ
fea·an·shtal·tunks·ka·*len*·da
guía del ocio
Veranstaltungsort ⓜ
fea·an·shtal·tunks·ort *sede*
Verband ⓜ fea·*bant vendaje*
Verbandskasten ⓜ fea·*bants*·kas·ten
botiquín de primeros auxilios
Verbindung ① fea·*bin*·dung *conexión*

verbrennen fea·*bre*·nen *quemar*
verdienen fea·*dih*·nen *ganar dinero*
Vergangenheit ① fea·*gan*·guen·hait
pasado
vergessen fea·*gue*·ssen *olvidar*
vergewaltigen fea·gue·*val*·ti·guen *violar*
Verhaftung ① fea·*haf*·tung *detención*
verhindern fea·*hin*·dern *impedir*
Verhütungsmittel ⓝ
fea·*hüh*·tunks·mi·tel *anticonceptivo*
verkaufen fea·*kau*·fen *vender*
Verkehr ⓜ fea·*keh*·a *tráfico*
Verlängerung ① fea·*len*·gue·rung
prolongación (visado)
verlegen fea·*leh*·guen *avergonzado*
verletzen fea·*le*·tsen *herido*
Verletzung ① fea·*le*·tsung *lesión*
verlieren fea·*lih*·ren *perder*
Verlobte ⓜ&① fea·*lop*·te
prometido/a
Verlobung ① fea·*loh*·bung
compromiso (matrimonio)
verloren fea·*loh*·ren *perdido*
Vermieter(in) ⓜ/① fea·*mih*·ta/
fea·*mih*·te·rin *casero/a*
vermissen fea·*mi*·ssen
echar de menos
Vermittlung ① fea·*mit*·lung *operadora*
vernünftig fea·*nünf*·tish *sensible*
verpassen fea·*pa*·ssen *perder (el
autobús)*
Verpflegung ① fea·*pfleh*·gung
provisiones
verrückt fea·*rükt loco*
Versicherung ① fea·*si*·je·rung *seguro*
Verspätung ① fea·*shpèh*·tung *retraso*
versprechen fea·*shpre*·jen *prometer*
verstehen fea·*shteh*·en *comprender*
Verstopfung ① fea·*shtop*·fung
estreñimiento
versuchen fea·*suh*·jen *intentar*
Vertrag ⓜ fea·*trahk contrato*
Verwaltung ① fea·*val*·tung
administración
Verwandte ⓜ&① fea·*van*·te *familiar*
verzeihen fea·*tsai*·en *perdonar*
Videokassette ① vih·de·o·ka·sse·te
cinta de vídeo
viel fihl *mucho • muchos*

viele *fih*·le *muchos*
vielleicht fi·*laisht quizá*
Viertel ⓝ *fih*·a·tel *barrio*
Virus ⓜ *vih*·rus *virus (salud y ordenador)*
Visum ⓝ *vih*·sum *visado*
Vitamine ① pl. vi·ta·*mih*·ne *vitaminas*
Vogel ⓜ *foh*·guel *pájaro*
Volksentscheid ⓜ *folks*·ent·shait
  referéndum
voll fol *lleno*
Vollkornbrot ⓝ *fol*·korn·broht *pan
  integral*
Vollkornreis ⓜ *fol*·korn·raiss *arroz
  integral*
Vollzeit ① *fol*·tsait a *tiempo completo*
Volumen ⓝ vo·*luh*·men *volumen*
von fon *desde • de*
vor foh·a *delante de*
vor kurzem foh·a *kur*·tsem *últimamente*
vor uns foh·a uns *adelante/por delante de*
vorbereiten foh·a·be·rai·ten *preparar*
vorgestern foh·a·*gues*·tern
  anteayer
Vorhängeschloss ⓝ
  foh·a·*hen*·gue·shloss *candado*
Vormittag ⓜ foh·a·*mi*·tahk *mañana*
Vorname ⓜ foh·a·*nah*·me
  nombre de pila
Vorort ⓜ foh·a·ort *barrio periférico*
Vorrat ⓜ foh·a·raht *existencias*
vorsichtig foh·a·*sish*·tish *cuidadoso*
Vorwahl ① foh·a·vahl *prefijo*
vorziehen foh·a·*tsih*·en *preferir*

W

wachsen *vak*·sen *crecer*
sich waschen sish va·shen *lavarse*
Waffe ① *va*·fe *arma*
Wagen ⓜ *vah*·guen *vagón*
wählen *vèh*·len *elegir • votar*
Wahlen ① pl. *vah*·len *elecciones*
Wählton ⓜ *vèhl*·ton *tono de marcado*
wahr vahr *cierto*
während *vèh*·rent *durante*
Währung ① *vèh*·rung *moneda*
Wald ⓜ valt *bosque*
wandern *van*·dern *ir de caminata/
  excursión*

Wanderstiefel ⓜ pl. *van*·da·shtih·fel
  botas de trekking
Wanderweg ⓜ *van*·da·vehk
  ruta para hacer excursiones
wann van *cuando*
Warenhaus ⓝ *vah*·ren·hauss *grandes
  almacenes*
warm varm *cálido/templado*
warnen *var*·nen *advertir*
warten *var*·ten *esperar*
Wartesaal ⓜ *var*·te·sahl
  sala de espera (estación de trenes)
Wartezimmer ⓝ *var*·te·tsi·ma
  sala de espera (médico)
warum va·*rum por qué*
was vass *qué*
Wäscheleine ① ve·she·lai·ne
  cuerda de tender
waschen va·shen *lavar*
Wäscherei ① ve·she·*rai lavandería*
Waschküche ① *vash*·kü·she
  lavadero
Waschlappen ⓜ *vash*·la·pen
  manopla
Waschmaschine ① *vash*·ma·shih·ne
  lavadora
Waschpulver ⓝ *vash*·pul·va *detergente*
Wasser ⓝ *va*·ssa *agua*
wasserdicht va·ssa·disht *impermeable*
Wasserfall ⓜ *va*·ssa·fal *cascada*
Wasserflasche ① *va*·ssa·fla·she
  cantimplora
Wasserhahn ⓜ *va*·ssa·hahn *grifo*
Wassermelone ① *va*·ssa·me·loh·ne
  sandía
Wasserskifahren ⓝ *va*·ssa·shih·fah·ren
  esquí acuático
Watte-Pads pl. *va*·te·peds *balas de
  algodón*
Wechselgeld ⓝ *vej*·ssel·guelt
  cambio (monedas)
Wechselkurs ⓜ *vej*·ssel·kurs
  tipo de cambio
wechseln *vej*·sseln *cambiar (divisas)*
Wecker ⓜ *ve*·ka *despertador*
Weg ⓜ vehk *camino*
wegen *veh*·guen *debido a*
Wegweiser ⓜ *vehk*·vai·sa *poste
  indicador*

sich weh tun sish *veh* tuhn
hacerse daño

Wehrdienst ⓜ *veh*·a·dihnst
servicio militar

Weihnachten ⓝ *vai*·naj·ten *Navidad*

Weihnachtsbaum ⓜ *vai*·najts·baum
árbol de Navidad

Weihnachtsfeiertag ⓜ
vai·najts·fai·a·tahk *día de Navidad*

weil vail *porque*

Wein ⓜ vain *vino*

Weinberg ⓜ *vain*·berk *viñedo*

Weinbrand ⓜ *vain*·brant *brandy*

Weintrauben ⓕ pl. *vain*·trau·ben *uva*

weiß vaiss *blanco*

Weißbrot ⓝ *vaiss*·broht *pan blanco*

weißer Pfeffer ⓜ *vai*·ssa pfe·fa
pimienta blanca

weißer Reis ⓜ *vai*·ssa raiss *arroz blanco*

Weißwein ⓜ *vaiss*·vain *vino blanco*

weit vait *lejos*

Welle ⓕ *ve*·le *ola*

Welt ⓕ velt *mundo*

wenig *veh*·nish *(un) poco*

wenige *veh*·ni·gue *pocos*

weniger *veh*·ni·ga *menos*

wenn ven *cuando • si*

wer *veh*·a *quién/quien*

Werkstatt ⓕ *verk*·shtat *taller*

Werkzeug ⓝ *verk*·tsoik *herramientas*

Wert ⓜ vert *valor (precio)*

wertvoll *vert*·fol *valioso*

Wespe ⓕ *ves*·pe *avispa*

Westen ⓜ *ves*·ten *oeste*

Wette ⓕ *ve*·te *apuesta*

Wetter ⓝ *ve*·ta *tiempo
(meteorológico)*

Whisky ⓜ *vis*·ki *whisky*

wichtig *vish*·tish *importante*

wie vih *cómo*

wie viel vih fihl *cuánto*

wieder vih·da *otra vez*

wiederverwertbar *vih*·da·fea·vert·bahr
reciclable

wiegen *vih*·guen *pesar*

wild vilt *salvaje/silvestre*

willkommen vil·*ko*·men *dar la
bienvenida*

Wind ⓜ vint *viento*

Windel ⓕ *vin*·del *pañal*

Windeldermatitis ⓕ
vin·del·deh·a·ma·tih·tis *irritación
(por pañales)*

windig *vin*·dish *ventoso*

Windschutzscheibe ⓕ
vint·shuts·shai·be *parabrisas*

Windsurfen ⓝ *vint*·ser·fen *windsurf)*

Winter ⓜ *vin*·ta *invierno*

winzig *vin*·tsish *diminuto*

wir *vih*·a *nosotros*

wissen *vi*·ssen *saber*

Wissenschaft ⓕ *vi*·ssen·shaft *ciencia*

Wissenschaftler(in) ⓜ/ⓕ
vi·ssen·shaft·la/
vi·ssen·shaft·le·rin *científico/a*

Witz ⓜ vits *broma*

wo voh *dónde/donde*

Wochenende ⓝ *vo*·jen·en·de *fin de
semana*

Wodka ⓜ *vot*·ka *vodka*

Wohlfahrt ⓕ *vohl*·fahrt
bienestar social

wohnen *voh*·nen *residir*

Wohnung ⓕ *voh*·nung
apartamento

Wohnwagen ⓜ *vohn*·vah·guen
caravana

Wolke ⓕ *vol*·ke *nube*

wolkig *vol*·kish *nublado*

Wolle ⓕ *vo*·le *lana*

wollen *vo*·len *querer*

Wort ⓝ vort *palabra*

Wörterbuch ⓝ *vör*·ta·buj *diccionario*

wunderbar *vun*·da·bahr *maravilloso*

wünschen *vün*·shen *desear*

Würfel ⓜ *vür*·fel *dado*

Würmer ⓜ pl. *vür*·ma *lombrices*

Wurst ⓕ vurst *salchicha*

würzig *vür*·tsish *picante*

Wüste ⓕ *vüs*·te *desierto*

wütend *vü*·tent *enfadado*

Z

Zahl ⓕ tsahl *número*

zählen *tseh*·len *contar*

Zahlung ⓕ *tsah*·lung *pago*

Zahn ⓜ tsahn *diente/muela*

Zahnarz ⓜ *tsahn*·artst dentista (m.)
Zahnärztin ⓕ *tsahn*·erts·tin dentista (f.)
Zahnbürste ⓕ *tsahn*·bürs·te cepillo de dientes
Zähne ⓜ pl. *tseh*·ne dentadura
Zahnfleisch ⓝ *tsahn*·flaish encía
Zahnpasta ⓕ *tsahn*·pas·ta dentífrico
Zahnschmerzen pl. *tsahn*·shmer·tsen dolor de muelas
Zahnseide ⓕ *tsahn*·sai·de hilo dental
Zahnstocher ⓜ *tsahn*·shto·ja palillo
Zauberer(in) ⓜ/ⓕ *tsau*·be·ra/ *tsau*·be·re·rin mago/a
Zaun ⓜ tsaun valla
Zehe ⓕ *tseh*·e dedo gordo del pie • diente (de ajo)
zehn tsehn diez
zeigen *tsai*·guen mostrar • señalar
Zeit ⓕ tsait hora
Zeitschrift ⓕ *tsait*·shrift revista
Zeitung ⓕ *tsai*·tung periódico
Zeitungshändler ⓜ *tsai*·tunks·hen·dla agencia de noticias
Zeitungskiosk ⓜ *tsai*·tunks·kih·osk quiosco
Zeitunterschied ⓜ *tsait*·un·ta·shiht diferencia horaria
Zelt ⓝ tselt tienda (de campaña)
zelten *tsel*·ten campamento
Zeltplatz ⓜ tselt·plats camping
Zentimeter ⓜ tsen·ti·*meh*·ta centímetro
Zentralheizung ⓕ tsen·*trahl*·hai·tsung calefacción central
Zentrum ⓝ tsen·trum centro
zerbrechen tsea·*bre*·shen romper
zerbrechlich tsea·*brej*·lish frágil
Zertifikat ⓝ tsea·ti·fi·*kaht* certificado
Ziege ⓕ *tsih*·gue cabra
ziehen *tsih*·en tirar de
Ziel ⓝ tsihl objetivo • llegada (deporte)

Zigarette ⓕ tsi·ga·*re*·te cigarrillo
Zigarre ⓕ tsi·ga·re cigarro
Zimmer ⓝ *tsi*·ma habitación
Zimmernummer ⓕ *tsi*·ma·nu·ma número de habitación
Zirkus ⓜ *tsir*·kus circo
Zitrone ⓕ tsi·*troh*·ne limón
Zoll ⓜ tsol aduana
Zoo ⓜ tsoh zoo
zu tsuh también • en
zu Hause tsuh *hau*·sse (en) casa
Zucchini ⓕ tsu·*kih*·ni calabacín
Zucker ⓜ *tsu*·ka azúcar
Zuckererbse ⓕ *tsu*·ka·erp·se tirabeque
Zufall ⓜ *tsuh*·fal oportunidad
Zug ⓜ tsuhk tren
zugeben *tsuh*·gueh·ben admitir (aceptar como verdadero)
Zukunft ⓕ *tsuh*·kunft futuro
Zulassung ⓕ *tsuh*·la·ssung matrícula de coche
zum Beispiel tsum *bai*·shpihl por ejemplo
Zündung ⓕ *tsün*·dung combustión
zurück tsu·*rük* atrás
zurückkommen tsu·*rük*·ko·men regresar/volver
zusammen tsu·*sa*·men juntos
Zusammenstoß ⓜ tsu·*sa*·men·stohss choque
zustimmen *tsuh*·shti·men estar de acuerdo
Zutat ⓕ *tsuh*·taht ingrediente
zweimal *tsvai*·mahl dos veces
zweite *tsvai*·te segundo
Zwerchfell ⓝ *tsversh*·fel diafragma
Zwiebel ⓕ *tsvih*·bel cebolla
Zwillinge ⓜ pl. *tsvi*·lin·gue gemelos
zwischen *tsvi*·shen entre

M

N

O

P

Q

R

S

T

V

Z

Oficinas de geoPlaneta y Lonely Planet

geoPlaneta
Av. Diagonal 662-664, 7º. 08034 Barcelona
viajeros@lonelyplanet.es
www.geoplaneta.com • www.lonelyplanet.es

Lonely Planet Publications (Oficina central)
Locked Bag 1, Footscray, Melbourne, VIC 3011, Australia
☎ 61 3 8379 8000 fax 61 3 8379 8111
(Oficinas también en Reino Unido y Estados Unidos)
talk2us@lonelyplanet.com.au

www.lonelyplanet.es